新时代
劳动教育与实践

朱照红　许夕根　主编
翟旭军　孙小建　叶琳　副主编

清华大学出版社
北京

内容简介

为深入贯彻中共中央、国务院《关于全面加强新时代大中小学劳动教育的意见》精神及《义务教育劳动课程标准(2022年版)》要求，在兼顾职业院校劳动教育的职业性、创造性特点的基础上，我们组织编写了《新时代劳动教育与实践》一书。

全书共八章，内容主要有卫生打扫与消毒防疫、中餐烹饪与科学膳食、民族工艺与文化传承、家电使用与日常维护、工业生产与工匠精神、农业生产、互联网与现代服务业、创新发明与新技术体验等。其中，第一、二两章适合低年级学生开展基础劳动教育与实践；第三～七章适合高年级学生开展职业劳动教育或职业体验社会实践活动；第八章适合较高学习层次读者和综合性职业技术劳动实践。

通过本书的训练和培养，旨在树立正确的人才观，培育和践行社会主义核心价值观，弘扬劳动光荣、技能宝贵、创造伟大的时代风尚，营造人人皆可成才、人人尽展其才的良好环境，努力培养高素质劳动者和技术技能人才。

本书封面贴有清华大学出版社防伪标签，无标签者不得销售。
版权所有，侵权必究。举报：010-62782989，beiqinquan@tup.tsinghua.edu.cn。

图书在版编目(CIP)数据

新时代劳动教育与实践/朱照红，许夕根主编.—北京：清华大学出版社，2024.3
ISBN 978-7-302-65569-5

Ⅰ.①新… Ⅱ.①朱… ②许… Ⅲ.①劳动教育—研究 Ⅳ.①G40-015

中国国家版本馆 CIP 数据核字(2024)第 044693 号

责任编辑：田在儒
封面设计：刘 键
责任校对：袁 芳
责任印制：宋 林

出版发行：清华大学出版社
  网　　址：https://www.tup.com.cn，https://www.wqxuetang.com
  地　　址：北京清华大学学研大厦A座　　邮　编：100084
  社 总 机：010-83470000　　邮　购：010-62786544
  投稿与读者服务：010-62776969，c-service@tup.tsinghua.edu.cn
  质量反馈：010-62772015，zhiliang@tup.tsinghua.edu.cn
  课件下载：https://www.tup.com.cn，010-83470410
印 装 者：三河市君旺印务有限公司
经　　销：全国新华书店
开　　本：185mm×260mm　　印　张：12.75　　字　数：303 千字
版　　次：2024 年 3 月第 1 版　　　　　　　印　次：2024 年 3 月第 1 次印刷
定　　价：49.00 元

产品编号：095642-01

前 言
FOREWORD

"劳动"是什么？这是我们今天全面开展劳动教育社会实践活动首先要回答的问题。

自古以来，人们就一直讴歌、赞美劳动。晋末诗人、散文家陶渊明在《归田园居》一诗中这样说：

> 种豆南山下，草盛豆苗稀。
> 晨兴理荒秽，带月荷锄归。
> 道狭草木长，夕露沾我衣。
> 衣沾不足惜，但使愿无违。

可见，当一个人劳动时，心灵充实、思维活跃、精神愉悦。在陶渊明笔下，劳动是如此之美，令人神往。劳动者用勤劳的双手和丰富的智慧创造了这个五彩斑斓的世界，创造了悠久而灿烂的历史，也创造了人本身。正如恩格斯指出的那样——劳动的作用不仅在于创造财富，而且从某种意义上"创造了人本身"，创造了属于人的世界。

我们可以这样理解"劳动"的概念，即劳动是指人们使用一定的生产工具作用于劳动对象，创造出某种使用价值或提供某种服务，以满足人类自身需要的有目的的活动。劳动是创造物质财富和精神财富的过程，是人类特有的基本社会实践活动。

著名教育家陶行知先生很形象地对劳动形式进行了分类，他说：

> 人有两个宝，双手和大脑，
> 双手会做工，大脑会思考，
> 用手又用脑，才能有创造。

这种传统的劳动分类方法提出了一个朴素辩证的思想，即任何创造价值的劳动始终都是劳动者的脑力和体力的统一，既包括脑力劳动，也包括体力劳动。脑力劳动和体力劳动是一个相对概念，没有不耗费体力的脑力劳动，也没有不耗费脑力的体力劳动。

在此基础上，我们还可以进一步地将脑力劳动和体力劳动分为基础性劳动、程序性劳动和创造性劳动三种形式。

所谓基础性（普通）劳动，是指一个社会在一定时期内作为一个普通劳动者都应该能够从事的、创新程度低的一种劳动。从劳动者劳动能力的角度看，也是其在一定历史条件下应该具备的最基本的劳动能力。这种劳动者主要包括一般的体力型技术工人、传统农民、体力型服务人员等。

所谓程序性（职业）劳动，是指需要经过较长时间专门训练和具有一定创新性、介于体力劳动与脑力劳动之间、带有重复性的一种劳动。如一般的办公室工作人员或勤杂人员、一般的计算机操作人员、自动化程度很高的工厂中的操作人员、服务领域的一般职员、一般的管理人员和一般的教学人员等，他们的劳动均属于此类劳动。这类劳动虽然体力消耗较少，但同样带有重复性，主要是对以往积累下来的知识和技能进行运用或再现，而无须更多地创造。

所谓创造性劳动,是指以智力消耗和知识创新为主要特征,需要经过长期严格训练的非重复性的劳动形式。这种劳动是一种高级劳动,其本质特征在于探索和创新。如科学家、高级工程技术人员、艺术家、作家、高级经理人才等,他们的劳动均属于此类劳动。

上述三种劳动只是社会分工不同,不存在高低贵贱之分,都是马克思社会主义劳动价值观的正确体现。

2020年3月20日,中共中央、国务院颁布了《关于全面加强新时代大中小学劳动教育的意见》(以下简称《意见》)。《意见》要求以习近平新时代中国特色社会主义思想为指导,全面贯彻党的教育方针,坚持立德树人,坚持培育和践行社会主义核心价值观,把劳动教育纳入人才培养全过程,贯通大中小学各学段,贯穿家庭、学校、社会各方面,与德育、智育、体育、美育相融合,紧密结合经济社会发展变化和学生生活实际,积极探索具有中国特色的劳动教育模式,创新体制机制,注重教育实效,实现知行合一,促进学生形成正确的世界观、人生观、价值观。

基于上述思想,《新时代劳动教育与实践》一书在编写时,深入贯彻《意见》精神,结合教育部、共青团中央、全国少工委《关于加强中小学生劳动教育的意见》及《义务教育劳动课程标准(2022年版)》要求,兼顾职业院校劳动教育的职业性、创造性特点,以丰富开放的劳动项目为载体,重点是有目的、有计划地组织学生参加日常生活劳动、生产劳动和服务性劳动,让学生动手实践,出力流汗,接受锻炼,磨炼意志,培养学生正确的劳动价值观和良好的劳动品质。通过本书的训练和培养,旨在树立正确的人才观,培育和践行社会主义核心价值观,弘扬劳动光荣、技能宝贵、创造伟大的时代风尚,营造人人皆可成才、人人尽展其才的良好环境,努力培养更多的高素质劳动者和技术技能人才。

全书共八章,内容主要有卫生打扫与消毒防疫、中餐烹饪与科学膳食、民族工艺与文化传承、家电使用与日常维护、工业生产与工匠精神、农业生产、互联网与现代服务业、创新发明与新技术体验等。其中,第一、二章内容为日常生活劳动,适合低年级学生开展基础劳动教育与实践;第三～七章内容为职业性生产劳动,适合高年级学生开展职业劳动教育或职业体验社会实践活动;第八章为拓展训练,属于创造性劳动教育实践,适合较高学习层次读者和综合性职业技术劳动实践。

本书具有以下三个鲜明特征。

(1) 文化性。人类社会的任何有意识的劳动都带有文化发展的烙印,有什么样的劳动生产力水平,必然会调整那个时代的劳动关系和文化特征。在人类社会漫长的历史演进中,从刀耕火种的原始农业时代,到现在的信息化和智能化时代,劳动创造美好生活的事实和规律没有改变,变化的只是劳动形式。人类社会的发展丰富了劳动的内涵,如人们从事影视创作、设计规划、智能管理等活动,或是网店销售、线上教学、网络游戏开发等活动。

(2) 实践性。无论从劳动内容的选取,还是教学形式的展现,抑或是每章节后面的实践指导部分,都能较好地兼顾全国各地区、各教学单位的实际教学条件和教学水平,在确保劳动理念先进性、劳动理论科学性、劳动技能专业性的基础上,力求教得好、学得会、用得上。

(3) 创新性。创新是民族进步的灵魂、是社会发展的不竭动力。离开了创新,一切都成了无源之水、无本之木。培养学生在劳动教育过程中的创新精神、创新意识和创新能力是本书编写的重要文化使命。而任何的创新都离不开特定文化沃土的孕育,因此本书在每章节的情景导入部分独具匠心地为每个劳动主题开启了文化之旅,并通过教育实践环节的巧妙设计引导其再创新、再应用、再浸润。

此外,为了更好地支持教育实践活动,本书还组织专家配套了相关微视频、教学课件、教学设计和虚拟教学软件等多元立体教学资源库,也欢迎广大师生积极参与、协同创新,共享劳动新天地!

本书由江苏省靖江中等专业学校(靖江开发大学)朱照红老师和江苏省姜堰中等专业学校许夕根老师担任主编,江苏农牧科技职业学院翟旭军老师、高港中等专业学校孙小建老师、靖江中等专业学校叶琳老师担任副主编;此外,戚玉强、蔡明、唐敏、仇娴、潘爱华和杨宇新等老师也参与了本书相关章节教学实践内容的编写工作。囿于编者水平有限,书中不足或错误之处恳请读者不吝赐教。本书在编写时还参考了相关互联网资源和图书资料,在此向原作者一并致以衷心的感谢!

编　者

2024 年 1 月

目录
CONTENTS

第一章　卫生打扫与消毒防疫 ······ 1
　　第一节　卫生打扫与垃圾分类 ······ 1
　　第二节　衣物洗涤与防蛀处理 ······ 10
　　第三节　内务整理及环境布置 ······ 15
　　第四节　消毒与卫生防疫 ······ 21

第二章　中餐烹饪与科学膳食 ······ 29
　　第一节　厨房"好帮手" ······ 29
　　第二节　厨房"新人秀" ······ 35
　　第三节　科学膳食 ······ 43

第三章　民族工艺与文化传承 ······ 48
　　第一节　剪纸 ······ 48
　　第二节　木雕 ······ 52
　　第三节　陶艺 ······ 58
　　第四节　编织 ······ 64

第四章　家电使用与日常维护 ······ 70
　　第一节　电气安全与火灾防护 ······ 70
　　第二节　家电选购、使用与保养 ······ 77
　　第三节　家电常见故障维修 ······ 87

第五章　工业生产与工匠精神 ······ 93
　　第一节　木工制作 ······ 93
　　第二节　服装制作 ······ 103
　　第三节　电子制作 ······ 110

第六章　栽培种植与农业生产 ······ 117
　　第一节　庭院栽培 ······ 117
　　第二节　果蔬种植 ······ 126
　　第三节　农业生产 ······ 133

第七章　互联网与现代服务业 141

  第一节　互联网与电商模式* 141
  第二节　学校"明厨亮灶"管理信息化 146
  第三节　社区管理与志愿者服务 156

第八章　创新发明与新技术体验 161

  第一节　创新精神与创新理论* 161
  第二节　3D打印技术及应用体验 174
  第三节　飞行器组装及应用体验 183

参考文献 193

第一章 卫生打扫与消毒防疫

第一节 卫生打扫与垃圾分类

【情境导入】

东汉时期,有一个人叫陈蕃,他学识渊博,胸怀大志,少年时,他发奋读书,以天下为己任。一天,其父亲的老朋友薛勤来看他,见他院内杂草丛生、秽物满地,就问他:"孺子何不洒扫以待宾客?"陈蕃回答:"大丈夫处世,当扫除天下,安事一室乎!"薛勤当即反问道:"一室之不治,何以天下家国为?"陈蕃听了无言以对,觉得很有道理。从此,他开始从身边小事做起,最终成为一代名臣。

在我们的日常生活中,卫生打扫是家务劳动中涉及面最广的工作之一。扫地、擦桌子,这类看似简单明了的劳动,说起来谁都会做,谁都能做,但简单的家务劳动中,实际上包含了很多的科学知识和其固有的规律性,有着很多的经验和技巧。一旦学习了家居保洁的科学知识,掌握了它的规律性,熟知工作技巧,做起工作来,就会取得事半功倍的效果。

【知识链接】

1. 常用卫生打扫工具

常用卫生打扫工具包括清洁用工具、个人防护用工具和垃圾收纳器具。清洁用工具包括扫帚、簸箕、拖把、玻璃清洁器、吸尘器等;个人防护用具包括外套(打扫临时穿着)、口罩、手套、防滑鞋、防尘帽、袖套等;垃圾收纳器主要指垃圾桶(箱)等。常见卫生打扫工具及用途用法详见表1-1。

表1-1 常见卫生打扫工具及用途用法

序号	名称及用途用法	图 片	序号	名称及用途用法	图 片
1	竹扫帚 室外地面打扫		3	簸箕 收集垃圾	
2	棕(塑料)扫帚 室内地面打扫		4	拖把 用布条或棉纱安装在手柄上制成,用于室内地面清洗工作	

续表

序号	名称及用途用法	图片	序号	名称及用途用法	图片
5	吸尘器 用来吸集地面、墙壁、地毯、家具以及衣物上的灰尘和脏物		12	劳保防滑鞋 打扫湿滑地面穿戴用	
6	玻璃清洁器 用来清洁各种门窗玻璃及镜面油污及灰尘		13	防尘帽 打扫漂浮灰尘穿戴用,也可用一次性头套代替	
7	抹布 用来擦拭桌面及门窗等的灰尘		14	袖套 卫生打扫穿戴用,要求耐污、防水	
8	平铲 清洁口香糖等顽固性垃圾		15	清洁桶 清洁桶与拖把配套,盛水用	
9	马桶清洁刷 清洁马桶、蹲坑等的污物		16	垃圾桶 盛放垃圾	
10	工作外套 打扫垃圾的临时工作服,也可用其他干净的废旧衣物代替		17	肥皂 辅助清洗顽固污渍	
11	胶皮手套 擦拭油污物表面穿戴用				

图1-1 城市生活垃圾收运处置流程

2. 垃圾分类基本常识

"垃圾围城"成为困扰全球大城市的难题,具体体现包括填埋场侵占土地、垃圾造成长期污染、垃圾焚烧厂被周边居民抵制等。我国在城市垃圾处理方面做出了积极探索和成功实践,图1-1所示是城市生活垃圾收运处置流程。

各功能段作用介绍如下。

(1)垃圾收集箱。单位和个人将生活垃圾投放至小区垃圾收集箱中。

（2）垃圾收集车辆。环卫部门的垃圾收集车每天按照既定的时间和线路对垃圾进行收运。

（3）垃圾中转站。垃圾收集车辆将垃圾就近送至城区中转站进行压缩减量。

（4）垃圾处理中心。经过初步分拣、压缩,生活垃圾由垃圾转运车辆统一运往填埋场或新能源发电处进行焚烧发电无害化处理。

解决垃圾围城问题,首要应进行垃圾科学分类。所谓垃圾分类,通常指按一定规定或标准将垃圾分类储存、投放和搬运,从而转变成公共资源的一系列活动的总称。垃圾分类的目的是提高垃圾的资源价值和经济价值,将废弃物分流处理,利用现有生产制造能力,回收利用回收品,包括物质利用和能量利用。减少垃圾处理量和处理设备的使用,降低处理成本,减少土地资源的消耗,具有社会、经济、生态等几方面的效益。

图1-2　垃圾分类标志

1）垃圾分类标准

2019年11月15日,新版《生活垃圾分类标志》标准发布,同年12月1日起正式实施。新标准将生活垃圾类别调整为可回收物、有害垃圾、厨余垃圾和其他垃圾四大类,其对应标志如图1-2所示。新版《生活垃圾分类标志》分别由四大类标志和11个小类标志组成,见表1-2。其中,厨余垃圾和其他垃圾又可分别称为湿垃圾和干垃圾。

表1-2　生活垃圾分类标志

序号	大　　类	小　　类
1	可回收物	纸类
2		塑料
3		金属
4		玻璃
5		织物
6	有害垃圾	灯管
7		家用化学品
8		电池
9	厨余垃圾（也可称为"湿垃圾"）	家庭厨余垃圾
10		餐厨垃圾
11		其他厨余垃圾
12	其他垃圾（也可称为"干垃圾"）	

说明：除上述四大类外,家具、家用电器等大件垃圾和装修垃圾应单独分类。

2）垃圾分类原则

进行垃圾分类,关键要掌握分类原则：可回收物按材质分玻、金、塑、纸、衣；有害垃圾非常少,主要是废电池、废灯管、废药品、废油漆及其容器；厨余垃圾看是不是很容易腐烂、是不是容易粉碎；剩余的就都是其他垃圾了。当发现有混淆模糊、不能准确判断类别的垃圾时,也可以把它归为其他垃圾。

【技能指导】

1. 卫生打扫

卫生打扫项目比较多,这里我们仅从扫地、拖地、门窗擦拭、卫生间清洁等几个方面讲解其基本要求和方法。

1)扫地

(1)选择适宜笤帚。扫瓷砖或地板地面的笤帚以猪鬃的为好,猪鬃毛选密一点的,其他部位金属塑料均可。

(2)端正扫地姿势。掌握正确扫地姿势,如图 1-3 所示。扫地时动作要稳、用力要匀,笤帚给地面的压力要均衡,不能只是一个方向,尤其是扫到砖缝的地方要顺着砖缝扫。

图 1-3　端正扫地姿势

(3)注意扫地收尾。当地面有灰尘或较大圆形颗粒垃圾时,为防止扬尘或颗粒滚动,扫地动作要缓慢,尤其是收尾时更要轻扫。扫地到最后垃圾聚集时要稍微靠近中间点,不要往墙角或边角扫,防止把垃圾扫进死角,给清理造成困难。

(4)留心扫地遗留物。打扫过程中偶尔会看到有人不慎遗落的贵重物品,要及时捡起、包好,写上物品名称和时间,以便联系失主;遇到螺钉之类的物品也要捡起,用纸包好,写上物品名称,以方便后期垃圾分类,不要混入垃圾。

(5)收纳整理。打扫完毕要将屋内家具摆放整齐,扫帚等卫生工具要及时摆放到指定位置。

2)拖地

拖地的基本步骤包括:清场、扫地、拖把吸水、拖把控水、开始拖地、重点去污、场地风干、恢复场地、收纳拖把等。

(1)清场。无论是桌子、椅子、小张的地毯,还是地板上其他的障碍都应移开。最好也请喜欢在场地里走来走去的人或动物暂时离开。

(2)扫地。先扫地或者用吸尘器吸一下地板很有必要,防止拖把会粘连面包屑、灰尘、头发和其他的固体残骸。如果拖一个没有事先扫过的地板,结果就会带着这些垃圾到处走。

(3) 拖把吸水。先把选择的清洁剂放在桶里,倒入可以完全盖过拖把头的温水,留足够的空间放入拖把并使绞拧机露出水面。然后把拖把泡在溶液里,让它完全吸收清洁剂。若是一个坚硬而干涸的拖把则需要浸泡一段时间,让它松软起来。

(4) 拖把控水。吸足水分的拖把在使用之前一定要拧干多余水分,或者放入拖把甩干桶中将富余的水分控干,尤其是实木地板和复合地板,应防止过多水分渗透入地板,长此以往会腐蚀地板,使地板易发生霉变,那样就可惜了。

(5) 开始拖地。使用布条拖把或海绵拖把时,要单向地往回拉,一面脏了再换另一面,然后在卫生间用水顺着海绵一冲,把表面脏物冲掉再行洗涮。对于有纹理的地板,可以"8"字形拖动拖把。房间快拖洗结束时,最好背对着门一直拖,不要踩到刚刚拖过的地方。任何吸附在你鞋底的纤尘都会黏在地板上变成泥。如果你踩在湿的地方,则应用拖把拖一下该区域,把脚印痕迹打扫干净。

(6) 重点去污。遇到油污或腐蚀性液体泼洒地面的情况,需要来回反复拖擦,或者原地绕圈拖擦。对于顽固性地面污渍,可以采用以下两种方法辅助拖地。一是巧用食用盐,地板上沾染油污之后,可以将食盐撒在有油污的地方,等待一段时间,使用抹布反复擦拭干净即可。二是巧用肥皂水,拖地时,可以在水桶里加入少量肥皂水或者洗洁精(见图1-4),去污能力比清水强,且不会留水渍。

图1-4 用洗洁精配置拖把水

(7) 场地风干。为防止水渍长时间滞留在地板上造成霉变,应在拖地结束后,打开门或者窗,空气循环可以让地板干得更快。除非表面上有严重的水痕,否则一般情况下不用人工吸干地板,而是让空气把地板风干。

(8) 恢复场地。复原所有移开的家具等。

(9) 收纳拖把。打扫结束,把拖把控干水分挂起来风干,拖把头朝下。如果把它长时间留在桶里,则会腐烂并且开始有难闻的气味。同时把拖地的污水倒进水槽或厕所便池,将有固体沉积物的污水倒进厕所,可以避免堵塞水槽。

3) 门窗擦拭

在清洁门窗时,玻璃是最重要的,也是关键的地方。在清理推拉玻璃门或窗户的时候,可以搭配上白醋或酒精,这样擦过的玻璃擦又干净又明亮,如果遇到一些不平整的玻璃或门窗边框,则可以选择用牙刷顺着纹理进行清洗。

擦拭窗玻璃通常可以按照以下几个步骤进行,如图1-5所示。

(1) 除尘。用刷子先打扫一遍窗框和窗台,把颗粒较大的灰尘污垢去除。

(2) 擦玻璃。用一桶干净的温水(水不要太热,会影响清洁剂发挥作用),然后添加一些玻璃清洁剂或洗洁精(先加水后加清洁剂以防止清洁剂起泡沫)。将洗干净的海绵浸入清洁水中充分湿润,用S形的手法从上到下清洁窗户。如果窗户很大,则可以先擦拭一部分,把海绵洗干净以后再擦剩下的部分,这样可以保证窗户不被二次污染。

(3) 去水渍。从上到下或从左到右,用擦窗器快速地吸干水分。擦窗器不要来回反复地擦,从窗口顶部开始一直往下。在到达窗户边缘后,用棉布吸干擦窗器,防止水滴溅落到窗台上,最后用超细纤维布擦干窗玻璃的角落即可。

(a) 除尘　　(b) 擦玻璃

(c) 去水渍　　(d) 擦窗台

图 1-5　擦拭窗玻璃

（4）擦窗台。清洁窗框和窗台。用桶装满温水，然后用清水充分湿润海绵，擦拭窗框和窗台。对于特别顽固的污垢，可以预先涂上一层洗涤剂进行软化（注意：切勿使用玻璃清洁剂清洁大理石窗台！它所含的酸会侵蚀石头；大理石材质的窗台可以选用氨水或过氧化氢去除顽固的污渍）。

注意：二楼或室外高空玻璃擦拭应由专业公司在安全保护绳的保护下完成玻璃清洗！

4）卫生间清洁

（1）马桶：因容易沾染尿渍、粪便等污物，如果平日未加以清洗，就容易形成黄斑污渍，也容易滋生霉菌和细菌。清洗的正确步骤，应先把坐垫掀起，并以洁厕剂喷淋内部，数分钟后，再用厕所刷彻底刷洗一遍，再刷洗马桶座和其他缝隙。至于一般人较易忽略的马桶外侧底座，也应用清洁剂喷淋刷洗一遍，并用水清洗干净，最后，用干净的布将其整个擦拭一遍，就可以亮白如新了。

（2）浴缸和盥洗盆：由于这两个地方容易残留皂垢，因此，可在上面喷一些"浴厨万能清洁剂"，再用抹布擦洗一遍，以恢复原有的光洁度。不论是何种材质的浴缸或盥洗盆，最好都不要使用钢丝清洁球、硬质刷子或去污粉刷洗，以免伤害表面材质。

2. 垃圾分类

根据最新《生活垃圾分类标志》标准，对生活中的垃圾分为可回收物、有害垃圾、厨余垃圾、其他垃圾四类。具体分类方法详细讲解如下。

1）可回收物

可回收物是指适宜回收可循环利用的生活废弃物，如图 1-6 所示，在生活中，还有很多常见的垃圾属于可回收物，如旧报纸、纸壳、金属、矿泉水瓶、易拉罐、铁皮罐头盒、牙膏皮、玻璃瓶等。可以这样说，可回收物都是放错了地方的资源。比如，每回收 1 000kg 废纸可造好纸 850kg，节省木材 300kg，比等量生产减少污染 74%；每回收 1 000kg 塑料饮料瓶可获得

700kg 二级原料；每回收 1 000kg 废钢铁可炼好钢 900kg，比用矿石冶炼节约成本 47%，减少空气污染 75%，减少 97% 的水污染和固体废物。

图 1-6　可回收物

可回收物投放基本要求：
(1) 应尽量保持清洁干燥，避免污染。
(2) 立体包装物应清空内容物，清洁后压扁投放。
(3) 易破损或有尖锐边角的应包裹后投放。

2）有害垃圾

有害垃圾如图 1-7 所示，是指生活垃圾中对人体健康或自然环境造成直接或潜在危害的物质，如废旧电池、废旧手机及电子产品、废油漆、过期的药品等，这些必须单独收集运输、存贮，由环保部门认可的专业机构进行特殊安全处理。

有害垃圾投放要求：
(1) 易破碎的投放时应注意轻放。
(2) 有残留农药的，应拧紧瓶盖，交由专业人士处理，不得随意乱扔，以免对人畜造成危害。
(3) 压力容器应由专业人士排空后专门处置，不能与易燃易爆物品混放或放在有火源的地方，防止引爆发生火灾。

3）厨余垃圾

厨余垃圾是指居民日常生活及食品加工、饮食服务、单位供餐等活动中产生的垃圾，包括丢弃不用的菜叶、剩菜、剩饭、果皮、蛋壳、茶渣、骨头等，其主要来源为家庭厨房、餐厅、饭店、食堂、市场及其他与食品加工有关的行业。厨余垃圾含有极高的水分与有机物，很容易

图 1-7　有害垃圾标志

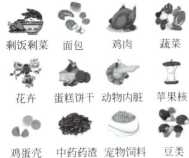

图 1-8 厨余垃圾

腐坏,产生恶臭。经过妥善处理和加工,可转化为新资源,高有机物含量的特点使其经过严格处理后可作为肥料、饲料,也可产生沼气用作燃料或发电,油脂部分则可用于制备生物燃料,厨余垃圾如图 1-8 所示。

厨余垃圾投放时要求:

(1) 厨余垃圾应从产生时就与其他品种垃圾分开收集。

(2) 投放前尽量沥干水分,有外包装的应去除外包装投放。

厨余垃圾收集和运输要求:

(1) 厨余垃圾的运输必须全封闭,防止滴撒、遗漏,车身要有明显标识,具有政府主管部门核发的准运证件,方可从事运输。

(2) 厨余垃圾应当提供给专业化处理单位进行处理,严禁将废弃食用油脂(包括地沟油)加工后作为食用油使用,严禁直接使用厨余垃圾饲养畜禽及鱼类,严禁用未经无害化处理的厨余垃圾生产肥料。

4) 其他垃圾

其他垃圾是指除可回收物、有害垃圾、厨余垃圾之外的其他生活垃圾,即现在由环卫体系主要收集和处理的垃圾(见图 1-9)。

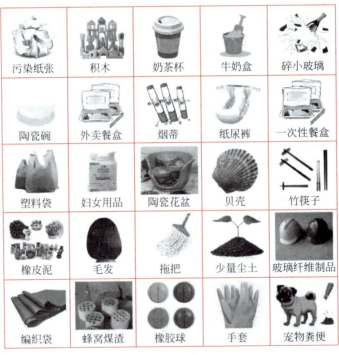

图 1-9 其他垃圾

5) 大件垃圾

大件垃圾是指像沙发、床垫、床、桌子、电冰箱等可以由回收物经营者或大件垃圾收集运输单位上门回收,或者投放至管理责任人指定场所的家庭垃圾。大型电器电子产品也是大件垃圾,如空调、电冰箱、洗衣机、电视机等,小型电器电子产品如微型计算机、手机、电饭煲等可按照可回收物的投放要求投放。

6) 装修垃圾

装修垃圾是指因装修而产生的如碎马桶、碎石块、碎砖块、废砂浆及建筑废料物等垃圾。装修垃圾应单独收集,投放至指定的垃圾存放、处置场所。

【教育实践】

1. 任务说明

卫生打扫与垃圾分类劳动教育实践活动。

2. 劳动要求

(1) 开展"我爱我家"卫生打扫与检查评比活动。

(2) 组织并积极参加做小区垃圾回收志愿者活动。

3. 注意事项

(1) 高空卫生打扫需做好防跌落措施。

(2) 湿滑路面打扫需做好防摔倒措施。

(3) 垃圾分类应穿戴好防污染手套、口罩等劳保用品。

4. 实践记录

实践记录详见表1-3。

表1-3 卫生打扫与垃圾分类劳动教育实践活动记录

序号		实践步骤	训练要求	过程记录
1	第一阶段劳动教育实践活动——卫生打扫	"我爱我家"卫生打扫主题实践活动方案设计	在老师指导下,分组提出活动方案	
2		卫生打扫	自行分小组,分发卫生工具,打扫教室或宿舍卫生	
3		卫生评比	各小组推选一名代表,组织卫生检查评比小组,选出一、二、三等奖若干	
4		组织参观学习	组织各小组参观一等奖小组所在场所,并做交流学习	
5	第二阶段劳动教育实践活动——垃圾分类	组织垃圾分类回收志愿者活动	在老师指导下,分组提出活动方案	
6		垃圾清理和分类	参加小区垃圾分类或校园绿化带白色垃圾清理活动	
7		垃圾分类宣传	利用宣传标语或现场宣讲垃圾分类的意义	
8	实践反思与自我评价:			
9	老师综合评价:			

第二节 衣物洗涤与防蛀处理

【情境导入】

高尔基说过：劳动是世界上一切快乐和一切美好事物的源泉。劳动是打开幸福之门的钥匙。艰难困苦、玉汝于成，关于家务劳动，我们应该从洗衣、熨烫、缝补、收纳衣服等小事做起，力求做到穿着干净整齐。

【知识链接】

1. 衣物洗涤标志

衣物洗涤是指用水和含有去污成分的化学物质（如洗衣粉）的混合物洗衣物，目的是去除衣物上的污渍。我们在购买服装时，一般会在后领中、后腰中或者侧缝的位置，看到衣物成分和洗涤方法的标签，提示人们在衣物洗涤前，要参考原料的成分和含量，以及水洗标的洗涤说明，选择正确的洗涤方式，防止衣物过早变形或损坏。

需要说明的是，在我们国家，衣物水洗标是必须有的，但位置不固定。根据 GB 5296.4—2012《消费品使用说明第 4 部分：纺织品和服装》规定，纺织与服装产品的使用说明中必须包含七项内容：制造者的名称和地址、产品名称、产品号型或规格、纤维成分及含量、维护方法、执行的产品标准和安全类别。其中，产品号型或规格、纤维成分及含量、维护方法这三项内容必须采用耐久性标签，即"水洗标"。不同的服饰标签要缝在不同的位置。服装产品的号型标志或规格等标签一般可缝在后衣领居中位置。其中大衣、西服等也可缝在门襟里袋上沿或下沿；裤子、裙子可缝在腰头里子下沿。各种洗涤标志的含义见表1-4。

表1-4 洗涤标志含义

图形符号	中文说明	图形符号	中文说明
⟨40⟩	——最高洗涤温度40℃ ——常规工艺	⟨40⟩	——最高洗涤温度40℃ ——缓和程序
⟨40⟩	——最高洗涤温度40℃ ——非常缓和程序	⟨手⟩	——手洗 ——最高洗涤温度40℃
⊠	不可水洗	△	允许任何漂白剂
⟨△⟩	仅允许氯漂/非氯漂	⊠	不可漂白
▯	悬挂晾干	▱	在阴凉处悬挂晾干
▯▯	悬挂滴干	▱▱	在阴凉处悬挂滴干

续表

图形符号	中文说明	图形符号	中文说明
☐	平摊晾干	⊟	在阴凉处平摊晾干
☰	平摊滴干	⊟	在阴凉处平摊滴干
⊙⊙	——可使用翻转干燥 ——常规温度,排气口最 最高温度 80℃	⊙	——可使用翻转干燥 ——常规温度,排气口最 最高温度 60℃
⊠	不可翻转干燥	🪡	熨斗底板最高温度:200℃

2．衣物洗涤基本要求

平时换洗的衣服一般要求随换随洗、分类洗涤，并选择合适的温度和适量的洗涤剂等，具体如下。

（1）衣物洗涤要及时。由于现代人们的生活节奏加快，平时工作忙碌，喜欢将衣物尤其是内衣裤积攒到一定数量的时候，再统一进行清洗。事实上，内衣裤在换下时就应立即清洗，时间越长，污渍渗入质料纤维组织，会变得越难清洗，而且即使表面看不到脏的污渍，也会有细菌。若不及时清洗，细菌容易繁殖且加倍增长。此外，如果衣服不小心蹭上果汁、油点、墨迹等污渍，也需要立即处理，否则可能会留下永久的印迹，并可能在清洗时，污渍面积越来越大。

洗涤衣物时，应在水中加入适量洗涤剂，然后将脏污处放入水中浸泡，让衣物及时接触到洗涤剂，才能轻松洗净。如果领口、袖口等地方脏污比较严重，可先用肥皂或洗涤剂抹在脏污处，过几分钟后先用手搓揉，然后整体洗涤。在外不方便脱衣服或没有洗涤剂的情况下，应迅速用干布或纸巾吸干污渍，然后将布沾湿，轻轻擦拭污处，回家后再彻底清洗。

（2）衣物要分类洗涤。洗衣服时，不仅要按颜色分类，还要按衣服的材质、种类分类。衣物按颜色可分为四类：纯白色、浅色（包括带白色条纹的衣物）、深色（黑、蓝、褐等）、艳色（红、黄、橙等）。衣物按材质可分为化纤、棉麻、真丝、羊毛羊绒、毛呢等，棉麻材质尽量常温手洗，不要长时间浸泡，最好是下水即洗，建议使用中性洗涤剂，避免使用有漂白成分的洗涤液。真丝和羊毛材质的衣物要用专用的洗涤剂，用冷水轻柔手洗，并注意不能过分拧干。羊毛羊绒衣物洗净后平摊阴干或折半悬挂阴干。毛呢建议干洗。另外，一定要将毛绒多的衣物（毛巾、毛衣、灯芯绒衣物等）和容易起球的衣服分开洗，避免把衣服洗坏。衣物按种类可分为贴身衣物和外套等，如内衣裤、秋衣裤等，要单独洗涤。

（3）洗涤水温要合适。一般情况下，水温越高，去污越快，消毒效果也越好。但是，日常生活中很多衣物不适合用热水洗涤，洗涤前应注意查看洗涤标签。例如，内衣、床单等通常应该用 60℃ 以上的热水洗涤，而丝质、羊毛织物就应该用冷水洗。

（4）洗涤步骤要正确。洗涤衣服时，应该先放水，再倒入洗衣粉或洗衣液，并适度搅动，使其充分溶解后再放入衣物。这样洗涤衣服，不仅能让洗衣粉或洗衣液充分溶解，更好地发挥作用，还能避免衣物上留下洗衣粉或洗衣液的残渍或印记。

（5）选择合适的洗涤剂。常用的洗涤剂有肥皂、洗衣粉、洗衣液、清洁剂、柔顺剂和洗衣膏等，肥皂适用于洗涤内衣和儿童衣物；洗衣粉适用于洗涤棉质衣物和人造纤维衣物；洗衣液适用于洗涤所有材质衣物；清洁剂可以辅助洗涤衣物的污渍；柔顺剂可以辅助增加衣物柔顺和香味等，而且可以除静电；洗衣膏也称浆状洗涤剂或膏状洗涤剂，呈白色，是细腻的膏体，成分与重垢洗衣粉相近，优质膏体贮存时不分层，总固体含量为 $55\%\sim60\%$，优点是在水中溶解快，缺点是洗衣膏碱性较强，不适宜洗头发，更不能用来洗脸、洗澡。

（6）洗涤溶剂要适度。洗衣之前要认真阅读洗衣粉或洗衣液等洗涤剂的使用说明，通常情况下，洗涤剂用量比说明书的推荐值略少些即可。因为洗涤剂达到一定浓度后，去污效果就不会再增强了。如果洗涤剂用量太大，不但浪费资源，还极易产生残留，对人体皮肤构成伤害，损害人体免疫功能。水质也会影响洗涤剂的用量，如果水质偏软，可以少用些洗涤剂；如果水质硬、水垢多，洗涤剂不易溶解，可以加入些小苏打，清洗得会更彻底。

（7）洗涤机械要清洁。洗衣时，将大批的脏衣物攒着一起塞满洗衣机，既不卫生，也不容易让洗衣液充分地接触每件衣服，难以洗净。一般来说，衣物体积最多只占洗衣机筒体积的 2/3。日常洗衣服时，污渍会积累在洗衣机的缝隙中，用完洗衣机后应该用清水冲洗一下洗衣筒、过滤网等，还可以在水中加杯白醋，帮助去除残留的洗涤剂。

3. 衣物防蛀

常见的衣物蛀虫是黑皮蠹和衣鱼，如图1-10所示。黑皮蠹一般待在缝隙中，将卵产在衣物上，靠蛀蚀衣物、织物存活。衣鱼不仅是衣物蛀虫，还是档案害虫，会蛀蚀古籍、档案。蛀虫主要蛀蚀纯棉类、丝绸类、纯毛类等纯天然衣物，化纤类衣物为石油附属产品提炼而成，并无淀粉、糖、蛋白质等蛀虫喜欢的营养物质，因此不会被蛀蚀。蛀虫嗜咬衣物中的天然纤维，并在其中抽丝织巢，产卵繁殖，固着于衣物上，水洗干洗均不易洗掉。

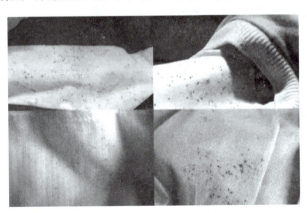

图1-10 衣物虫蛀现象

【技能指导】

1. 衣物洗涤

衣物洗涤通常有手洗和机洗两种方式。

1) 手洗衣物

随着人们生活水平的提高，闲暇之余用手洗衣服也不失为一种健康的生活方式。尤其是婴儿衣物、贴身衣物、丝绸类衣物、毛料衣物等最好还是用手洗,因为婴儿免疫力较弱,而大多的洗衣机内部会比较潮湿,容易滋生霉菌,不利于婴儿健康成长;某些洗涤剂由于漂洗不彻底会残留在衣物表面,贴身衣物会直接刺激皮肤,可能造成灼热感或皮肤瘙痒;丝绸衣物质地薄软,在高速运转的洗衣桶内洗涤极易起毛,甚至会结成很多绒球,干后再穿会变得不好看;毛料衣服很多部位是用针线缝制的,衬布也多是棉麻类织物。在洗衣桶中旋转翻滚会因吸水后收缩率不均而变形,影响美观,牢度下降,所以不宜在洗衣桶中水洗。手洗衣服的基本过程及动作要领如下。

(1)准备面盆和水。面盆要结实,水不要放得太满,约2/3即可。

(2)放入待洗衣物。一次不要放太多,视面盆容积而定,最好不超过面盆容积的一半,以免洗衣过程中大量水溢出。如果条件许可,还可以放入搓衣板,辅助手洗。

(3)倒入洗涤剂。洗涤剂不要放入太多,约一调羹即可,如果时间允许,可以倒去一部分水,以便刚好漫过衣物,稍微翻动衣物,浸泡2~3小时,再手搓效果会更好。

(4)搓洗衣物。左手拽住衣物的一边,右手拽住衣物的另一边,反复搓洗,如图1-11(a)所示,直至看不到明显污渍,建议先重点搓洗衣领、衣袖、衣袋、臀部及前胸等易脏污部位,洗完,先倒去污水,再加入适量洗涤剂,普遍搓洗衣物。如果先普遍搓洗衣物,再重点洗脏污部位,容易导致污水再次污染衣服的其他部位。用搓衣板洗衣过程如图1-11(b)所示,左手扶住搓衣板中上部,右手抓住衣物的一端,在搓衣板上下反复按揉,直至衣物无明显污渍,最后整体搓揉。

(5)换清水漂洗。初步拧干衣物,倒去污水,并再次放入适量清水,简单重复上述洗衣过程,并再次拧干衣服,倒去含有洗涤剂的浑浊水,放入适量清水,并做简单按揉。待洗衣水基本清澈后,再次彻底拧干衣物,倒去洗衣水。

(6)衣物晾晒。用洗衣盆将洗净的衣物带至阳光充足的阳台或空旷场地,用合适的晾衣架将衣物展平,挂在衣架上,如图1-11(c)所示;如果是袜子或婴儿衣物,不便悬挂,建议用带塑料夹的环形衣架夹住晾晒,如图1-11(d)所示,为防止晾晒时衣物被风刮跑,建议用塑料夹夹住衣物的衣领或裤腰等部位。注意衣物晾晒时尽量不要放在室内阴干,放在室内阴干不利于阳光紫外线杀菌,而且衣物没有彻底干透容易有霉菌。

(a)手搓衣服　　　　　　　　　(b)搓衣板洗衣

(c)晾衣架晾晒衣物　　　　　　(d)环形晾衣架晾晒

图1-11　衣物手洗

（7）衣物回收。晾干的衣物要及时收回，整理并分离叠放或挂在衣架上，尽量不要过夜，以免雨淋或空气中灰尘等的二次污染。

2）机洗衣物

在工作或学习相对繁重的情况下，可以选择洗衣机代替手洗衣物。机洗衣物将人手解放出来，使人们可以更加安心的工作和学习。全自动洗衣机的洗衣过程如下。

首先，接通电源，把衣服放入洗衣机，在洗衣机里倒一些洗衣粉。其次，根据衣物的数量、洗涤方式等，选用适当的洗涤按键，所有设定好后，按下启动按钮，这时会自动进水洗衣服。最后，当清洗完毕，衣物的晾晒过程和手洗大致相同。

2. 衣物防虫蛀

做好衣物防虫蛀通常有以下几种方法。

（1）保持干燥。存放衣服的衣柜，要时刻保持干燥的状态，因为潮湿的环境有助于蛀虫的生长和霉菌的滋生，所以保存衣物的柜子最好在朝南的房间，因为朝北的房间总是照不到太阳，不利于保持干燥，尤其是黄梅天，会出现衣物返潮和发霉的现象。

（2）保持清洁。存放衣物的衣柜或衣橱不能堆放杂物，更不能长期不打扫，否则很容易让灰尘和细菌进入衣物里，使衣物长蛀虫。所以，我们要常常清理衣柜，做好卫生工作。

（3）使用密封袋。密封袋抽真空可以有效防虫蛀、霉变，如图1-12（a）所示。棉袄、被子等较大件的棉质衣物，最好不要直接叠好就放进衣柜里，建议使用可以抽气的密封袋，把棉袄和被子真空保存，这对南方地区的家庭而言是抵抗黄梅天和桑拿天的终极装备。

（4）使用樟脑丸。樟脑丸防虫蛀，如图1-12（b）所示，将樟脑丸放在衣服的口袋里，再放入衣柜，能够有效防止虫蛀，衣柜的四个角落也可以摆放一些樟脑丸，并定期检查更换新的樟脑丸。提示：合成樟脑不可与丝绸衣物接触，接触后可能会使衣物变黄。

(a) 抽真空防虫蛀　　　　　　(b) 樟脑丸防虫蛀

图 1-12　衣物防虫蛀方法

（5）熨烫衣物。家中有熨斗的，建议在把换季衣服放入衣柜之前，先用熨斗把衣服整体地熨烫一遍，这样可以给衣服杀菌，也能让衣服更加挺括。

（6）洗衣消毒剂。洗衣服时，最好放一些具有杀菌消毒功能的消毒剂，一方面杀死衣服上的细菌，另一方面也可以让衣服更加柔顺。

（7）晒太阳。定期将衣物从衣柜里取出来，在户外晒太阳，通过天然的紫外线杀死衣物上的螨虫和细菌，让衣物充满柔软、迷人、健康的阳光气息。

【教育实践】

1. 任务说明

"'童'样劳动,不同风采"洗衣劳动教育实践活动。

2. 劳动要求

（1）根据洗涤标识,区别不同衣物的洗涤要求。

（2）住校同学可以培养自己勤洗衣物的良好习惯,培养自己的独立性和自我管理能力;走读生也可以制订家庭洗衣的劳动计划,可以采用手洗和机洗两种方法锻炼培养自己,要求用PPT(含照片)或短视频记录劳动过程。

（3）衣物防蛀处理。

3. 注意事项

衣物晾晒时要防止高空跌落或湿地滑倒。

4. 实践记录

实践记录详见表1-5。

表1-5　洗衣劳动教育实践活动记录

序号	实践步骤	训练要求	过程记录
1	区别衣物洗涤标识	根据洗涤标识,区别不同衣物的洗涤要求	
2	衣物洗涤劳动实践	住校同学可以培养自己勤洗衣物的良好习惯,培养自己的独立性和自我管理能力;走读生也可以制订家庭洗衣的劳动计划,可以采用手洗和机洗两种方法锻炼培养自己,要求用PPT(含照片)或短视频记录劳动过程	
3	衣物防蛀	记录自己对橱柜衣物防蛀和防霉变的处理过程	
4	实践反思与自我评价:		
5	老师综合评价:		

第三节　内务整理及环境布置

【情境导入】

"播下一种思想,收获一种行为;播下一种行为,收获一种习惯;播下一种习惯,收获一种性格;播下一种性格,收获一种命运。"这是美国著名教育心理学家威廉·詹姆斯的经典名言。良好的行为和习惯是一个人立于社会的基础,也是取得成功与幸福的关键。成功源于习惯,习惯源于生活。一屋不扫,何以扫天下;一境不净,何以净心灵。规范内务整理,营造一个整洁、舒适、温馨的居住、学习环境,对于提高学生的"精、气、神",培养学生的内务整理和环境布置技能至关重要。

某高校有一男生宿舍是典型的学习型寝室。全寝室12名男生,有10人获得哥伦比亚大学等国外知名大学硕士研究生的录取书;另外两人,一个被中国移动集团公司录取,另一个赢得国家电网、IBM、华为等多家知名企业伸出的"橄榄枝"。此宿舍之所以取得如此傲人的成绩,也要归功于他们在校时的寝室文化布置。

【知识链接】

1. 内务整理

内务是什么？有的人会说叠被子，这个答案是正确的，但只答对了一部分。整理内务不光是叠被子，还有打扫卫生、整理室内物品等，如图 1-13 所示，内务整理的具体要求体现在以下几方面。

(a) 物品摆放有序　　　　(b) 被褥折叠方正

图 1-13　内务整理

（1）卫生打扫干净。要把室内卫生打扫干净，不能有任何杂物，班长们会戴白手套检查。

（2）物品摆放有序。所有看得见的东西，都必须以"横看竖看一把尺、左看右看一条线"的标准摆放。

（3）铺面要平整。床上按照床板、床垫、褥子、床单的顺序铺垫，床单将褥子、床垫包裹住，每个角都整理出 90°垂直边线。

（4）被子要方正。通常是叠成豆腐块，按"竖三折横四折，圆边向外，空边向内"的标准，折成豆腐块外形，摆放在床头一侧，左右两端空位平均。

2. 环境布置

从一定意义上说，家庭环境是一个家庭的门面，寝室环境是一个人或一宿舍人的门面，班级环境是班级文化及班风的体现。来访者会因环境布置而产生对该个人或集体的第一印象。因此，凡是出色的个人或集体都非常重视环境的布置。环境布置是一种无声的语言，向来访者传递着信息，体现着风格和精神面貌。环境还会影响居于环境里人的心理情绪，进而影响他们的言谈举止，影响他们待人接物的礼貌礼节。在一个整洁干净、格调高雅的环境中，人们会不自觉地要求自己与环境相协调，自然而然地变得文明礼貌、庄重大方。班级环境应该是严谨、积极、庄重、整洁的，寝室风格应该是高雅、安全、独具特色的。几种环境布置示例如图 1-14 所示。

(a) 某小学教室环境布置示例　　　(b) 某高中教室环境布置示例

图 1-14　环境布置示例

(c) 某高校教室环境布置示例

(d) 某高校宿舍环境布置示例

图 1-14（续）

【技能指导】

1. 内务整理

内务整理要遵循"由上到下"的原则。由上到下，指从天花板到床铺、衣橱，再到书橱、书桌等，最后到地面。

1）整理天花板

检查天花板有无蜘蛛网，风扇或者空调外表是否需要擦拭及门窗玻璃是否需要擦拭。在打扫天花板和高处物件时，要注意将床铺、书桌等遮住，以免落灰。

2）整理床铺

床上用品的整理主要包括三大件，即床单、被子、枕头。拉平床单，并将床单多出部分塞到床垫下面。被子按要求叠成豆腐块状，此处分成 7 个步骤。

（1）把被子伸平，平均分成三等份。

（2）把远离身体的被子内折，折到 1/3 的位置，用手压平。

（3）把靠近身体的被子内折，折到 1/3 的位置，用手压平。

（4）在被子的 1/2 处往上提，并用手或胳膊挤压出一个拱桥形状，该形状起到分水岭的作用，如图 1-15(a) 所示。

（5）分别在被子两边的 1/4 处各用手或胳膊挤压出一道分水岭。

（6）折叠，重合，并把所挤压的分水岭整理成型。

（7）被口朝外摆放，如图 1-15(b) 所示。如果是集体宿舍，被褥叠好后，宿舍成员按照同一方位和顺序摆放。

(a) 中间上提

(b) 叠压成型

图 1-15 "豆腐块"被子折叠要领

3）整理衣橱

衣物是家庭中易乱的物品，随手脱随手放，最后堆成一堆。所以要进行经常整理衣物，定期将不穿的衣物清理出去，换季的衣物藏起来，衣柜里留有充足的、可以随手悬挂的空间。在经常喜欢堆积衣物的区域放上衣帽架，减少堆放。

以下是衣服的叠放方法，长裤和短袖的折叠方法如图 1-16 所示，外套与毛衣的折叠方法如图 1-17 所示，裙子的折叠方法如图 1-18 所示。

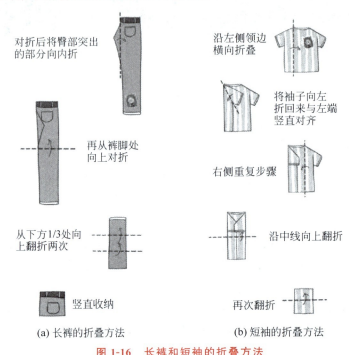

图 1-16　长裤和短袖的折叠方法

图 1-17　外套与毛衣的折叠方法

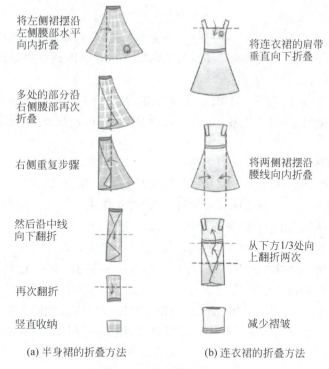

(a) 半身裙的折叠方法　　(b) 连衣裙的折叠方法

图 1-18　裙子的折叠方法

衣服折叠好后，竖着放，不要横着放。横着放一旦拿了其中一件，上面的衣服就乱了。竖着放不仅方便寻找衣物，而且拿取的时候也不会破坏其他整理好的衣服，还可以节省 50% 的空间。每个收纳好的抽屉和盒子都要贴上标签，这样在找衣服的时候，可以很快找到需要的。

4）整理书橱和书桌

首先，要做好分门别类，书本、化妆品、零食等相对分离，网线和电源线尽量束在一起，看起来整齐。其次，对书本的整理，无论是平着放还是竖着摆，都要由大到小，按顺序来。最后，是杂物，对于平常用的纸巾、钥匙、商家送的各种小礼品等，应该准备一个有盖的收纳盒，以便将各类杂物放进去，收纳盒内虽然有点乱，但是外面所有区域就会干净许多，还能防止杂物丢失。所有东西尽量摆放整齐、紧凑，不要随意散乱地堆在书桌上。整齐划一的书桌和井然有序的收纳盒如图 1-19 所示。

(a) 整齐划一的书桌　　(b) 井然有序的收纳盒

图 1-19　书房整理

5）地面清洁

先扫地,再拖地。用笤帚由里到外清扫,不留卫生死角,将尘土和垃圾扫到室外,同时清理垃圾桶。垃圾扫干净后,再用拖把拖地,拖地同样要本着由内到外的原则,边拖边退,等到地面变干以后,方可踏入干净地面。

对于集体宿舍,内务整理是所有成员共同的事,需要大家一起维持和维护,不应袖手旁观,而应主动参与,做到统一标准、统一方向、合理分工,不推诿扯皮,大家通力合作,才能愉快地完成任务。

2. 寝室环境布置

特色寝室宣扬的是一种文化,是一种相互影响、彼此照应、和谐共进的良好氛围,对个人的文化修养、综合素质等各方面的提高有着很大的促进作用。要建设特色寝室,首先要考虑寝室大部分人的个性、喜好、价值观等,然后再以此为方向营造出别具一格的"特色"文化。如果寝室大多数都喜欢学习,便可以考虑建设学习型寝室;如果寝室大多数人喜欢运动,便可以考虑建设运动型寝室;如果寝室大多数人都对环保有一定兴趣,便可以考虑建设环保型寝室。与此类似的还有创业型寝室、自强型寝室、友爱型寝室、逐梦寝室、音乐寝室等。

在建设特色寝室时,应综合考虑以下三方面:全体寝室成员共同参与特色寝室建设,共同商议并确定特色寝室建设方向;按照主题特色布置寝室,呈现出的效果要符合指定特色,传递寝室文化,简单、大方、美观、别具匠心、新颖独特、让人眼前一亮;有与寝室文化对应的"行为习惯养成计划""寝室团建活动安排"等。

在进行寝室美化设计与创意时有以下几方面的原则。

（1）彰显寝室文化。每个寝室都有不同的文化,在美化设计时要充分考虑自己的寝室文化,做出别出心裁的美化设计。若寝室面积不大,则没有必要摆放过多装饰品,否则会显得杂乱。寝室文化既要彰显简单大方的特点,又要温馨舒适。寝室是放松休憩的地方,在美化设计时要考虑烘托一种温馨舒适的氛围,让寝室充满家的温暖气息。同时还应积极营造学习氛围。寝室不仅是放松休憩的地方,也是学习的场所,在美化设计时,要从色彩、风格上考虑这些因素,营造一个安静且适宜学习的空间。

图 1-20　变废为宝的装饰品

（2）用材节约,变废为宝。低碳、绿色不仅是当下流行的概念,更应是我们践行的生活方式。在美化设计寝室时可以充分利用易拉罐、雪糕棍、牛奶盒、饮料瓶、废纸箱等被忽略的生活垃圾和旧物,做成各种实用的生活用品,不仅创意十足,更向周围的人传递了一种绿色的生活态度,如图 1-20 所示。

（3）彰显个性。寝室由多个小空间组成,每个小空间都是使用者的"家"。在美化设计时,每个人应在兼顾整体风格的基础上,充分考虑自己的使用需求和审美偏好,打造属于自己的"私密空间",彰显自己的个性。

【教育实践】

1. 任务说明

内务整理及环境布置劳动教育实践活动。

2. 劳动要求

（1）内务整理篇——开展"讲卫生，爱劳动，共建和谐家庭"活动，要求用PPT（含照片）或短视频记录劳动过程。

（2）环境布置篇——以"团结、奋进、文明、和谐"为主题，开展特色寝室布置活动，要求用PPT（含照片）或短视频记录劳动过程。

3. 注意事项

内务整理及环境布置务必讲求美观、节约和实效，不要过度装饰。

4. 实践记录

实践记录详见表1-6。

表1-6 内务整理及环境布置劳动教育实践活动记录

序号	实践步骤	训练要求	过程记录
1	内务整理	打扫房间，做到一尘不染、窗明几净	
2		整理书桌，做到整齐划一、井然有序	
3		床铺折叠，做到棱角分明、分类摆放	
4	环境布置	文化气息浓郁	
5		简洁节约	
6		特色鲜明	
7	实践反思与自我评价：		
8	老师综合评价：		

第四节 消毒与卫生防疫

【情境导入】

近年来，全国中小学食物中毒事件时有发生，引起社会广泛关注和各级政府高度重视。据央视中国新闻网报道，2015年8月，山西某中学发现100多名学生集体食物中毒事件，该县立即组织相关部门展开调查，检测出学生饮用水中大肠杆菌超标。另据环球网报道，2020年3月，贵州某中学发生200多名学生食物中毒情况，相关部门调查后发现事件起因系当地市政临时停水，学校启用备用水井的水质不达标，水中大肠杆菌超标所致。

痛定思痛，各种食物中毒事件让人们深刻反思，如何切实保障学校食品安全和学生健康，避免类似事件再次发生！

2019年2月20日中华人民共和国教育部、中华人民共和国国家市场监督管理总局、中华人民共和国国家卫生健康委员会等三部委联合出台了《学校食品安全与营养健康管理规定》，明确了实施学历教育的各级各类学校、幼儿园等集中用餐的食品安全与营养健康管理具体要求。一方面要求区域性的中小学卫生保健机构、妇幼保健机构、疾病预防控制机构，根据职责或者相关主管部门要求，组织开展区域内学校食品安全与营养健康的监测、技术培训和业务指导等工作；另一方面学校食堂应当根据所经营的食品品种、数量、供餐人数，配备相应的设施设备，并配备消毒、更衣、盥洗、采光、照明、通风、防腐、防尘、防蝇、防鼠、防虫、洗涤以及处理废水、存放垃圾和废弃物的设备或者设施。

本节将开展消毒与卫生防疫方面的劳动知识学习和基本技能训练。

【知识链接】

1. 细菌、真菌和病毒

细菌、真菌和病毒的区别在于它们的结构，如图 1-21 所示，三者的主要特征比较见表 1-7。

(a) 细菌

(b) 真菌

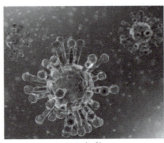
(c) 病毒

图 1-21　细菌、真菌和病毒

表 1-7　细菌、真菌和病毒的主要特征比较

类型	形态结构	营养方式	生殖方式	代表种类	与人类关系
细菌	都是单细胞；分为三类：球菌、杆菌、螺旋菌；有细胞壁、细胞膜、细胞质，没有成形的细胞核	异养（利用现成的有机物生活）	分裂生殖	大肠杆菌、葡萄球菌、乳酸菌、螺旋菌	细菌会感染人体，容易致病；可为人类生产特定的化合物；食物的变质是细菌造成的
真菌	有单细胞、多细胞；有细胞膜、细胞质、细胞壁、细胞核；细胞核是真正的细胞核，属于真核生物，大多没有叶绿体	异养	酵母菌为出芽生殖；单细胞生物为孢子生殖	霉菌、蘑菇、青霉菌	酿酒、制酱和其他发酵食品；引起人类的疾病；引起食物的霉腐
病毒	由蛋白质外壳和内部的遗传物质组成，没有细胞结构，形态多样	异养（寄生生活）	靠自身的遗传物质，自我复制	烟草花叶、腺病毒、噬菌体	使人和其他生物患病并危及健康；可以作为防治某些疾病的特效药

（1）细菌。细菌是属于原核型细胞的一种单细胞生物，形体微小，结构简单，无成形细胞核，也无核仁和核膜，除核蛋白体外无其他细胞器；细菌广泛分布于土壤和水中，或者与其他生物共生，每个细菌都独立生活，有的细菌有鞭毛，可游动。人体身上也带有相当多的细菌。据估计，人体内及表皮上的细菌细胞总数约是人体细胞总数的十倍；细菌的营养方式有自营及异营，其中异养的腐生细菌是生态系统中重要的分解者，使碳循环能顺利进行。部分细菌会进行固氮作用，使氮元素得以转换为生物能利用的形式。

（2）真菌。真菌是具有真核和细胞壁的生物，真菌像细菌和微生物一样都是分解者，就是一些分解死亡生物的有机物的生物。真菌将生物分解为各类无机物，使土地肥力增强。

还有的真菌用于食物加工,例如酵母菌用于面包等的加工,酿酒也需要真菌。在农业、林业和畜牧业中,真菌又有有害的一面,真菌能引起植物多种病害,从而造成巨大的经济损失。

（3）病毒。病毒无完整的细胞结构,只含单一核酸(DNA 或 RNA)型,它是微生物中最小的生命体,组成比较简单;病毒寄生在活细胞中,以掠夺别人的营养来生存,危害大,如艾滋病毒,生存在人体免疫细胞中,破坏人体的自身保护。

2. 消毒

消毒是指杀死病原微生物,但不一定能杀死细菌芽孢的方法。通常用化学的方法达到消毒的作用。用于消毒的化学药物叫作消毒剂。

消毒分疫源地消毒和预防性消毒两种,也可按照消毒水平的高低,分为高水平消毒、中水平消毒与低水平消毒。疫源地消毒是指在有传染源(病者或病原携带者)存在的地区进行消毒,以免病原体外传。疫源地消毒又分为随时消毒和终末消毒两种。随时消毒是指及时杀灭并消除由污染源排出的病原微生物而进行的随时的消毒工作。预防性消毒是指在未发现传染源的情况下,对可能被病原体污染的物品、场所和人体进行消毒措施,如公共场所消毒,运输工具消毒,饮水及餐具消毒,饭前便后洗手等。医院中手术室消毒,免疫受损严重的病人,如骨髓移植病人的预防性隔离及消毒措施也都是预防性消毒。

3. 防疫

防疫是为预防传染病所采取的综合性卫生措施。狭义的卫生防疫是指为预防、控制疾病的传播而采取的一系列措施,防止传染病的传播流行。广义的卫生防疫是指卫生防疫站的卫生防疫工作,包括卫生监督和疾病控制两大内容。卫生防疫确切说是指疾病控制的内容。

由于此类感冒病毒主要是通过粪口、飞沫等途径的人传人渠道进行传播,因此防止传染病最直接最有效的手段还是坚持佩戴口罩。

4. 口罩

口罩是一种卫生用品,一般指戴在口鼻部位用于过滤进入口鼻的空气,以达到阻挡有害的气体、气味、飞沫、病毒等物质,以纱布或纸等材料做成的卫生用品。口罩对进入肺部的空气有一定的过滤作用,在呼吸道传染病流行时,在被粉尘等污染的环境中作业时,戴口罩具有非常好的作用。口罩可分为空气过滤式口罩和供气式口罩。口罩一般有医用口罩、棉口罩、N95 型口罩、海绵口罩、PM2.5 口罩、活性炭口罩、纱布口罩、防毒口罩、防尘口罩、纸口罩等类型。常用口罩的外形特点及应用场合见表 1-8。

表 1-8 常用口罩的外形特点及应用场合

序号	名 称	外 形	应 用 场 合
1	医用外科口罩		戴在手术室医务人员的口鼻部位,以防止皮屑、呼吸道微生物传播到开放的手术创面,并阻止手术病人的体液向医务人员传播,起到双向生物防护的作用

续表

序号	名　称	外　形	应用场合
2	普通的一次性医用口罩		覆盖了使用者的口、鼻及下颌，用于普通医疗环境中佩戴、阻隔口腔和鼻腔呼出或喷出污染物的一次性使用口罩。口罩的细菌过滤效率应不小于95%。不适用于医用防护口罩，医用外科口罩
3	面口罩		主要用于制造业，材质柔软舒适。优点：保暖，可重复清洗使用，可以通过更换滤片保持口罩过滤效果。缺点：呼吸不是很舒适，多次使用容易导致污染或细菌感染，不卫生
4	N95型口罩		N95型口罩是NIOSH（美国国家职业安全卫生研究所）认证的9种颗粒物防护口罩中的一种。N95不是特定的产品名称，只要符合N95标准，并通过NIOSH审查的产品就可以称为N95型口罩，可以对空气动力学直径为$(0.075\pm0.020)\mu m$的颗粒的过滤效率达到95%以上
5	PM2.5口罩		指能有效过滤PM2.5微粒的口罩，口罩的密闭性决定了过滤悬浮颗粒分子的能力。能够有效过滤空气中的隐形杀手——雾霾、病毒、细菌、尘螨、花粉等微小颗粒。适用于空气质量较差的环境。PM2.5口罩的基本结构是外层为一层抗菌的面料，材质为碳纤维毡垫、高分子织物、无纺布等
6	活性炭口罩		是日常使用中最为广泛的一类口罩，通常由口罩架子和滤材两部分组成。在粉尘作业环境中可配上与之相应的过滤棉；在有毒环境中进行防毒时，可安装上与之相应的化学过滤盒
7	防毒口罩		是一种保护人员呼吸系统的特种劳保用品，主要用于含有低浓度有害气体和粉尘的作业环境中。防毒口罩广泛应用于石油、化工、矿山、冶金、军事、消防、抢险救灾、卫生防疫和科技环保等领域

续表

序号	名　称	外　形	应用场合
8	防尘口罩		防尘口罩是从事和接触粉尘的作业人员必不可少的防护用品。主要用于含有低浓度有害气体和蒸汽的作业环境及会产生粉尘的作业环境。滤毒盒内仅装吸附剂或吸着剂

【技能指导】

1. 家庭常用消毒方法

1）日光消毒法

日光中的紫外线具有良好的天然杀菌作用，物品在日光下直接曝晒6小时，达到消毒的目的。例如日常生活中，小孩的枕头、被褥、毛毯、棉衣裤、毛衣裤、玩具等可经常在日光下曝晒，以减少细菌繁殖，避免病菌入侵体内而致病。曝晒时应注意翻动物品，使各个面都能直接被日光照射而起到消毒作用。

2）煮沸消毒法

煮沸消毒法主要适应于小孩的食具，以及能煮沸的用具，如奶瓶、碗筷、匙、纱布、毛巾等。此方法简便可靠，通常将食具或用具浸没在水里，煮沸20～30分钟后即可起到杀菌作用。结核病、伤寒病、病毒性肝炎等病人的食具或残羹也可采用煮沸消毒法，待水开后再煮沸30分钟以上，便可起到消毒灭菌的作用。

3）药物消毒法

药物消毒的种类较多，由于药物消毒与药物的稀释比例或浓度相关，否则不能很好地发挥药物的有效成分，从而达不到消毒目的，所以一般家庭备些常用消毒药物即可。

（1）70%的酒精杀菌效力最高。常用于皮肤消毒的酒精浓度以70%为宜。此浓度也可用于钳子、镊子和体温表的浸泡，浸后备用。

（2）碘酒有较强的灭细菌和杀霉菌作用。用于静脉穿刺前、手术前皮肤消毒和皮肤疖肿早期的消炎，以2%浓度为宜。

（3）漂白粉常用于饮水、食具、痰盂、便盆等的消毒。

（4）碘伏杀菌范围广，毒性低，无刺激和腐蚀性，且具有清洁剂作用。可用于皮肤、黏膜及器械消毒等，同时可用于食具、水果之类的消毒。

2. 家庭卫生防疫

家庭是基本社会单元，是家庭成员社会交往的重要交集点，全面做好家庭疫情防控，是常态化疫情防控的重要组成部分。家庭卫生防疫需要做到以下几点。

（1）经常进行消毒。全体家庭成员要高度重视疫情防控，勤通风、少外出、戴口罩、多洗手，经常进行家庭环境消毒。

（2）养成健康监测习惯。遇有发烧症状，采取严格防护措施后到定点发热门诊就诊，且不乘坐公共交通工具。

（3）处理食物要生熟分开。在处理生鲜或冷冻食物时要特别注意生熟分开，防止交叉污染。

（4）排队时保持一米距离。病毒可通过近距离飞沫传播，排队等候时人员容易聚集，应注意保持一米以上距离。

（5）清洁手机等小物件。病毒可通过接触传播，手机、鼠标、键盘等高频接触的小物件尤其要注意清洁，定期消毒。

（6）在电梯等密闭场所内注意个人防护。在狭小的空间，人与人之间距离近，环境密闭、空气不流通，所以在电梯等密闭场所内更要注意个人防护。

（7）科学饮食。保持食物多样和平衡膳食，是维持人体功能和健康的物质基础，也是保障人体免疫系统正常工作的基础，对提高机体免疫力、降低疾病风险有重要的保障作用。

3．个人卫生防疫

1）养成良好的卫生习惯

（1）打喷嚏或咳嗽时应用手绢或纸巾掩盖口鼻。不要随地吐痰，不要随意丢弃吐痰或擦鼻涕时使用过的手纸。

（2）勤洗手，勤剪指甲。使用肥皂或洗手液并用流动水洗手，不用污浊的毛巾擦手。在洗手时，注意用七步洗手法，如图1-22所示，确保冲洗干净。

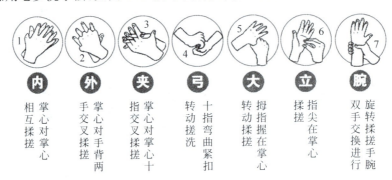

图1-22　七步洗手法

（3）不要与他人共用水杯、餐具。居家餐具注意清洁，使用公筷或分餐。

（4）经常保持室内整洁干净，及时清理垃圾及腐蚀变质的物品，每天开窗通风至少3次，每次不少于10分钟。如周围有呼吸道传染病病人时，则应增加通风换气的次数。在开窗时，要避免穿堂风，注意保暖。

（5）每天晚间要认真刷牙（一般不少于3分钟），刷牙后用温生理盐水漱口，仰头含漱能充分冲洗咽部，效果更佳。

2）加强体育锻炼，增强抵抗力

（1）加强户外活动和耐寒锻炼。

（2）注意环境卫生。在传染病流行季节尽量少到人员密集的公共场所。

（3）保持良好的睡眠习惯，保证充足的睡眠。

3）做好个人的防护措施

（1）尽量避免与有呼吸道传染病症状的病人接触。

（2）季节变化温差大，也会出现普通感冒人群，在人员拥挤的场所内应严格佩戴好口罩。

(3) 如出现发热、咳嗽、头痛、呕吐等症状,应及时就医。有上述症状的病人应佩戴口罩,以防传染他人。

总之,个人卫生防疫应做到:勤洗手,常通风,吃熟食,喝开水,常晒被,少聚会。

4. 口罩佩戴方法

许多传染病都是通过粪口、飞沫等人传人渠道进行传播的,所以戴口罩进行防护是非常有必要的,但是在使用口罩的时候一定要规范佩戴口罩,保证它与面部紧密贴合,没有很大的缝隙。同时不管是一次性医疗口罩还是KN95口罩,都是有使用期限的,一旦到了使用期限需要进行更换。

佩戴医用外科口罩的基本要求是:佩戴口罩之前通常需要洗手,避免手接触口罩的内面。要分清楚口罩的内面、外面,上方和下方。还要注意口罩上方的金属条要贴紧鼻梁。一次性医用口罩佩戴时要将折面展开,将嘴、鼻、下颌完全包住。然后压紧金属条,使口罩与面部完全贴合,此时即表示戴好。正确戴口罩的步骤如图1-23所示,具体分为以下五个步骤。

检查口罩有效期及外包装

鼻夹侧朝上,一般深色面朝外或褶皱朝下

上下拉开褶皱,使口罩覆盖口、鼻、下颌

双手指尖向内触压

适当调制口罩,使口罩周边充分贴合面部

图1-23　医用外科口罩佩戴规范

(1) 戴前洗手。

(2) 口罩分清上下内外。

(3) 橡筋绕至耳后。

(4) 拉开口罩。

(5) 沿鼻梁压紧鼻夹。

【教育实践】

1. 任务说明

消毒与卫生防疫劳动教育实践活动。

2. 劳动要求

(1) 观看抗疫英雄纪录片,感受他们的爱国情怀和担当意识。

(2) 争做"杀毒卫士",学习细菌及病毒的消杀技术,在医护人员或者专业老师的指导下,对宿舍、教室、食堂、阅览室或者居家环境进行全面杀毒,要求用PPT(含照片)或短视频记录劳动过程。

3. 注意事项

(1) 注意杀毒程序,妥善保管和正确使用消杀剂。

(2) 采用高温消毒时要防止烫伤。

4. 实践记录

实践记录详见表1-9。

表1-9 消毒与卫生防疫劳动教育实践活动记录

序号	实践步骤	训练要求	过程记录
1	观看抗疫纪录片	观看抗疫英雄纪录片,感受他们的爱国情怀和担当意识,交流分享自己的体会	
2	环境消杀劳动实践	在医护人员或者专业老师的指导下,对宿舍、教室、食堂、阅览室或者居家环境进行全面杀毒,具体有以下要求。 (1) 选择合适的消毒方法; (2) 按比例科学配置消毒液; (3) 正确操作消毒器材; (4) 妥善保管消毒液和器件; (5) 检查评比	
3	实践反思与自我评价:		
4	老师综合评价:		

第二章　中餐烹饪与科学膳食

第一节　厨房"好帮手"

【情境导入】

民以食为天,饮食是人类生存与发展的第一需要。中国的饮食文化传承至今已经五千余年,可谓是灿烂辉煌,如若繁星。

中国饮食文化有五大特点,即四季有别、风味多样、讲究美感、注重情调和食医结合。

四季有别是指一年四季,按季节而吃,这是中国烹饪的一大显著特征。自古以来,中国一直按季节变化来调味、配菜,冬天味醇浓厚,夏天清淡凉爽,冬天多炖焖煨,夏天多凉拌冷冻。

风味多样是指我国历史悠久,幅员辽阔,地理条件多样,气候条件丰富,动植物种类繁多,各地生活环境和生活习惯各不相同,人们的口味也不尽相同,例如,南方人口味清淡,北方人口味较重等,因此在中国就形成了具有地方特点的菜肴文化。最有代表性的是鲁菜、川菜、粤菜和淮扬菜四大菜系,也可细分为鲁菜、川菜、苏菜、粤菜、浙菜、闽菜、湘菜、徽菜八大菜系。有的菜系还形成了本菜系的地方流派。各地的菜肴在原料选用、烹调技艺和口味等方面特点鲜明。

讲究美感是指中国的烹饪不仅技术精湛,而且有讲究菜肴美感的传统,注意食物的色、香、味、形、器的协调一致。对菜肴美感的表现是多方面的,无论是红萝卜,还是白菜心,都可以雕出各种造型,独树一帜,达到色、香、味、形、美的和谐统一,给人以精神和物质高度统一的特殊享受。

注重情调是指中国烹饪很早就注重品味情调,不仅对饭菜点心的色、香、味有严格的要求,而且对它们的命名、品味的方式、进餐时的节奏、娱乐的穿插等都有一定的要求。中国菜肴的名称可以说出神入化、雅俗共赏。菜肴名称既有根据主、辅、调料及烹调方法的写实命名,也有根据历史掌故、神话传说、名人食趣、菜肴形象来命名的,如"全家福""将军过桥""狮子头""龙凤呈祥""东坡肉"等。

食医结合是指中国的烹饪技术与医疗保健有密切的联系,在几千年前有"医食同源"和"药膳同功"的说法,利用食物原料的药用价值,做成各种美味佳肴,达到对某些疾病防治的目的。我国古人对食物功能的认识层次首先是无毒,且能够食用,提供基本营养;然后发现了食物的其他功能,如治疗和保健。古人认为食物和药物一样具有性味理论,包括四气五味、归经、升降浮沉等。历代药食两用的品种主要体现在食疗和食养两个方面,尤其食养是现在保健思想的体现。当前随着人们对健康的重视,具有补益和预防疾病作用的功能性食物受到推崇和重视,这也促进了保健食品行业的发展,传统药食两用品种中很多具有保健功能。

【知识链接】

1. 厨房分工

现代中式厨房通常分为七种岗位,专业名词分别是炉头、砧板、打荷、水台、上什、点心和烧腊,如图2-1所示。"炉头"是烹制菜肴的厨师,负责煎、炒、烹、炸;"砧板"又叫作"墩头",负责切菜、配菜、配料(本节主要学习这方面的基本技能);"打荷"负责将砧板切好配好的原料腌好调味、上粉上浆、用炉子烹制、协助厨师制作造型;"水台"顾名思义是和水产打交道,负责杀鱼,处理蟹、虾类,对水产进行初加工;"上什"又叫"蒸锅""笼锅""水锅",有三种工作:一是涨发干货,处理鲍参翅肚、雪蛤、各类干菌;二是煲汤水,负责老火靓汤、滋补炖品;三是焖烧蒸扣,如梅干菜扣肉、荷香叫化鸡这类菜,都是"上什"的负责范围;"点心"即负责各式点心小吃的制作的厨师;"烧腊"就是制作烤鸭、烤乳猪、烤乳鸽等菜品的厨师。以上七大工种中,以鸡鸭鱼肉等为原材料,烹制各类菜肴的厨师统称为"红案";制作面食的厨师统称为"白案"。

(a) 炉头　　(b) 砧板　　(c) 打荷

(d) 水台　　(e) 上什　　(f) 点心　　(g) 烧腊

图 2-1　厨房分工

2. 烹饪原料

烹饪原料是指通过烹饪加工可以制作主食、菜肴、面点、小吃等各种食物的可食性原材料,如粮食、蔬菜、果品、鱼、肉、虾、蟹等。根据烹饪原料的来源,可以把烹饪原料分为以下四类。

(1) 植物性烹饪原料。包括陆生植物性烹饪原料和水生植物性烹饪原料。陆生植物性烹饪原料的主要种类有谷类、杂粮、薯类、豆类、糖类、植物油、蔬菜、果品、茶叶、咖啡、可可等。水生植物性烹饪原料的主要种类是海产类,如海带、鹿角菜、裙带菜、紫菜、石花菜等。

(2) 动物性烹饪原料。包括陆生动物性烹饪原料和水生动物性烹饪原料。陆生动物性烹饪原料的主要种类有畜类、禽类、蛋类、奶类。水生动物性烹饪原料的主要种类有鱼类、虾类、贝类、蟹类、鳖类等。

(3) 非生物性烹饪原料。在烹饪中所使用的非生物性烹饪原料主要有水、食盐、盐卤和某些食品添加剂等。

(4) 发酵烹饪原料。有相当一部分烹饪原料是经发酵加工形成的,如酱料、酱油、醋、酒、味精、酸菜、泡菜等。

3．烹饪调料

调料是人们用来调制食品等的辅助用品。

常用调料有油、盐、酱油、醋、糖、味精、料酒、各种酱料、各种香辛料、葱姜蒜等。

（1）油。油是烹饪必不可缺的材料，一般用在烹饪最开始，能提高菜肴营养价值。

（2）盐。盐具咸味，起调味主味的作用，一般菜肴，咸味均为主味，是菜肴调味的重中之重，盐用的是否得当，直接影响菜肴的品质，咸淡适中，菜才好吃。

（3）酱油。酱油用于增加色彩，具有独有的酱香味，分为老抽和生抽，老抽用于烹饪过程中的上色，生抽多用于凉拌。

（4）醋。醋具酸味，爽口，使菜的口味变丰富，可增加食欲，去腥膻。

（5）糖。糖用于拌凉菜，可使口感甜爽；放在热菜中则可使菜的口味厚重。

（6）味精。味精用于增加鲜味，起提鲜作用。

（7）料酒。料酒去腥膻、解油腻，并能增加菜的香味。

（8）酱料。酱料在炒、熘、煎、烹、扒、烤等烹调方法中被加以应用，还可配合馒头、面包等食用。

（9）香辛料。最常用的香辛料是八角、茴香、花椒等，可去腥味、去异味、增加香味作用，使菜的口味厚重，香味持久。

（10）葱姜蒜。葱姜蒜可去腥膻、解油腻，增加菜的香味，本身也有独特的香气。

4．配菜基本原则

配菜恰当与否，直接关系到菜肴的色、香、味、营养价值以及整个菜肴的质量，这对厨师非常重要。厨师配菜时通常要兼顾性质、颜色、形状、香味等方面的合理搭配。

（1）性质搭配原则。性质搭配一般遵循"硬配硬""脆配脆""软配软""嫩配嫩"的原则。例如"爆双脆"这道菜，就是配以同样属于脆性原料的猪肚底部和鸡胗。

（2）颜色搭配原则。颜色的搭配方法主要有两种，即顺色搭配和异色搭配。顺色搭配的要求很简单，就是主料与辅料的颜色保持一致，如以鸡片、鱼片、笋片为原料，烹制之后就会形成色泽洁白素雅的"糟溜三白"。异色搭配就是把颜色各异的不同材料，互相搭配成色彩艳丽的菜肴，这样做出来的菜肴色彩艳丽，美观大方。例如"碧绿鱼米"做成之后，色彩白绿相间，朴素淡雅，让人食欲大增。

（3）形状搭配原则。形状搭配一般需要遵循的原则是，辅料要最大程度上配合、衬托主料的形状，并且保持形状的一致，如"片配片""丁配丁""丝配丝""块配块"等。而且，不管采用哪一种形状，辅料都应该小于主料。

（4）香味搭配原则。在配菜时，一定要注意不同原料"香和味"的配合与协调，以免出现影响菜肴口味的情况，以主料的香味为主，辅料起配合和衬托的作用，可以增强主料的香味；主料的香味不足，可以选用合适的辅料来进行补充，如鱼翅、海参等原料，本身没有任何味道，在配菜时，就需要加入老母鸡、高汤、猪肉等辅助提味；主料的味道过于浓郁或过于油腻时，辅料则可以清淡为主，以中和口味。

【技能指导】

1．择菜基本技能

后厨择菜也称捡菜，通常是切配的前一道工序，也可以称作食材的预加工。为确保择菜质量,食材的采购和进货把关也很重要,例如进货要根据采购原料的质量标准执行,不符合质量的原料予以拒收,要求换货或退货(并填写退货单);原料储藏依据冷藏、冷冻库制度执行;采购选料时应选用新鲜、老嫩适宜、无黄叶、无伤痕、无烂斑、无虫眼、无异味的原料,使之符合菜肴质量标准等。对择菜的具体要求如下。

按照各种原料不同的食用部分,采用不同的加工方法,去掉不能食用的部分,如图 2-2 所示,叶菜类要求去掉老叶、老根、黄叶等(注:去根时禁止用刀切);根茎类可以削去或剥去表皮,切去根须,挖掉烂眼;鲜豆类可摘除豆荚上的筋络或剥去豆荚;花菜类则摘掉外叶,去秆,撕去筋类;食用菌类要求剪去老根,摘去其中杂质。

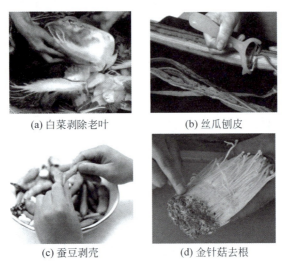

(a) 白菜剥除老叶　　(b) 丝瓜刨皮

(c) 蚕豆剥壳　　(d) 金针菇去根

图 2-2　常见蔬菜择菜

对食材进行洗涤时可按照以下基本程序进行。将经过削剔、摘除、加工的原料放入水池中浸泡 5 分钟,进行洗涤,去掉泥土、虫卵、农药、污秽物质后再用清水冲洗干净。叶菜类洗涤(如大白菜、油菜、菜心、小白菜等)通常先将水池放多半池水,以免菜入池时水满溢出,造成浪费,放入适量的盐加以搅拌,使其充分溶解,然后将加工好的原料用推车运到水池旁,倒入池中,浸泡 5 分钟。经过几个回合的清洗,确认水池底部无沙土,再用净水池净洗,证明蔬菜已经清洗干净。最后将菜筐里外检查干净,尤其是筐底,确认无异物后,用笊篱将菜捞入筐里,用推车运到灶台。

针对瓜果类的洗涤(如黄瓜、胡萝卜、白萝卜等)方法是:将相邻的两个水池放入适量的水,其中一个倒入原料。要求操作者脚与肩同宽,站在水池旁,腰微弯,右手拿板刷,左手用五指指尖握住原料,大拇指在原料左侧,其余四指在原料右侧。继续右手拿板刷,自怀里向外刷,刷一下,大拇指向上使劲转动原料,继续刷,直至刷干净为止,刷干净后,放入另一个水池中。将原料捞至准备好的干净菜筐中,用推车推到能沥水的放置原料的架子上,码放整齐,以利于切配细加工。最后将水池清洗干净,保证池内无杂物,以利于清洗下一个原料。

2. 切菜基本技能

在烹饪的过程中,切菜是必不可少的一个环节。不同的菜品需要不同的切法来进行加工,这样才能达到最好的食用口感和美观的视觉效果。切菜时安全最重要,要保持专注,手指在刀的安全范围内,并且不要将手指放在刀口附近;其次,选择一把好的菜刀也很重要,可以提高工作效率和切菜质量。以下是几种常用的切菜方法,如片切法、花切法、丁切法、条切法等,如图 2-3 所示。

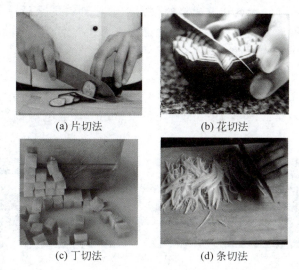

图 2-3　切菜常用方法

（1）片切法。片切法是最基本的切菜方法。先用菜刀将菜的两端削平,去除不需要的部分。然后将菜从上到下切成薄片,厚度根据菜品需要而定。这种切法适合切洋葱、土豆、茄子等蔬菜。

（2）花切法。花切法是将蔬菜切成类似莲花的形状,视觉效果非常好。将蔬菜切成薄片,但是要保留一小段末梢不切,再由切过的一端开始刀口向内侧依序贴着蔬菜切入,相邻的两刀距离大约为二分之一的菜片宽度。花切法适合切红萝卜、青椒、芹菜等蔬菜。

（3）丁切法。丁切法是将蔬菜切成小立方体形状。先把蔬菜切成长方形,再将其平放在砧板上,竖直切成小块,每一块的大小根据需要而定。丁切法适合切青椒、红萝卜、洋葱、南瓜等蔬菜。

（4）条切法。条切法是将蔬菜切成细长的条状,适合炒菜或者做沙拉的配料。蔬菜要先切成薄片,然后再将其竖着切成细条,每一条的大小根据需要而定。条切法适合切胡萝卜、黄瓜、辣椒等蔬菜。

除了以上几种基本的切法外,还有一些特殊的切法,如装饰切法等。优秀的厨师可以灵活运用各种切菜方法,为菜品增色添彩的精神,也是烹饪技巧的一种体现。

3．配菜基本技能

在中餐中,配菜的方法主要分为两种,一种是配制一般菜,另一种是配制花色菜。

1）配置一般菜

一般菜是指制作简单的常见菜肴,按照所需材料的量,可以分为配单一材料、配有主辅料、配不分主辅料的三种菜。

（1）配单一材料的菜。配置单一材料的菜品需要突出材料的优点。单一材料制成的菜肴,一般都是为了重点突出这种食材的独特风味。例如,在制作"清蒸鲫鱼"时,通常不会刮鳞,因为鲫鱼的鳞中富含脂肪,可以突出鲫鱼的鲜美。除此之外,这类型的菜肴,在制订菜单时,通常都会在菜名前加上一个"清"字,如"清炒虾仁"等。

(2)配有主辅料的菜。通常这种菜的主料是动物性原料,辅料大多选用植物性原料。在配料的时候,需要充分考虑主辅料的特点,不管是在质还是在量的方面,重点突出主料。

(3)配不分主辅料的菜。不分主辅料的菜指主料和辅料的数量基本保持一致,在配置这类型菜肴的时候,一定要注意色、香、味、形的配合,为这类菜肴命名的时候,通常在菜名前冠有数字,如"爆双脆""炒三丁"等。

2)配置花色菜

花色菜是一种讲究技巧和艺术性的菜肴,对色和形的要求非常高。这种菜肴大多造型美观、色泽悦目、口味多样、营养全面。配置花色菜常用方法有"叠""卷""排""扎""酿""包"等,如图 2-4 所示。

(a) 肉片芋头　　(b) 三丝鱼卷　　(c) 葵花鸭片

(d) 柴把鸭掌　　(e) 酿青椒　　(f) 鱼肉馄饨

图 2-4　花色菜

(1)叠。叠是将不同的原料加工成统一的形状,然后依次重叠,中间可以夹杂涂一些糊状的原料,使其更加牢固地贴在一起,例如"肉片芋头"的做法,就是以芋头片、五花肉片、蛋清等为主要食材制作美食,用料酒、蛋清、盐、生抽、葱粒、香油等调料腌制肉片,然后将腌制好的肉片一片片叠放在芋头片之间,最后用蒸锅蒸熟。

(2)卷。卷是将一些具有弹性的原料切成片或较大的长方片,然后将一些切成细丝或茸末的原料排在片上,并涂以蛋粉糊等滚卷制成。为了防止两端侧漏,还可以制成各种美丽的形状,例如"三丝鱼卷"等,就是以这种方法制成的。

(3)排。排可分为两种。一种如"葵花鸭片",就是将鸭肉、蘑菇等各种颜色的食材切成厚片,放置在预先准备好的碗底圆香菇上,交替排列成各种形状,淋上碎鸭肉和各种调味品然后蒸制。另一种是在主料周围用辅料组合成各种不同的图案。

(4)扎。扎是用黄花菜、海带等条状材料将切成条或片的原料扎成捆状物,如"柴把鸭掌"就是用干菜丝将鸭掌、火腿条、冬菇条、笋条等扎成束,最后加上各种调料蒸制而成。

(5)酿。酿是在一种材料中填装上合适的食材,从而形成花色菜。如"酿青椒",就是将肉、火腿切成茸状,调制好后,放入事先去了青椒心,并在里面涂上薄干菱粉的青椒内,然后放入锅中油煎并加入鸡汤后,入蒸笼蒸。紧接着,再将蒸好的食物移到鸡汤锅中,加调味料,用水淀粉淋浆。

(6)包。包是将一些嫩软的动物性原料,如鸡、鱼、虾、猪肉等制成片或茸,包在蛋饼或莲叶中,从而加热制成花色菜的一种方法。如"鱼肉馄饨",就是将大黄鱼切丁后擀成薄皮,放入虾仁等馅心,包成馄饨形后经过清水白煮即可。

【教育实践】

1. 任务说明

我是厨房"好帮手"主题劳动教育实践活动。

2. 劳动要求

(1) 设计主题活动方案。

(2) 在老师或父母的监督指导下,完成相关内容,如原材料市场采购、择菜、洗菜、切菜、配菜。

(3) 记录你的制作过程,留下你的思考与体会。要求用PPT(含照片)或者短视频的形式记录过程。

3. 注意事项

(1) 注意劳动安全和饮食安全。

(2) 注意厉行节约,实施"光盘行动"。

4. 实践记录

实践记录详见表2-1。

表 2-1 厨房"好帮手"主题劳动教育实践活动记录

序号	实 践 内 容	训 练 要 求	过程记录
1	设计主题活动方案	详细制订方案的活动目的、实践内容、训练步骤及要求、场地打扫和各环节的安全注意事项	
2	烹饪预加工实践	择菜要领	
3		切菜要领	
4		配菜要领	
5	交流分享	通过汇报形式	
6	实践反思与自我评价:		
7	老师综合评价:		

第二节 厨房"新人秀"

【情境导入】

中华饮食文化素以历史渊源悠长,流传地域广阔,食用人口众多,烹饪工艺卓绝,文化底蕴深厚而享誉世界。积厚流广的中华饮食文化,在维系华夏民族的繁荣昌盛,促进生产力发展,推动社会进步和文明等方面,都发挥了重要的作用。中华饮食有着三千多种常用的和一万多种用到的烹饪原料,还有五百多种调味料制作的中国菜品。

【知识链接】

1. 饺子文化

在中国,北方人大多流行吃饺子,而南方人大多习惯吃馄饨。究其本质而言,饺子和馄饨是一种饮食的两种称谓,都是由面粉皮包裹各式馅儿,如图2-5所示。不同的是饺子皮厚,人们通常习惯手擀饺子皮;馄饨皮薄,为确保馄饨下锅后不易破裂,要求馄饨皮反复挤压和拉伸后提高其弹性,故而南方人的馄饨皮一般都到店里买机械加工过的。

(a) 馄饨　　　　　　　　(b) 饺子

图2-5　馄饨和饺子

据三国魏人张揖著的《广雅》记载,那时已有形如月牙称为"馄饨"的食品,和如今的饺子形状基本类似。

南北朝时,馄饨是"形如偃月,天下通食"。据推测,那时的饺子煮熟以后,不是捞出来单独吃,而是和汤一起盛在碗里混着吃,所以当时的人们把饺子叫作"馄饨"。这种吃法如今在我国的一些地区仍然流行,如河南、陕西等地的人吃饺子,要在汤里放些香菜、葱花、虾皮、韭菜等小料。

至唐宋时期,饺子已经变得和如今的饺子一模一样,而且是捞出来放在盘子里单独吃。宋代称饺子为"饺耳""角儿",它是后世"饺子"一词的词源。

元朝、明朝称饺子为"扁食"。

民间春节吃饺子的习俗在明清时已相当盛行。饺子一般要在年三十晚上12时以前包好,待到半夜子时吃,这时正是农历正月初一的伊始,吃饺子取"更岁交子"之意,"子"为"子时","交"与"饺"谐音,有"喜庆团圆"和"吉祥如意"的意思。

2．中餐菜系

菜系是在选料、切配、烹饪等技艺方面,经长期演变而自成体系,具有鲜明的地方风味特色,并为社会所公认的中国饮食的菜肴流派。长期以来在某一地区由于地理环境、气候物产、文化传统以及民族习俗等因素的影响,形成有一定亲缘承袭关系、菜品风味相近、知名度较高,并为部分群众喜爱的地方风味著名流派被称作菜系。早在春秋战国时期,中国传统饮食文化中南北菜肴风味就表现出差异。到唐宋时,南食、北食各自形成体系。发展到清代初期时,鲁菜、苏菜、粤菜、川菜,成为当时最有影响的地方菜,被称作"四大菜系"。到清末时,浙菜、闽菜、湘菜、徽菜四大新地方菜系分化形成,共同构成中国传统饮食文化中的"八大菜系"。早期四大菜系特点如下。

(1) 鲁菜。鲁菜是黄河流域烹饪文化的代表。2500年前山东的儒家学派奠定了中国饮食注重精细、中和、健康的审美取向;北魏末年《齐民要术》(成书时间约为公元533—544年)总结的黄河中下游地区的"蒸、煮、烤、酿、煎、炒、熬、烹、炸、腊、盐、豉、醋、酱、酒、蜜、椒"奠定了中式烹调技法的框架。经典菜品有一品豆腐、糖醋鲤鱼、葱烧海参、三丝鱼翅、糖醋黄河鲤鱼、九转大肠、油焖大虾、醋椒鱼、糖醋里脊、红烧大虾、招远蒸丸、枣庄辣子鸡、济南把子肉、黄焖鸡、锅塌黄鱼、奶汤鲫鱼、烧二冬等。

(2) 苏菜。苏菜以金陵菜、淮扬菜、苏锡菜、徐海菜等地方菜组成。苏菜擅长炖、焖、蒸、炒,重视调汤,保持菜的原汁,风味清鲜,浓而不腻,淡而不薄,酥松脱骨而不失其形,滑嫩爽脆而不失其味。其名菜有金陵烤鸭、彭城鱼丸、老鸭汤、清炖蟹粉狮子头、霸王别姬、黄泥煨鸡、盐水鸭、金陵板鸭、鸡汤煮干丝、红烧沙光鱼、无锡肉骨头等。

(3)粤菜。粤菜即广东菜,是中国四大菜系之一,包括潮州菜(潮汕菜)和东江菜(客家菜)两种。粤菜源自中原,传承了孔子所倡导的"食不厌精,脍不厌细"的中原饮食风格,因此粤菜做法比较复杂、精细,如广府菜中的煲仔饭、烤乳猪源自周代"八珍"美食;烧鹅源自宋朝名菜烤鸭;点心从中原传到广东后演变出虾饺、干蒸烧卖等广式点心。

(4)川菜。川菜是中国汉族传统的四大菜系之一。川菜以取材广泛,调味多变,菜式多样,口味清鲜,醇浓并重,以善用麻辣调味著称,并以别具一格的烹调方法和浓郁的地方风味闻名。川菜以家常菜为主,高端菜为辅,取材多为日常百味,也不乏山珍海鲜。其特点为:"善用三椒""一菜一格,百菜百味";川菜口味多变,包含鱼香、家常、麻辣、红油、蒜泥、姜汁、陈皮、芥末、纯甜、怪味等 24 种口味。代表菜品有鱼香肉丝、宫保鸡丁、水煮肉片、夫妻肺片、麻婆豆腐、回锅肉、泡椒凤爪、灯影牛肉、口水鸡、香辣虾、麻辣鸡块、重庆火锅、鸡豆花、板栗烧鸡、辣子鸡等。

【技能指导】

1. 包饺子

包饺子通常分擀面皮、拌饺子馅和包饺子三步,具体方法如下。

1)擀面皮

包饺子前要提前 2 小时左右和面,如图 2-6 所示,擀面皮的基本过程是和面、揉面、饧(xíng)面、搓面、掐面、擀皮等。

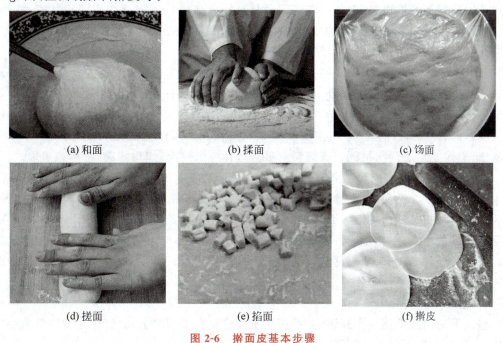

(a) 和面　　　　　　　(b) 揉面　　　　　　　(c) 饧面

(d) 搓面　　　　　　　(e) 掐面　　　　　　　(f) 擀皮

图 2-6　擀面皮基本步骤

(1) 和面。按面粉和水5∶3的比例,先在盆里倒入500克面粉,加入300毫升的清水,再加入3个鸡蛋的蛋清,蛋清会使得面里蛋白质增加,这样包的饺子下锅后蛋白质会很快凝固收缩,饺子起锅后收水快,不易粘连。

(2) 揉面。用筷子搅和成絮状之后,再用手反复揉搓,直到面团均匀、有光泽、有劲道、不粘手为止。当面和水搅拌成为雪花片后,要用力捣揣,反复揉搓,揉到面团十分光滑。

(3) 饧面。面团调制好后,一定要放在案板上,盖上干净湿布(或薄膜),静置一些时间,这个过程即为"饧面"。饧面时间一般为10~15分钟,有的可达半小时。

(4) 搓面。饧面结束后仍需先在面板上反复揉面,把面团揉到一定程度后,用双手逐步搓揉成圆柱形,直径大约为3厘米。

(5) 掐面。用刀将长面柱切成若干小段(小段长约为3厘米)。

(6) 擀皮。每切一个小段后,将长面柱在面板上转90度,这样切出的面团呈菱形,好擀面皮。然后将面粉均匀地撒在上面。再用手在小段面柱上来回翻推几下,使面粉均匀地粘在小段面柱上,并用手掌将小段面柱压成小圆片,最后再用擀面杖擀成薄圆面皮。

2) 拌饺子馅

饺子或馄饨的馅心是关键。调制饺子或馄饨馅心的基本要求如下,首先,选购新鲜蔬菜,可以是芹菜,白菜等。芹菜要茎,白菜要帮。挑选鲜肉,牛肉、羊肉、猪肉均可。如果是猪肉,肥瘦比最好是3∶7,菜肉比也是3∶7,只有这样才会好吃。其次,尽量人工剁肉,肉要细碎,菜也要细碎;时间紧也可用绞肉机,要向一个方向搅拌,直到看见所有的肥肉变成丝状。最后在配料选择方面也颇为讲究,多半自选。鸡精,香油,蚝油,五香粉,盐等适量,注意不要加水。下面是几种常见饺子(或馄饨)的馅心制作。

(1) 三鲜馄饨馅。三鲜馄饨由江苏常州王绍兴师傅创制,为常州地方特色小吃。馅心选用鲜活河(湖)虾仁肉、鲜活青鱼肉及鲜猪腿肉,并以老母鸡调汤,其味鲜美,深受群众喜爱。具体过程是将猪腿肉、青鱼肉洗净,分别切、剁成米粒状末与虾仁放同一盆内,加鸡蛋、绍酒、精盐、味精和清水,搅拌均匀成馅心。因用鲜活鱼、虾、肉制馅,故名"三鲜馄饨"。三鲜馅馄饨面皮柔软滑爽,馅心鲜嫩异常,汤清味美可口。

(2) 白菜鲜肉馄饨馅。原料主要是大白菜和鲜猪肉。具体做法是将大白菜洗净,先汆烫后再冲凉、切碎,然后挤干水分。猪肉馅剁细,连同调味料一起加入切碎的大白菜中调匀成馅料。

(3) 韭菜鲜肉馄饨馅。原料主要是韭菜和鲜猪肉。具体做法是将韭菜洗净,切碎;鲜肉剁细,加入韭菜及调味料调匀成馅料。最好选择鲜嫩鲜肉,如鸡腿肉、虾肉或鱼肉。

(4) 酸辣馄饨馅。原料主要有猪肉末500克、鸡蛋一个、盐8克、白糖3克、味精3克、虾米15克、葱10克、姜10克等;辅料主要有豌豆苗200克、香醋20毫升、酱油15毫升、白糖3克、熟猪油3克、白胡椒3克、油辣椒适量。具体做法是提前将虾米用温水浸泡至软,留下泡发虾米的水备用,然后分别将虾米、葱、姜都切成大小均匀的末;然后在猪肉馅里加入切碎的葱、姜、虾米,加入盐、鸡蛋、白糖、味精,搅拌均匀,用筷子将混合的肉馅沿着同一个方向搅打出筋。

3) 包饺子

包饺子时用左手拖住小圆饼,右手用筷子夹馅放在小圆饼上,放好馅之后用两只手同时包饺子,饺子有以下包法,如图2-7所示。

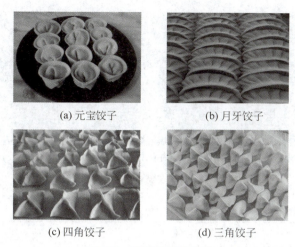

(a) 元宝饺子　　　　　　　　(b) 月牙饺子

(c) 四角饺子　　　　　　　　(d) 三角饺子

图 2-7　饺子的几种包法

(1) 元宝饺子。取一个饺子皮放上肉馅,将饺子皮对折捏紧。反过来后将左右两个角角用力捏紧,收口好松开的话,在饺子皮周围蘸点水。

(2) 月牙饺子。取一个饺子皮放上肉馅,将中间捏紧。用左手将右半部分的上皮做一个小波浪捏紧,再继续做两个小波浪,左半部分也以相同的方式捏紧边边。

(3) 四角饺子。取一个饺子皮放上肉馅,将中间捏紧,再将左右两边取中间部分捏紧,最后将其余的边边捏紧。

(4) 三角饺子。取一个饺子皮放上肉馅,将左边的部分对折捏紧。将右边的中间部分向中间捏紧,剩下的两个边边捏紧。

2. 包馄饨

现代馄饨的制作与饺子类似,都是皮包馅。只是通常不用自己加工皮,直接在饺面店购买即可;馄饨馅的制作与饺子馅基本类似。区别在于馄饨的包法比较单一和简单。下锅煮时间也比较短,不宜反复滚煮,否则易把馄饨泡烂成"一锅粥"。

常见的馄饨包法有正包法和反包法两种,正包法外形似元宝,故称元宝馄饨,如图 2-8 所示;反包法外形似草帽,故称草帽馄饨,如图 2-9 所示。

 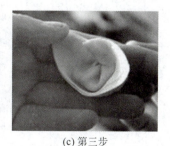

(a) 第一步　　　　　　(b) 第二步　　　　　　(c) 第三步

图 2-8　元宝馄饨的包法

3. 西红柿炒鸡蛋

西红柿炒鸡蛋的过程通常分为选材、备料、煎蛋、煸炒、收汁、装盘,见表 2-2。

 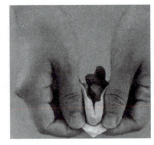 

(a) 第一步　　　　　　　(b) 第二步　　　　　　　(c) 第三步

图 2-9　草帽馄饨的包法

表 2-2　西红柿炒鸡蛋的加工过程

序号	步骤	操作要领	图解
1	选材	准备食材：三个鸡蛋、两个中等大小的西红柿、盐1克、糖3克、食用油适量	
2	备料	将鸡蛋去壳打散、西红柿切小块备用	
3	煎蛋	锅中倒入适量底油，油热之后，倒入蛋液	
4	煸炒	待鸡蛋稍微凝固后，把鸡蛋推到一边。然后放入西红柿，煸炒均匀	

续表

序号	步骤	操作要领	图解
5	收汁	往锅里加少许糖煸炒均匀,然后大火收汁	
6	装盘	最后关火,放盐翻炒均匀即可装盘	

4. 剁椒鱼头

剁椒鱼头是湖南省的传统名菜,属于湘菜系。剁椒鱼头这道菜也被称作"红运当头""开门红",火辣的红剁椒,覆盖着白嫩的鱼头肉,冒着热气,散发着香味。湘菜香辣的诱惑,在"剁椒鱼头"上得到了完美体现。

剁椒鱼头加工用到的食材和调料主要有花鲢鱼头 1 个、盐 3 勺、猪油 20 克、蒸鱼豉油 2 勺、白酒 20 毫升、红剁椒和青剁椒适量、葱姜少许和菜籽油适量。剁椒鱼头的具体做法见表 2-3。

表 2-3　剁椒鱼头的烹饪过程

序号	步骤	操作要领	图解
1	鱼头开片	鱼头买来收拾干净,从鱼背开刀,用手拍刀背,劈开鱼头,同时在鱼肉上划开几刀便于入味。鱼头必须要选胖鱼头,即花鲢,大约 1.5 千克,这种鱼头部的肉肥厚、细嫩,最适合做鱼头菜	
2	腌制	用盐,姜片、葱段和料酒将鱼头腌制 10 分钟。盐可以适量多抹一些,把鱼头正反都抹遍	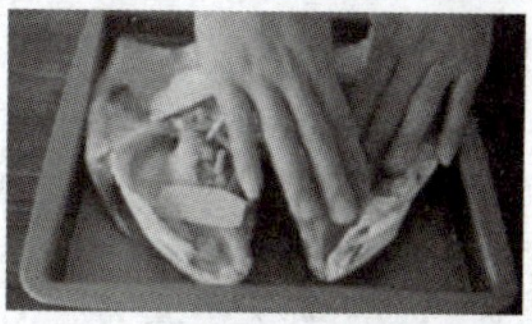
3	盖椒	将红剁椒酱和青剁椒酱铺满鱼头。青剁椒酱可以在超市里买到,就叫"蒸鱼头剁椒酱",这个酱比红剁椒酱更美味,两种颜色的酱搭配起来使人更具食欲。同时加入熬制的猪油,淋上蒸鱼豉油	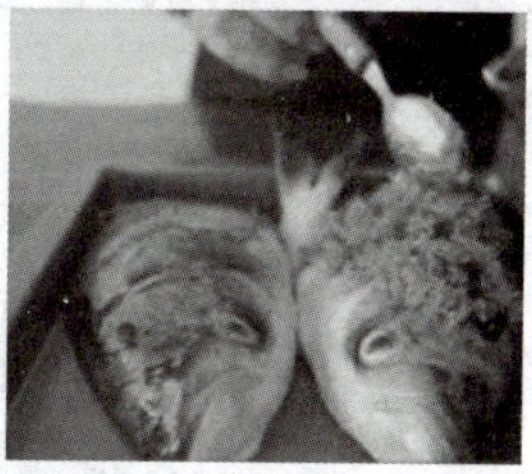

续表

序号	步骤	操作要领	图解
4	清蒸	鱼头放入家用蒸烤箱中层,选择"纯蒸功能",温度设置为115℃,时间为15分钟。蒸鱼的时间根据鱼头大小可适当增减,小一些的可设为10~12分钟,大一些的为15~20分钟,蒸久了肉质变老,口感变差。如果没有蒸烤箱,也可用大蒸锅替代	
5	装盘	鱼头蒸好后,一般水汽比较多,可以倒掉一部分汁水。撒上蒜蓉、葱花,浇上适量烧滚的菜籽油,淋在鱼头上即可。用菜籽油做剁椒鱼头味道更佳,没有则用普通食用油即可	

【教育实践】

1. 任务说明

菜肴制作。

2. 劳动要求

(1) 中国饮食文化博大精深,源远流长。居家做饭既是一种基本的生活需求,也是一门艺术与学问。家庭成员之间的一道色香味俱全的菜肴,不仅令人赏心悦目,让人胃口大开,还可以增强家庭的凝聚力,提高生活的幸福感。请以"我是厨房新人秀"为主题开展一次实践活动,设计3~5个菜肴制作或烹饪方案,并请家人审核许可。

(2) 菜肴制作或烹饪。

(3) 记录你的烹饪过程,留下你的思考与体会。要求用PPT(含照片)或者短视频的形式记录过程。

3. 注意事项

(1) 注意劳动安全和饮食安全。

(2) 注意厉行节约,实施"明厨亮灶"。

4. 实践记录

实践记录详见表2-4。

表2-4 厨房"新人秀"项目劳动教育实践活动记录

序号	实践内容	训练要求	过程记录
1	"我是厨房新人秀"主题方案设计	(1) 拟加工菜肴品种,通过家庭会议许可 (2) 确定原材料采购方式、路径、场所、配送方式和预算价格 (3) 拟定原材料预加工的主要内容和要求(如择菜、切菜、配菜、和面等) (4) 拟定相关菜肴的加工步骤和安全注意事项	

续表

序号	实践内容	训练要求	过程记录
2	菜肴制作或烹饪	面点类（如馄饨等）	
3		煲汤类（如三鲜汤等）	
4		肉类菜肴（如红烧鱼头等）	
5		炒菜类（如芹菜干丝等）	
6	交流分享	通过汇报形式	
7	实践反思与自我评价：		
8	老师综合评价：		

第三节 科学膳食

【情境导入】

从吃得饱到吃得好、吃得健康，人们的饮食结构正在发生改变，食品消费需求日益多元化。随着人民生活水平的不断提高，主食吃得少了，肉蛋奶消费量增加；有机粗粮、特产水果、山珍海味等日益成为餐桌上的常客。树立大食物观，丰富粮仓、菜篮、油瓶和果盘，才能优化食品供给结构布局，让人们吃得更好。

过去几十年，杂交水稻让亿万中国人"吃得饱"，让"禾下乘凉梦"逐渐成为现实。将来，来自山林大川、江河湖海的多样食物，得以实现让14亿多中国人"吃得好""吃得健康"，推动国民科学合理膳食，为健康中国筑牢根基。

【知识链接】

1. 人体营养

营养是指供给人类用于修补旧组织、增生新组织、产生能量和维持生理活动所需要的合理食物。食物中可以被人体吸收利用的物质叫营养素。糖类、脂肪、蛋白质、维生素、水和无机盐（膳食纤维被称为"第七大营养素"）是人体所需的六大营养素，前三者在体内代谢后产生能量，故又称产能营养素。六大营养素主要来自九大类食物：谷类、蛋类、奶类、根茎类、肉类、鱼虾和贝类、豆类、干果类、蔬菜和瓜果类。

营养素又可分为人体需求量较大的宏量营养素和需求量较小的微量营养素。其中宏量营养素包括碳水化合物、脂肪、纤维素、蛋白质以及水。微量营养素包括矿物质和维生素。其中维生素又可细分为脂溶性维生素与水溶性维生素两大类。脂溶性维生素包括维生素A、D、E、K；水溶性维生素则包括维生素B1、B2、B6、B12以及烟酸、叶酸、维生素C。

以下是六大营养素，如图2-10所示。

（1）糖类。糖类是人体最主要的热量来源，参与许多生命活动，是细胞膜及不少组织的组成部分；维持正常的神经功能；促进脂肪、蛋白质在体内的代谢作用。组成糖类的三元素是淀粉、蔗糖、葡萄糖。糖类给人体提供70%的热量，一般每天摄入250～750克的主食，就可以满足人体热量的需求。如果糖类长期供能不足，会导致身体消瘦、机体抵抗力减弱。

（2）油脂。油脂是油和脂肪的统称。脂肪是组成人体组织细胞的一个重要组成部分，它被人体吸收后供给热量，是同等量蛋白质或碳水化合物供能量的2倍；脂肪还是人体内能量供应的重要贮备形式。油脂还有利于脂溶性维生素的吸收；维持人体正常的生理功能；体表脂肪可隔热保温,减少体热散失,支持、保护体内各种脏器,以及关节等不受损伤。一般人体日需脂肪占食物总热量的15%～30%。一般正常活动的人每天摄入25克左右的油脂就可以满足生理需要。如果运动量不足,额外摄入的热量就会转变为身体的脂肪,使人发胖,而不是长出结实的肌肉。

(a) 糖类食物　　　　(b) 油脂类食物　　　　(c) 富含蛋白质的食物

(d) 各类维生素食物　　　　(e) 水　　　　(f) 无机盐

图 2-10　六大营养素

（3）蛋白质。如果把人体当成一座大厦,蛋白质则是构成这座大厦的建筑材料。人体的重要组成成分包括血液、肌肉、神经、皮肤、毛发等,这些都是由蛋白质构成的;蛋白质还参与组织的更新和修复;调节人体的生理活动,增强抵抗力;蛋白质还产能,为儿童生长发育提供能量,故又是产能营养素。一般的蛋白质摄入量是每天每千克体重1.5～2克。

（4）维生素。维生素是维持人体正常生理功能必需的一类化合物,它们不提供能量,也不是机体的构造成分,但在膳食中绝对不可缺少,如某种维生素长期缺乏或不足,即可引起代谢紊乱,可能出现病理状态而形成维生素缺乏症,如缺少维生素C会导致坏血病。

（5）水。水是生命之源,约占人体体重的60%～70%。水可以转运生命必需的各种物质及排除体内不需要的代谢产物;促进体内的一切化学反应;通过水分蒸发及汗液分泌散发大量的热量来调节体温;关节滑液、呼吸道及胃肠道黏液均有良好的润滑作用,泪液可防止眼睛干燥,唾液有利于咽部湿润及吞咽食物。正常人每天的饮水量应该为1 300～1 700毫升,如缺少水分,会造成脱水等症状,严重则会导致死亡。

（6）无机盐。无机盐即无机化合物中的盐类,又称矿物质,在生物细胞内一般只占鲜重的1%～1.5%,在人体中已经发现20余种,其中常量元素有钙(Ca)、磷(P)、钾(K)、硫(S)、钠(Na)、氯(Cl)、镁(Mg),也称大量元素,微量元素有铁(Fe)、锌(Zn)、硒(Se)、钼(Mo)、氟(F)、铬(Cr)、钴(Co)、碘(I)等。虽然无机盐在细胞、人体中的含量很低,但是作用非常大,例如缺钙会导致佝偻病(老人会导致骨质疏松),缺铁会引起缺铁性贫血,缺锌会导致发育不良。因此,人们应该注意饮食多样化,少吃动物脂肪,多吃糙米、玉米等粗粮,不要过多食用精制面粉,就能使体内的无机盐维持在正常应有的水平。

2. 营养均衡

营养均衡,合理膳食是健康的基础,各种身体必需的营养素,一个都不能少,做到营养平衡,健康才有保障。饮食要"营养均衡",但具体落实到一日三餐,大多数人就会一头雾水。中国营养学会给出了一日营养均衡、平衡膳食的具体标准,如图2-11所示。根据中国营养协会编制的《中国居民膳食指南》,一般人群的膳食应该遵循六个原则:食物多样,谷类为主;吃动平衡,保持健康体重,塑造美好生活;多吃蔬果、奶类、大豆;适量吃鱼、禽、蛋、瘦肉;少盐少油,控糖限酒;杜绝浪费,兴新食尚。

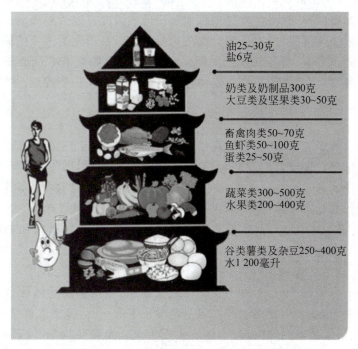

图2-11　中国居民平衡膳食宝塔(2022)

从膳食宝塔上可以看出,平衡膳食指食物品种齐全,种类多样,数量科学。如果把膳食宝塔中的食物按照合适的比例分配到一日三餐中,就能做好营养均衡。当然,实际情况要求人们每天吃12种以上的食物,还要按克数分配,并不现实,但可以从总体上把握。

(1)尽量做到食物多样化。每种食物的分量可以少,但种类要尽量多。食物多样化是营养均衡、平衡膳食的基本原则,只有一日三餐食物多样,各种食物中的营养成分才能互相补充。在每餐热量合理的情况下,尽量选择多种食物。

(2)尽量做到粗细搭配,荤素搭配,色彩搭配。科学合理的搭配不仅可以增加食物种类,还可以提高食物的营养价值、改善口感。尽量选择健康的烹饪方式,如多用煮、蒸、炖,少用油炸、烤、腌等方式。粗细搭配方面,例如常吃的白米饭、馒头、面条,都会引起血糖快速升高,如果搭配粗粮,则可以帮助控制血糖。在蒸米饭时,可以加入糙米、杂粮(如燕麦、小米、荞麦等)、杂豆(如红豆、绿豆等),丰富营养的同时还能让营养吸收得更好。另外,注重荤素、色彩搭配,不仅可以让饭菜色香味俱全,更可以均衡食物中的不同营养成分。

【技能指导】

现在吃饭都讲究速战速决,什么方便吃什么,不会讲究营养搭配。其实一日三餐每一餐都应该合理地搭配,既保证食物美味,又保证人的身体摄入足够的营养,来满足人一天所需。一日三餐应该如何搭配呢?下面将详细介绍。

1. 早餐

经过了一晚上的睡眠,人们的空腹时间较长,所以早餐千万不可以省略。很多人都没有吃早餐的习惯,这样既伤害肠胃又不能开启一天的新陈代谢开关,不仅不会减肥,而且还会长胖。早餐按时吃可以补充能量,以免出现血糖过低的情况。因为早晨刚从睡梦中醒来,身体的消化功能尚未完全苏醒,所以早餐食物的选择应该以易消化为主要的原则,并且要营养丰富。早餐应该包含谷类、蛋类、奶类、蔬菜水果类这4种,如果来不及准备,包含三种也是可以的。例如早餐吃一个鸡蛋、一片全麦面包,喝一杯牛奶,吃一个香蕉,这样的营养搭配就较为全面和丰富。

2. 午餐

午餐在一日三餐中较为重要,它处在早餐和晚餐中间,位于白天中间的时间段,有着承上启下的功能。午餐在保证营养的同时,应该摄取足够的能量,即午餐要吃饱,否则不足以支撑一下午的工作或者学习。营养丰富的午餐应该包括谷类、蔬菜类、肉类这三种,有条件的再吃一个菌类的食物,饭后吃一颗水果则再好不过了。主食可以选择大米饭,如果讲究养生,可以用杂粮米饭代替大米饭,蔬菜类要选择绿叶蔬菜,肉类以鱼肉和鸡肉为主,少吃猪肉、羊肉等红肉。

3. 晚餐

晚餐最重要的原则是清淡,千万不要吃得过于油腻,否则会加重消化系统的负担,热量超标还会转化为脂肪,使人体变得肥胖。但是晚餐也不能不吃,很多人都会选择过午不食来减肥,其实是没有科学依据的,这样对人体的伤害很大。晚餐要少吃,应该在谷类、蔬菜类、菌类、肉类中选择,自行按照喜好搭配。

【教育实践】

1. 任务说明

定制家庭一周的早餐食谱,并力争制作2～3种早点。

2. 劳动要求

(1) 请以近期节日或节气选定一个主题,在实地考察农贸市场和超市的前提下,根据家庭实际情况设计一周的早餐食谱,守护家人的健康。

(2) 根据早餐情况,自己完成2～3种早点制作。

(3) 记录你的制作过程,留下你的思考与体会,并在相关场合交流。要求用PPT(含照片)或者短视频的形式记录过程。

3. 注意事项

(1) 注意劳动安全和饮食安全。

（2）注意厉行节约，实施"光盘行动"。

4．实践记录

实践记录详见表 2-5。

表 2-5 "一周早餐食谱"项目劳动教育实践活动记录

序号	实践内容	训练要求	过程记录
1	设计一周的早餐食谱	以近期节日或节气选定一个主题，在实地考察农贸市场和超市的前提下，根据家庭实际情况设计一周的早餐食谱，守护家人的健康	
2	早餐制作	学习制作鸡蛋饼	
3		利用豆浆机等加工纯豆浆	
4		学会正确使用压力锅（严格按压力锅使用说明使用，防止蒸汽烫伤或压力过大炸锅），煲制红豆小米粥（符合食品安全和营养需要的其他杂粮配料也可）	
5	交流分享	通过汇报形式	
6	实践反思与自我评价：		
7	老师综合评价：		

第三章 民族工艺与文化传承

第一节 剪 纸

【情境导入】

剪纸又称刻纸,是中国最古老的民间艺术之一。它是一种用剪刀或刻刀在纸上剪刻花纹,用于装点生活或配合其他民俗活动的民间艺术。其传承赓续的视觉形象和造型格式,蕴涵了丰富的文化历史信息,表达了广大民众的社会认知、道德观念、实践经验、生活理想和审美情趣,具有认知、教化、表意、抒情、娱乐、交往等多重社会价值。

2006年5月20日,剪纸艺术遗产经国务院批准列入第一批国家级非物质文化遗产名录。2009年9月28日至10月2日举行的联合国教科文组织保护非物质文化遗产政府间委员会第四次会议上,中国申报的中国剪纸项目入选"人类非物质文化遗产代表作名录"。

【知识链接】

1. 剪纸的历史

剪纸是中国最为流行的民间艺术之一,根据考古其历史可追溯到公元6世纪,但人们认为它的实际开始时间比这还要早几百年,纸的发明促使了剪纸的出现、发展和普及。剪纸常被用于宗教仪式、装饰和造型艺术等方面。

(1) 唐代剪纸——纸花,唐代剪纸处于大发展时期,杜甫诗中就有"暖水濯我足,剪纸招我魂"的句子。

(2) 宋代剪纸——宋代造纸业成熟,纸品名目繁多,为剪纸的普及提供了条件,并出现了专业的剪纸艺人。

(3) 明清时期剪纸——剪纸手工艺术走向成熟,并达到鼎盛时期。现在,剪纸更多地用于装饰(可用于点缀墙壁、门窗等),也可为礼品做点缀之用,甚至剪纸本身也可作为礼物赠送他人。人们以前还常把剪纸作为绣花和喷漆艺术的模型。

2. 剪纸的分类

剪纸按地区分类,比较有特色的主要有泰山剪纸、洛阳剪纸、瑞昌剪纸、扬州剪纸、蔚(yù)县剪纸、柘(zhè)荣剪纸等。

(1) 泰山剪纸艺术工作者常以泰山雄奇瑰丽的风景为题材,或创作单幅作品,或创作文艺作品的插图、连环画、书面装帧,或制作幻灯、舞台美术等,创作出大批独具泰山风格的剪纸艺术品。

(2) 洛阳剪纸是一种洛阳市的传统装饰艺术。早在汉、唐时期,当地妇女即有用金银箔和彩帛剪成花鸟贴鬓角为饰的风尚。后来逐步发展，在节日中用有色纸剪成各种花草动物或人物的故事贴在窗户上(窗花)、门楣上(门签)作为装饰，也有作为礼品装饰或刺绣花样之用的。洛阳剪纸分为简刻和繁刻两类，前者粗犷豪迈、造型简朴，后者结构繁茂、精巧秀美。

（3）瑞昌剪纸是一门古老的传统民间艺术，瑞昌位于江西省北部长江南岸，其独特的地理位置极大地影响了瑞昌剪纸的风格。瑞昌剪纸既有南方的阴柔之美，精巧秀丽，又具北方的阳刚之美，古朴豪放。

（4）扬州剪纸是江苏省扬州市文化艺术的一项重要组成内容，扬州是中国剪纸流行最早的地区之一，唐宋时期就有剪纸报春的习俗。扬州剪纸线条清秀流畅，构图精巧雅致，形象夸张简洁，技法变中求新，形成了特有的刀味纸感和艺术魅力，为中国南方民间剪纸艺术的代表之一。2006年5月20日，扬州剪纸经中华人民共和国国务院批准列入第一批国家级非物质文化遗产名录。

（5）蔚县剪纸源于明代，是一种风格独特、在国内外享有盛誉的传统民间艺术。清代末年，蔚县剪纸工具改革，由"剪"变"刻"。20世纪初，蔚县剪纸在构图、造型和色彩上逐渐形成了自己独特的艺术风格，开创了独具一格的民间剪纸新流派。

（6）柘荣剪纸是福建省宁德市的传统民间艺术。风格独特，具有鲜明的地域个性，既传承了中原剪纸的写意、质朴、浑厚，又融合了南方剪纸的严谨、细腻、秀丽。柘荣剪纸作为国家品牌，具有浓郁的地方特色和民族特色，独具文化品位，作品或淳朴、率真，或写意、粗犷，或清新、典雅，符合大众的审美需要和欣赏心理。

3. 剪纸的艺术形式

剪纸按复杂程度可分为单色剪纸和彩色剪纸两种形式。

单色剪纸是剪纸中最基本的形式，由红色、绿色、褐色、黑色、金色等各种颜色剪成，主要用于窗花装饰和刺绣的底样。主要有阴刻、阳刻、阴阳结合三种表现手法。用于刺绣底样的剪纸，常用剪刺结合的手法。刺是以针尖在花纹的细部刺出小型圆点，在一些部位留出"暗刀"，可以作为刺绣时套针换线的依据。折叠剪纸、剪影、撕纸等都是单色剪纸表现形式。

随着剪纸表现形式的探索和发展，彩色剪纸的形式和技法在逐渐增多，有点染、套色、分色、填色、木印、喷绘、勾绘和彩编等。诸种形式各有自己的特色和独到之处：点染剪纸滋润、装饰性强；套色剪纸脆利、色块鲜亮；分色剪纸分色截然、色感丰富；填色剪纸则单纯、洁净、鲜明，各种剪纸均给人以不同的感受。

【技能指导】

1. 剪纸手法

常见的剪纸手法分阳剪和阴剪两种，如图3-1所示。阳剪以线为主，把造型的线留住，其他部分剪去。通过线线相连，把形留住，形以外的剪去，称为正形。阴剪以块为主，把造型的线剪去。通过线线相断，把形镂空，称为负形。

2. 剪纸刀法

剪纸时剪刀的进刀方法根据图案内容需要可采取直插刀法、开口刀法、暗刀法等三种刀法，如图3-2所示。

(a) 阳剪　　　　　　　　(b) 阴剪

图 3-1　剪纸手法

(a) 直插刀法　　　　　　(b) 开口刀法

(c) 暗刀法

图 3-2　剪纸刀法

（1）直插刀法：把刀尖插入要剪去的部位，慢慢剪开。

（2）开口刀法：将纸折叠，在形外开口剪出形象或纹饰。

（3）暗刀法：一般是在形外下剪，剪出一道暗线进入需要剪去的部分。

3．剪纸技法

常用的剪纸技法主要有对称折剪法、三角形折剪法、四角形折剪法、五角形折剪法、六角形折剪法、团花的剪法、角隅纹样的剪法等。

4．剪纸的基本步骤

（1）起稿。用铅笔在纸上勾画好剪纸稿。可先画出大样，在剪制过程中再即兴发挥，进行二度创作；也可事先设计出精稿，然后再依稿剪制。有经验的民间艺人往往擅长"随心剪"。不用起稿，便可开剪；剪时胸有成竹，一气呵成。

（2）订纸。订纸指将样稿固定在纸上使两者不至于脱动，便于准确地剪刻。传统的方法有针线订纸和纸捻订纸，现在多用糨糊和订书订。注意订纸的固定点要在样稿的外轮廓处和样稿内部的空间部位，不要破坏作品本身。订纸要求纸面平整。

（3）剪制。剪制顺序视所用工具而定。如用剪刀制作单张作品，则通常按照先内后外、先繁后简、先圆后方、先左后右、先上后下的顺序进行，也可按个人习惯和经验来确定剪制顺序。

(4）修正。检查完成的作品，看看有无漏剪（刻）部分或连刀连角（没有剪透、刻透）部分，有无走形或断线部分，及时修正或做补救处理。

(5）裱贴、装框。准备好衬纸、刷子、糨糊等裱贴工具。裱贴分正裱与反裱。装框需选择与剪纸作品协调的镜框和衬纸。衬纸可仿照居室挂画的装框方式，用较厚的色卡纸做成立体效果。

5．剪纸案例

以日常生活中常见的耕牛为例，如图3-3所示。

参考如图3-4所示的四个基本步骤剪出可爱的耕牛（寓意俯首甘为孺子牛或者辛勤剪耕的老黄牛）。

图3-3 耕牛

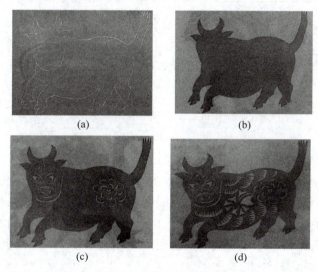

图3-4 耕牛剪纸步骤

（1）用铅笔画出牛的大样。

（2）剪出大形。

（3）依次剪出头部、眼睛、鼻与嘴，用阴剪的方法在股部位置剪出花心。

（4）用阳剪的方法剪出腹部剪草，用牙纹刻画背部。

【教育实践】

1．任务说明

根据中国剪纸的造型特点，鉴赏不同地区的民间剪纸文化；学会剪纸作品的设计和加工。

2．劳动要求

掌握剪纸不同类别造型的艺术形式，培养学生创造性地设计剪纸作品的能力，准确把握剪纸作品的内涵及创作并正确把握纹样的连接与完整性。激发学生对我国丰富多彩的民间美术的喜爱之情。

3．注意事项

正确使用剪刀和刻刀，防止划伤手指。

4. 实践记录

（1）根据已经掌握的剪纸文化，选择六幅剪纸作品进行鉴赏，分析其风格特点和大致的流行地区，见表3-1。

表3-1　各地剪纸代表作品

序号	剪纸代表作品	作品特点或风格	作品大致的流行地区

（2）根据创意要求，完成剪纸作品，并完成作品点评。

创意一：结合党的二十大精神，剪出自己心中的"理想"蓝图，祝福伟大祖国更加繁荣昌盛。

创意二：剪字作品，内容自定，拟送给朋友的生日祝福。

第二节　木　雕

【情境导入】

木雕是从木工中分离出来的一种"精细木工"。我国的木雕艺术历史十分悠久，起源于新石器时期，秦汉两代木雕工艺趋于成熟，发展至今，主要形成浙江东阳木雕、浙江宁波的朱金木雕、浙江乐清的黄杨木雕、福建龙眼木雕、广东金漆木雕、苏州小件木雕以及大理剑川木雕等一些不同特色的木雕。木雕材质一般选用质地细密坚韧、不易变形的树种，如楠木、紫檀、樟木、柏木、银杏、沉香、红木、龙眼等。

2008年6月7日，木雕经国务院批准列入第二批国家级非物质文化遗产名录。

【知识链接】

1. 木雕分类

木雕一般分为立体圆雕、根雕、浮雕三大类。木雕的主要形式如图3-5所示。浮雕和圆雕的主要区别在于以下几方面。

(a) 圆雕　　　　　　　　(b) 根雕　　　　　　　　(c) 浮雕

图3-5　木雕的主要形式

(1) 浮雕一般指在平面上雕刻形成的雕塑,而圆雕是可以从多个角度进行观赏的三维立体雕塑。

(2) 浮雕一般指一百八十度的雕刻,而圆雕指三百六十度的雕刻。

(3) 浮雕一般通过压缩之后的形体特有的凹凸起伏来表现出立体感和空间感,而圆雕则是本身就具有立体感。

2. 木雕的主要器具

"工欲善其事,必先利其器。"在木工的雕刻创作中,工具齐备、会磨会用、保养得当,不仅能大幅提高雕刻效率,而且能充分发挥自己的雕刻手法,使行刀运凿清晰流畅、极富艺术表现力。木雕常用的工具有木刻工具刀、机电加工设备及各种辅助工具等,具体如下。

1) 木刻刀具

常用的木刻刀具有圆刀、平刀、斜刀、勾刀、中钢刀和三角刀等几种,如图 3-6 所示。

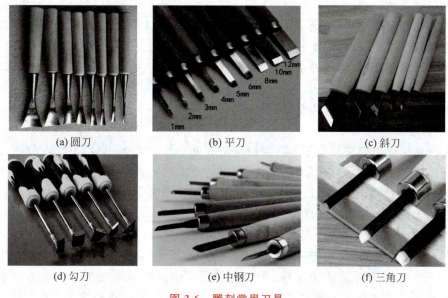

(a) 圆刀　　　　　　　(b) 平刀　　　　　　　(c) 斜刀

(d) 勾刀　　　　　　　(e) 中钢刀　　　　　　(f) 三角刀

图 3-6　雕刻常用刀具

(1) 圆刀。刃口呈圆弧形,多用于圆形和圆凹痕处,在雕刻传统花卉上也有很大用处,如花叶、花瓣及花枝干的圆面都需用圆刀适形处理。圆刀横向运刀比较省力,对大的起伏、小的变化都能适应。而且圆刀的线条不稳定,使用起来灵活且便于探索。根据不同的用途,圆刀的型号应有所区别,大小范围基本在 5～50 毫米之间。做圆雕人物的刀口两角要磨去,呈圆弧形,否则雕衣纹或其他凹痕时,不但推不动,还会破损凹痕的两旁。倘若做浮雕时,则应保留刀口两角,并利用其角尖的功能雕刻角落处,因此要配备两种。圆刀还有正反之别,斜面在槽内、刀背呈挺直的为正口圆刀,它吃木比较深,最适合做圆雕,尤其是在出坯和掘坯阶段。斜面在刀背上,槽内呈挺直的为反口圆刀,吃木比较深,能平缓地走刀或剔地,在浮雕中用途更大。圆刀的形状还可根据需要做成铁杆弯曲形,以便伸进较深的部位挖雕镂洞。

(2) 平刀。刃口呈平直,主要用于劈削铲平木料表面的凹凸,使其平滑无痕。型号大的也能用来凿大型木材,有块面感,运用得法,如绘画的笔触效果,显得刚劲有力,生动自然。平刀的锐角能刻线,二刀相交时能剔除刀脚或印刻图案。瑞典和苏联的木雕人物就多用平刀,有强烈的木趣刀味。

(3) 斜刀。刀口呈45°左右的斜角,主要用于作品的关节角落和镂空狭缝处做剔角修光。如果刻人物眼角处,斜刀更好用。斜刀又分正手斜与反手斜,以适合各个方向。在上海的黄杨木雕中刻毛发丝缕通常使用斜刀,用扼、拧的方法运刀,刻出的毛发效果比用三角刀刻得更为生动自然。

(4) 勾刀。形如勾,用以雕刻各种坚硬木材。使用时首先在要裁割的材料上面画出纹理,然后左手用力按住尺子,护住要留下的部分,右手握住勾刀把柄,用刀尖沿划的线轻轻划一下,然后再力度适中地沿着刚才的划痕反复划几下,一直到切割材料厚度的2/3左右。最后用手轻轻掰开,将其折断,每次钩的深度为0.3毫米左右。

(5) 中钢刀。刀口平直两面都有斜度,也称"印刀"。传统雕刻认为,中钢刀锋口正中,用它打坯可保持锋正直往,使周围保留部分不受震动。中钢刀还用于印刻人物服饰及道具上的图案花纹。

(6) 三角刀。刀口呈三角形,因其锋面在左右两侧,锋利点集中在中角上。制作三角刀要选择适用的工具钢(一般用4～6毫米的圆钢),铣出55°～60°的三角槽,将两腰磨平,其口端磨成刃口。角度大,刻出的线条就粗,反之就细。三角刀主要用于刻毛发和装饰线纹,也是版画与水印木刻艺术制版时常用的一种工具,操作时三角刀尖在木板上推进,木屑从三角槽内吐出,三角刀尖推过的部位便刻画出线条来。

2) 加工设备

加工设备主要指带交叉拉条的特别稳定坚固的工作台和木钳台,上面可安置台钳和G字夹。台钳用于凿圆雕,钳口必须配备软木,以防止雕刻木料及工具被夹损。G字夹用于凿浮雕粗坯。初学者可以根据自己的条件设置一些经济简便的工作台,如拉坯凳等。大件作品可放在地上或站着或蹲着灵活操作。

3) 辅助工具

辅助工具主要指敲锤、木锉、斧子、锯子。斧子的用途是配合出坯大量砍削木料,注意砍削时不宜用力过大,不可直上直下砍,斧刃应与垂直的木纹保持在45°左右,否则木料会开裂。木锉的用途主要是在圆雕的细坯阶段,可代替平刀将刀痕凿迹锉磨平整以便修光;又可代替圆刀或斜刀做镂空处理。木锉的作用还在于能大面积迅速地调整造型结构,并能与雕刻刀结合使用,将人物衣纹的辗转翻折处理得生动流畅,虚实有致。木雕敲锤的形状以扁、平、宽、方为好。锤面尺度可在7厘米×5.5厘米×2.5厘米左右。太窄或太厚,都会影响锤子着落点的准确与力的均匀。敲锤分木制与铁制两种,木制敲锤一般采用木质比重大的硬木,如红木、黄杨、檀木、榉木及果树木料等,其规格可掌握在长27厘米,宽55厘米,厚45厘米左右;握柄部位呈圆形略扁一些,大小以握在手中适宜为准。

辅助的木雕工具还包括小型电动木工抛光机和电动手枪钻。抛光机的用途仅在于作品完成后的表面处理,可以代替手工做大面积的磨光,比较省时省力,但只用于大中型的体积较为平展的作品,手枪钻主要用手镂空打洞,做大型雕刻时,可用它打点切轮廓。

3. 原材料的选用

木头有的松软、有的粗硬,一般松软的木头易雕,粗硬沉重的木头难雕。木质坚韧、纹理细密、色泽光亮的称之为硬木,如红木、黄杨木、花梨木、扁桃木、椰木等,具有雕刻的全部优点,是雕刻的上等材料,适合雕刻结构复杂、造型细密的作品,而且在制作过程中和保存时不易断裂受损,有很高的收藏价值,只是雕刻时比较费工夫、容易损伤刀具。

比较疏松的木质适合初学者使用,如椴木、银杏木、樟木、松木等。这类木材适合雕刻造型结构简单、形象比较概括的作品,雕琢起来也比较容易,但因其木质软、色泽弱,有的需要着色处理,以加强量感。有些木纹比较明显而且变化多端,如水曲柳、松木、冷杉木等,可以巧用木纹的流畅和肌理,做一些较抒情的作品。一般说来,造型起伏越大,木纹的变化越丰富,也就越有味道;造型的形状动态越婉转、流畅,木纹走向的效果也就越是理想,以至出乎意料的好看,极富装饰性。此类木材的造型设计应以高度概括为主,过于复杂和过于小的体积,不仅会破坏木纹,还会造成视觉上的反差。所以在创作一件作品之前,首先要对木材有所认识,选择适合的材料十分重要。

4. 木材的干燥处理

木材的干燥处理分人工干燥和自然干燥两种形式。

(1) 人工干燥。将木材密封在蒸气干燥室内,借蒸气促进水分蒸发,使木材干燥(根据木材的大小、厚薄,4厘米的板材一般需要一个星期烘干),干燥的程度最高可使木材含水量仅达3%。但经过高温蒸发后的木质发脆失去韧性容易受到损坏而不利于雕刻。通常原木干燥的程度应保持在含水量30%左右。

(2) 自然干燥。将木材分类放置通风处(板材、方材或圆木),搁置成垛,垛底离地60厘米左右,中间留有空隙,使空气流通,带走水分,木材便逐渐干燥。自然干燥一般要经过数年或数月,才能使木材达到一定的干燥要求。

【技能指导】

1. 木雕基本技法

木雕基本技法有线刻法、浮雕法、透雕法、圆雕法四种。

(1) 线刻法。用刻刀在木料上刻出纹饰,因为刻痕陷入木料之内,这种技法被称作"阴刻"或"线刻"。有的还在阴刻线内填入石绿或铁红等颜料。线刻装饰中还有一种阳线,即将线周围的木料去掉,使线凸出来,多用于桌子腿和牙子上的围边起线。

(2) 浮雕法。浮雕指花纹高于底面的一种雕刻形式,形成半立体的形象,在家具装饰中用得最多。浮雕是介于绘画和圆雕两者之间的一种艺术形式,表面凸出的厚度不同,可分为高浮雕、中浮雕、低浮雕等。《明清家具式样识别图鉴》中介绍,传统浮雕一般采用"三远法"(即平远、深远、高远)进行构图,适宜表现场面复杂的山水风景、楼台殿阁、街市等。浮雕的地子可处理为"平地"或"锦地"。其中,高浮雕是最薄、最浅的浮雕,又叫"薄肉雕"。典型的高浮雕是硬币上的图案,在治印和彩石(寿山石刻、青田石刻)雕中,这种很浅的浮雕叫"薄意",许多家具上也有很浅的高浮雕装饰。

(3) 透雕法。透雕是在浮雕的基础上,一般镂空其背景部分,有的单面雕,有的双面雕,一般有边框的称为镂空花板。透雕又被称为"锼活"或"锼花",主要用于家具的花牙板。根据《明清家具式样识别图鉴》介绍,其制作手法是将图案画在棉纸上,再贴在木板上,在图案的空白处打一个孔,将钢锯丝穿入,反复拉动,沿着图案的轮廓将空白处的木料"锼"走,这样做好的半成品还需要专门的匠师再进行刻画。雕花板子一般用于家具的牙板、围栏、环板、屏心、花板等部位。

(4)圆雕法。圆雕是完全立体的雕刻,前后左右各面均须雕出,一般无背景,有实在的面积,可以从周围任何角度欣赏。红木家具的端头、柱头、腿足、底座等,有的用人物、动物、植物等图案的,采用的就是圆雕装饰,这样的装饰多出现在广式家具中。

2. 木雕基本刀法

(1)平直面走刀。顺纹走刀是最常犯的错误,特别是新手,因为顺纹走刀最省力,顺着树木纹理的方向,刀受到的阻力最小,非常省力。但走刀长度往往控制不准,且木头容易开裂。正确的走刀方法,是判断好木纹的方向,横或斜截木纹的方向走刀,如图3-7所示。

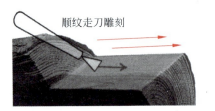
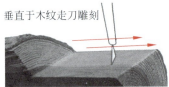

图 3-7　雕刻走刀方向

(2)凹凸面走刀。如遇复杂的凹凸面雕刻,则使刀刃的走刀始终斜切木纹,这样可防止顺纹雕刻,如图3-8所示。

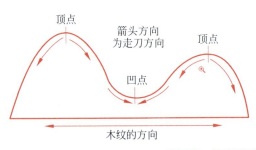
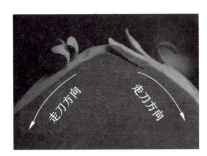

图 3-8　凹凸面雕刻走刀

3. 手工雕刻的制作过程

手工雕刻的制作工序包括木活、旋活、锼活、凿活、铲活、锉活、磨活、上色、烫蜡等工序。

(1)准备。木活、旋活、锼活等工序属于雕刻的准备工序。其中,木活是指木工配合制作待雕组件,包括家具的组件,圆雕的基本轮廓等。旋活是指木旋工配合制作待雕刻组件,如笔筒的外形及内腔,木座的面子、牙子、缩腰等。锼活是指用钢丝锯按图案镂空好花板,使之达成近似于剪影效果的待雕刻组件备用。

(2)凿活。用凿活凿子和拍斧或敲锤,先去荒料凿出基本形状,再细凿至作品基本上成型为止,为铲活和派活做好准备工作。

(3)铲活。用铲活凿子进行细加工,铲到没有一丝荒料并达到设计要求的精气神,再用溜钩派活至最佳效果为止。

(4)锉活。木锉是凿子的辅助工具,尤其是对于镂空好花板的墙子里面,木锉起着很大的作用。

(5)磨活。传统的做法是先过水使木刺炸起,再用砂纸或锉草磨出浆使木雕表面光洁。现在多用高标号水砂纸代替,其效果相同。

(6) 上色。上色有很深的技术学问,一件作品配料时再小心,过水后也会出现色差,全靠有经验的漆工把深色变浅或把浅色变深,使之颜色一致。

(7) 烫蜡。蜡活是高档工艺品的表面处理方法。传统做法是用川蜡和蜜蜡根据不同的季节调配不同的配方制成腊膏,用木炭火烤进木质,待蜡凉后把余蜡剔净。

4. 计算机雕刻生产过程

计算机雕刻木雕制品是现代电子信息技术和机械加工技术与传统木雕工艺巧妙结合的产物,大幅提升了木雕生产加工的效率、降低了工人的操作难度、节约了生产成本。计算机雕刻生产过程通常包括备料、零件加工、局部组装、计算机雕刻、雕花、刮磨和磨光、整体安装、上蜡等过程。具体如下。

1) 备料

(1) 选材。根据设计部的图纸,到仓库由专人负责选材。

(2) 开料。进行合理的横截与纵截,将锯材按开料单的要求锯成相应的部件。

(3) 烘干。对开好的规格料进行烘干。

(4) 拼板。对烘干好的材料先进行压刨,使其达到与设计要求一致的尺寸,然后按料单的规格将颜色、纹理等接近的同一种材料拼在一起,最后再进行打板。

(5) 放胚。分平创和压刨两种。平创用来加工材料粗糙的翘面及不平的表面,并可按一定角度刨平相邻的表面;压刨则通过压刨使相同规格的材料达到与设计要求相同的厚度。

2) 零件加工

一般用到的设备有开榫机、钻孔机、铣床、镂铣机、拉锯等设备。开榫机用于根据图纸要求的尺寸与角度,通过五片锯进行锯长度和榫头。钻孔机用于根据图纸的要求对要打眼的部件进行打眼。铣床主要用于铣型裁口、开槽、起线以及异行部件的加工等。镂铣机主要用于起线条、做弧面,加工出符合设计要求的仿形曲线凹槽等。手拉锯、推拉锯用来精确切割板材。

3) 局部组装

对局部木雕以及小件木雕进行组装。

4) 计算机雕刻

计算机雕刻分画图、编程和雕刻三个基本步骤,具体如下。

(1) 画图。根据图样及木工规定的尺寸,画出准确的手工图。

(2) 编程。把手工图扫描到计算机里,先设计成浮雕图,然后再通过专用软件进行刀路程序编程。

(3) 雕刻。将编好的刀路程序通过局域网输入计算机雕刻机,计算机雕刻机按照刀路程序进行计算机雕刻。

5) 雕花

对计算机雕刻机刻出来的雕花板及其他部件模糊的地方进行手工再加工处理,或者对计算机雕刻机无法处理的细节,如细致的纹路,人物的五官等地方再进行手工雕刻。

6) 刮磨和磨光

刮磨是用专用的刮磨工具对木雕凹凸不平的地方和线条等进行刮平,刮顺。磨光用不同的砂纸(180 目、240 目、320 目、600 目、800 目、1 000 目、1 200 目)经过多道程序把产品磨到一定的光洁度。要求保持图案、纹路的完整性、不能使其变形。

7）整体安装

木工根据设计图纸的组装图进行整体组装。

8）上蜡

对木雕不平整的地方再次磨光，然后打蜡，打蜡完后再用抹布抹干净、抹光亮。

【教育实践】

1. 任务说明

任选一卡通吉祥物为木雕对象，完成木雕作品制作过程。

2. 劳动要求

（1）分组完成木雕的形象设计、选材、干燥、描形、雕镂、打磨、上料等工序。

（2）做好劳动过程的记录，完成作品制作的心得体会。

（3）组织小组间的木雕作品的鉴赏，提升木雕艺术欣赏能力和推介能力。

3. 注意事项

正确选用各种刀具和器材，防止发生安全事故。

4. 实践记录

实践记录详见表3-2。

表3-2　木雕劳动教育实践活动记录

序号	劳动项目	训练要求	过程记录
1	作品形象设计	卡通吉祥物	
2	选材	根据木雕工艺要求选用	
3	干燥	正确烘干或自然阴干	
4	描形	将选好的木块进行必要的砍削刨光后，在其上用笔描绘出所要雕绘的图案或形状大样	
5	雕镂	镂空雕，又称镂雕、透雕，即将非图案部分雕空使其空处透露能见对面	
6	打磨	雕好的木头有许多棱角、刀触，外形较粗糙，因而要打磨。打磨工具常用木工锉、细质砂石、动物生皮、树木纤维、毛树叶、草灰砂等	
7	上料	根据木材和使用环境不同，也可不上料（油漆）	
8	实践反思与自我评价：		
9	老师综合评价：		

第三节　陶　艺

【情境导入】

陶艺即"陶瓷艺术"，它是中国传统古老陶瓷技术文化与现代绘画及工艺美术相结合的复杂艺术形式。

千百年来，中国的陶瓷艺术繁盛不息，制瓷工艺也在熊熊的窑火中传承了上千年，如同伟大的中华民族一样薪火相传，生生不息。数十代人从挖掘、淘洗、调配瓷土，到制作瓷器，默默地传承并完善着百余道制瓷流程。如今,陶瓷更是达到了空前的发展成就,已经形成了以日用陶瓷、陈列陶瓷为主,兼制工业陶瓷、建筑卫生陶瓷、特种陶瓷、艺术陶瓷等百花争艳的大陶瓷格局。

【知识链接】

1. 陶艺文化

翻开中国陶瓷发展史,每一个朝代,都有其鲜明的时代特征:宋代的秀丽,元代的浑厚,明代的精工,清代的精致,如图3-9所示。甚至同一朝代也有不同的发展阶段。例如明代青花瓷,宣德青花瓷浓艳华滋,气韵淋漓,豪放生动,成化青花瓷则淡雅清新,优美细腻。

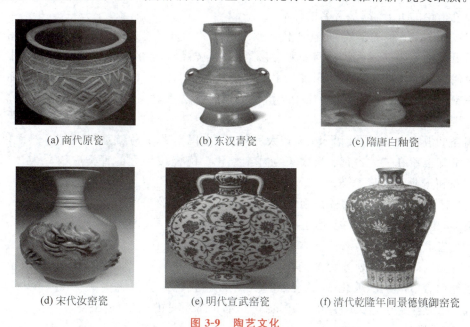

(a) 商代原瓷　　(b) 东汉青瓷　　(c) 隋唐白釉瓷

(d) 宋代汝窑瓷　　(e) 明代宣武窑瓷　　(f) 清代乾隆年间景德镇御窑瓷

图3-9　陶艺文化

(1) 商代。在商代和西周遗址中发现的"青釉器"已明显具有瓷器的基本特征,它们质地较陶器细腻坚硬,烧结温度高达1 100℃,瓷器表面施有一层石灰釉,称为"原始青瓷"。

(2) 东汉。东汉至魏晋时期制作的瓷器多为青瓷。这些青瓷加工精细、胎质坚硬、不吸水,表面施有一层青色玻璃质釉。这种高水平的制瓷技术,标志着中国瓷器生产已进入一个新时代。

(3) 隋唐。我国白釉瓷器萌发于南北朝,到隋唐已经发展成熟。瓷器烧成温度达到1 200℃,瓷的白度也达到了70%以上,接近现代高级细瓷的标准。这一成就为釉下彩(在已经制造完成的胚体上画画,然后再上一层透明釉,摸起来非常平滑)和釉上彩(在烧成的釉面上彩绘,经过700~800℃的温度烧制而成,摸起来有凹凸感)为瓷器的发展打下了基础。

(4) 宋代。宋代瓷器,在胎质、釉料和制作技术等方面又有了新的提高,烧瓷技术达到完全成熟的程度。在工艺技术上,有了明确的分工。宋代闻名中外的名窑有很多,包括耀州窑、磁州窑、景德镇窑、龙泉窑、越窑、建窑以及被称为宋代五大名窑的汝、官、哥、钧、定等,每种产品都有它们自己独特的风格。耀州窑(陕西铜川)产品精美,胎骨很薄,釉层匀净;磁州窑(河北彭城)以磁石泥为坯,多生产白瓷黑花的瓷器;景德镇的产品质薄色润,光致精美,白度和透光度之高被推为宋瓷的代表作品之一；龙泉窑的产品多为粉青或翠青，釉色美丽光亮；越窑烧制的瓷器胎薄，精巧细致，光泽美观；建窑所生产的黑瓷是宋代名瓷之一，黑釉光亮如漆；汝窑为宋代五大名窑之冠，瓷器釉色以淡青为主色，色清润；官窑指卞京官窑，窑设于卞京，为宫廷烧制瓷器；哥窑烧造地点最大的可能是与北宋官窑在一起；钧窑烧造的彩色瓷器较多，以胭脂红为最佳，葱绿及墨色的瓷器也不错；定窑生产的瓷器胎细，质薄而有光，瓷色滋润，白釉似粉，称作粉定或白定。

（5）明代。明代精致白釉及以铜为呈色剂的单色釉瓷器的烧制成功，使明代的瓷器丰富多彩。明代瓷器加釉方法的多样化，标志着中国制瓷技术的不断提高。成化年间创烧出在釉下青花轮廓线内添加釉上彩的"斗彩"，嘉靖、万历年间烧制成的不用青花勾边而直接用多种彩色描绘的五彩，都是著名的珍品。

（6）清代。清代的瓷器，是在明代取得卓越成就的基础上进一步发展起来的，制瓷技术达到了更高的境界。康熙时的素三彩、五彩，雍正、乾隆时的粉彩、珐琅彩都是闻名中外的精品。明代在釉下青花轮廓线内添加釉上彩而烧成的一种瓷器，由于釉下彩青花与釉上彩绘争奇斗艳，故名"斗彩"。瓷胎画珐琅是清代仿铜胎画珐琅效果的一种瓷器，又称"料彩"。

2. 陶瓷分类

陶瓷的故乡在中国，英语 china 若大写就是"中国"，若小写就是"瓷器"。然而，中国的陶瓷艺术却荟萃在三大古都：景德镇、醴陵、德化。陶瓷按照大的种类应该分为日用陶瓷、艺术陶瓷和工业陶瓷三大类。

（1）日用陶瓷。日用陶瓷是为满足人们对日常生活的需求而产生的，日常生活中人们接触最多，也是最熟悉的瓷器，包括餐具、茶具、咖啡具、酒具、饭具等。

（2）艺术陶瓷。艺术陶瓷具体可按材质划分为炻瓷、青瓷、骨瓷、高白玉瓷、白瓷、黑陶瓷等；按其生产工艺可划分为青花瓷、中国红瓷、釉下五彩瓷、毛瓷、刻花瓷等；按窑口可划分为景德镇瓷、醴陵瓷、德化瓷、汝瓷、钧瓷、龙泉瓷等。

（3）工业陶瓷。这类陶瓷用于建筑行业，如日常所见的瓷砖、卫浴瓷。

3. 陶艺器材

陶艺用到的器材包括陶泥、成套的基本工具、拉坯机、电窑等。

（1）陶泥。在陶艺的领域，泥的范围非常广泛，但运用最广的主要分三大类：瓷泥、陶泥、紫砂泥。

（2）工具。工具主要有各种割线和泥塑刀、转台、擀面杖、挤泥器、泥拍板等，如图 3-10 所示。割线用来切割黏土或割底，将拉成的作品从转盘上移开，与工具刀相比，割线是完全针对泥这种黏度比较高的材料的工具，既小巧又方便快速。泥塑刀用于手工成型，修整部分细节，或用于塑造局部形体，是陶艺制作过程中不可缺少的工具。转台是为方便 360°观察和修整形体，不论是形体塑造期，修整期，还是喷釉时期，都是很关键的工具配备。擀面杖一般用于擀泥板，消除泥里的小气泡，避免烧制时炸裂。挤泥器可以快速制作各色各样的泥条。泥拍板可为成型的整形，或拍打泥板等，一般配合擀面杖使用，目的是塑造基础形体和除去泥里面的气泡。

（3）拉坯机。用于拉制瓷坯。具体的使用方法是：拉坯机安装好后，先要确认所有开关都在断开位置，即漏电断路器（总电源开关）的开关应在向下的位置，反、倒、顺开关（反正停开关）应在停的位置；将拉坯机的电源插头，插入 220V 的电源插座上，打开漏电断路器

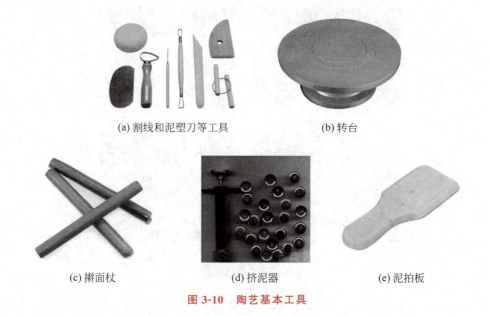

(a) 割线和泥塑刀等工具　　　　(b) 转台

(c) 擀面杖　　　　(d) 挤泥器　　　　(e) 泥拍板

图 3-10　陶艺基本工具

（向上位置），电源指示灯即亮；根据拉坯习惯，转动倒顺开关到所需旋转方向的位置；脚踏控制板，脚掌逐渐受力（手动拉杆均匀向前推进）后，推进拉杆，工作转盘开始旋转，随着脚掌受力的加强或拉杆的推进，工作转盘的转速逐渐增加，直到符合工作要求为止。

（4）电窑。电窑由于利用高保温材料确保窑内升温快节省能源，并采用喷塑金属外壳和优质保温材料制作而成，因而具有体积小、重量轻、升温快、价格低廉、操作简便等特点。具体的使用方法是，新炉初次使用前应进行烘干，烘干时应缓慢升高炉温，在 200℃ 以下时，将炉门打开 20~30 毫米，以利于水汽逸出。急速升温会造成耐火材料热膨胀不均匀而开裂。当炉温升至使用温度后，即可断电，使其自然降温。切忌在高温时打开炉门，急速冷却会造成炉体材料的损坏。电窑炉超过一个月不使用时，使用前在 200℃ 的温度下烘干 1~2 小时为最好。

【技能指导】

陶瓷制作至少要经过少则 72 道多则数百余道工序流程。其中包括选土、研磨、过滤、配料、湿土、练泥、拉坯、利坯、晒坯、刻花、施釉、烧窑、彩绘、釉色变化等工序。明代科学家宋应星在《天工开物》中写到制瓷工序"共计一坯之力，过手七十二，方克成器，其中微细节目，尚不能尽也"。寥寥数语，道出制瓷工序的繁多，然而其间艰难精细的程度实非三言两语所能道尽。下面将从以下五个方面介绍陶瓷制作的关键技术，如图 3-11 所示。

（1）选材。选材是制作瓷器的第一步重要工序，关系着成品瓷质的细腻程度和档次。在制瓷之前，匠人们会选取矿石进行碎石筛洗，而后将其进行研磨、制浆、成泥。

（2）制坯。制坯过程包括拉坯和晒坯等程序，要求操作者有较强的稳定性和耐心。制坯者需要在此过程中用双手捏造出设计形状，然后通过不断地拍打按压稳定形状，再经过高速旋转的坯盘上削掉多余的部分，精修整体外观，最后集中晾干。

拉坯是我国陶瓷器生产的传统方法，适用于圆形器具的成型。基本过程如图 3-12 所示。拉坯基本上可以分为"定中心""开孔""拔筒""成型"等步骤。其中，抱泥团来定中心，泥

图 3-11　陶瓷制作主要步骤

团是否处于中心位置直接决定了拉坯的成败。抱泥团是指将揉过的陶泥放置在轮盘上,用双手将泥团抱正,右手拉左手推,使泥团处于轮盘的正中心位置;开孔指用右手拇指用力摁在泥团的中心位置,随着轮盘的转动拉薄坯体;拔筒指双手匀速提起坯体,恰当用力;成型指按照预做的坯体拉成型。

图 3-12　拉坯基本工序

（3）勾花。晒坯完成之后,需要从其中挑选出最完美的素胚进行勾描刻花,勾勒出纹饰的基本形状,用以营造独特的立体层次感。

（4）上釉。上釉前首先是配置釉料,对于彩绘瓷,瓷器釉料的选择配置至关重要,不同的釉料彰显不同的艺术效果。上釉时要做到坯体各部分的釉层均匀一致,厚薄适当,还要关注到各种釉料的不同流动性,以及达到的效果。因此,在瓷器不同的部位,不同器型的瓷器上釉有不同的方法。给瓷器内部上釉,是采用"荡"的方法,即俗称的荡釉,需要双手稳定地摇荡瓷器,保证内部釉水均匀的覆盖表面。对大件瓷的坯胎上釉,需要用到浇釉的方法,舀取釉水同时从左右方向向中间坯胎浇淋,大面积均匀地浇灌胎体。

(5)烧制。烧制前先装窑,需要选取符合规格的匣钵,然后均匀稳定地按照排列好的顺序入窑排放,整窑匣钵要分行排列,稳直不斜,中间还须留有焰火流通的空隙,确定温度均匀。然后开始烧窑,其中包括装柴、点火、把桩开烧,在烧制到一定阶段时分次从火膛里取出火照子,通过观察分析,以判别窑温和瓷器烧制情况,来决定何时添柴,在哪个位置添柴加火等。最后是开窑,开窑的瞬间,有期待也有痛苦。如果没有烧制成预想的样子,难过的情绪多少都会冲淡期待的雀跃。但如果烧成了预想的样子,甚至烧出一个意料之外的形态,则惊喜之情不言而喻。

【教育实践】

1. 任务说明
泥碗拉制。
2. 劳动要求
(1)组织参观陶艺馆,开展陶艺教育实践活动,感受灿烂的中华传统文化。
(2)按图示操作工序练习泥碗拉制。
(3)学会拉坯工艺,感受拉坯手法。
3. 注意事项
略。
4. 实践记录
实践记录详见表 3-3。

表 3-3　泥碗拉制项目劳动教育实践活动记录

序号	劳动项目及工艺要求	参考图例	过程记录
1	揉泥。取一块泥团,反复揉制,整个揉制过程要均匀,不可以有叠加空出的间隙	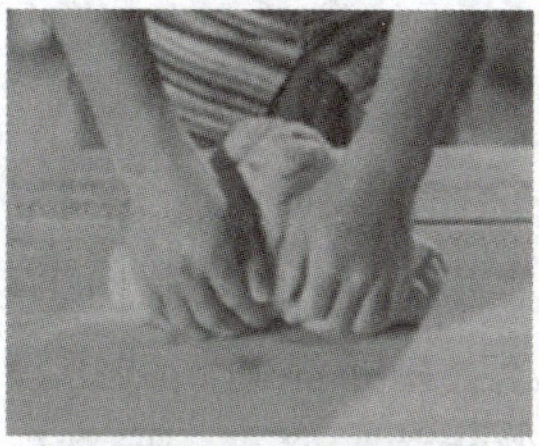	
2	拉坯。首先要找好中心,一只手用力,另一只手辅助完成,根据所拉坯体的大小调节泥巴的多少。尽可能地少用水,避免水多泥浆变稀;然后开孔,右手拇指用力摁在泥团的中心位置,随着轮盘的转动拉薄坯体;开始拔筒,双手匀速提起坯体,用力恰当;按照预做的坯体拉成型		

续表

序号	劳动项目及工艺要求	参考图例	过程记录
3	取坯体。取之前想好坯体底足的大小,然后用左手和右手的食指快速取下,也可借助割线		
4	实践反思与自我评价:		
5	老师综合评价:		

第四节 编 织

【情境导入】

"结"早在人类历史之初,文字还未发明之前,就出现于世。人们根据事件的轻重以结绳大小这个办法来记事,结绳可以说是文字的前身。文字的出现,使得先人发现了"结"具有独特的装饰魅力,于是先民以绳结盘曲成"S"形饰于腰间。历经了周的"绶带",南北朝的"腰间双绮带,梦为同心结"到盛唐的"披帛结绶",宋代的"玉环绶"直至明清旗袍上的"盘扣",还有打结在佩戴的饰物上,如玉佩、印纽、荷包、扇坠、发簪等。编织艺术是人类最古老,历史最悠久的手工艺之一。

编织是人类使用工具或者双手使条状物互相交错或钩连而组织起来、形成块状类物品的工艺操作。编织工艺品在原料、色彩、编织工艺等方面形成了天然、朴素、清新、简练的艺术特色,这类工艺品丰富多彩的图案大多是在编织过程中形成的。

【知识链接】

1. 编织文化

编织是人类最古老的手工艺之一。据《易经·系辞》记载,旧石器时代,人类即以植物韧皮编织成网状兜物,内盛石球,抛出以击伤动物。浙江余姚河姆渡遗址出土的苇席,距今约有 7 000 年历史。1958 年,在浙江湖州钱山漾村新石器时代晚期遗址出土的竹编更为惊人,有 200 多件,其中大部分篾条都经过刮磨加工。周代以蒲草编织莞席已很普遍。汉代以马兰草、灯芯草编织为席。唐代时草席生产已很普遍,福建的藤编、河北的柳编、山西的麦秆编等都是著名的手工艺品。宋代,浙江东阳竹编的品种已有龙灯、花灯、走马灯、香篮、花篮等,能编织字画、图案,工艺精巧。至明清两代,浙江、江苏等地的草编、藤编、竹编等生产有了很大发展,有的甚至开始出口。

而草编则是利用稻草、麦草、玉米皮等韧性较好的植物为原料,经过挑选、梳理、加工后编织而成。最初的草编产品是为了满足人们的生活需求。为了保暖、防雨,人们用稻草搭建出茅草屋,编出储存粮食的苇、粮囤;为了盛夏消暑,防湿隔潮,人们编织出了草席、蒲团、坐垫；为了遮雨防晒，人们编织出草帽、斗笠和蓑衣，为了运送货物，人们编织出篓、筐、篮、笼；为了清洁卫生，人们编出笤帚、扫帚；甚至为了行路致远，智慧的工匠们编造出结实的草鞋，在那些艰苦的年代里，这种草鞋让人杖履纵横，从容度日。长征路上，结实的草鞋还伴随着红军走过了雪山草地、万水千山。"打双草鞋送给郎，南征北战打胜仗""脚穿草鞋跟党走，刀山火海不回头……"如图 3-13 所示。

图 3-13　红军草鞋

作为中国编织艺术的重要组成部分，中国结文化具有不可替代和西方无可比拟的鲜明特点。据《周易·系辞》载："上古结绳而治，后世圣人易之以书契。"东汉郑玄在《周易注》中道："结绳为记，事大，大结其绳，事小，小结其绳。"可见在远古的华夏大地，"结"被先民们赋予了"契"和"约"的法律表意功能，同时还有记载历史事件的作用，"结"因此备受人们的尊重。宋代词人张先写过"心似双丝网，中有千千结"，人类的情感有多么丰富多彩，"结"就有多么千变万化。托结寓意，在汉语中许多具有向心性的要事几乎都用"结"字作喻，如结义、结社、结拜、结盟、团结等。而男女之间的婚姻大事，也均以"结"表达，如结亲、结发、结婚、结合等。结是事物的开始，有始就有终，于是便有了结果、结局、结束。"同心结"自古以来就成为男女间表示海誓山盟的爱情信物。而"结发夫妻"也源于古人洞房花烛之夜，男女双方各取一撮长发相结以誓爱情永恒的行为，诗句"交丝结龙凤，镂彩结云霞。一寸同心缕，百年长命花"就是对此行为的生动描写。

2. 编织分类

中国编织工艺品按用材划分，有竹编、藤编、草编、棕编、柳编、麻编等六大类，如图 3-14 所示。编织工艺品的品种主要涉及日用品、欣赏品、家具、玩具、鞋帽等。其中日用品有席（地席、卧席）、坐垫、靠垫、各式提篮（花篮、菜篮、水果篮）、盆套（花盆套）、箱、旅游吊床、盘（水果盘、面包盘）、门帘、筐、灯罩等；欣赏品有挂屏、屏风及人物、动物造型的编织工艺品。

(a) 竹编

(b) 藤编

(c) 草编

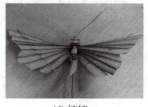

(d) 棕编

(e) 柳编

(f) 麻编

图 3-14　各种编织工艺品

3. 编织技法

常见的编织技法有编织、包缠、钉串、盘结等。

(1) 编织。最基本的技法，包括编辫、平纹编织、花纹编织、绞编、编帽、勒编等工艺。编辫是草编中最普遍的技法，它没有经纬之分，将麦秸、玉米皮等原料边编边搓转，编成3～7股的草辫，通常作为草篮、草帽、地席的半成品原料。平纹编织是草编、柳编、藤编普遍运用的技法。它以经纬为基础，按一定规律互相连续挑上（纬在经上）、压下（纬在经下），构成花纹。花纹编织是在平纹编织的基础上再予以变化，编织出链子扣、十字扣、梅花扣等花纹。绞编类似平纹编织，但结构紧密，不显露经线。编帽是以呈放射状的原料互相掩压、旋转而编成圆形的帽子。勒编是柳编的常见技法。它以麻线为经，以柳条为纬，编织时将麻线和柳条勒紧，所以结构坚固，质地紧密。

(2) 包缠。包缠指以某一原料为芯条，再以其他原料包缠于芯条之上，编织成所需要的造型和花纹。主要有缠扣、包缠、棒槌扣等。缠扣是玉米皮编常用的技法。它以麦秸等编织成辫子状的芯条作为经绳，然后在外面以玉米皮缠之。每片玉米皮可在芯条上缠两圈后而结扣，并通过结扣，将上下缠过的芯条连接成形。包缠是将包缠原料沿芯条向一个方向均匀地包缠，如以藤条包缠藤编家具，柳编器皿的边沿、把子，不仅使其光滑，便于把扶，而且坚固耐用。棒槌扣是以玉米皮包缠的经线往返成约4厘米长的芯条，缠绕几圈，形成相互连环成套的棒槌扣。

(3) 钉串。钉是以针线或其他原料将两部分编织原料或半成品钉合成一体，构成器物；串是将两者拢合，并不连成一体。常用的技法有手钉、机钉、砌钉等。手钉是将麦秸辫、玉米皮辫等用手工缝纫钉连成片，制成茶垫、壁挂、地席等。机钉是用缝纫机将麦秸辫、玉米皮辫钉连成草帽、提篮等。

(4) 盘结。盘结是经纬形式和包缠、结扣相结合的编织技法。常见的有马莲朵、套扣等。马莲朵又名打结，是以玉米皮包缠的芯条作为经纬，然后互相掩压、盘结，组成有立体感的莲花状四方连续花纹。套扣也是打结，但形状扁平，没有立体感。

4. 编织工具

在编织过程中，除了常用的针线外，还有勾针、绕线器、手指带线器、量针器、手动绕线卡、穿线器等，如图3-15所示。钩针不只用来钩东西，还可以用来藏线头；机械绕线器通常设计成可调节线团半径的绕线装置。使用手指带线器在织提花时，可以左手带线，织提花时不同颜色的线再也不会混淆。量针器上的一个个小孔可以量出每个针的针号，以防有的针上没有标记，使用者忘记针的针号。手动绕线卡可以用来缠线，也可以把一堆堆的剩线缠好，对提花编织很有用处，使线不会再散得到处都是。穿线器可以很方便地把毛线穿在针上。

 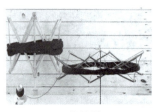 

(a) 勾针　　　　　　　　(b) 绕线器　　　　　　　　(c) 手指带线器

图 3-15　编织常用工具

(d) 量针器

(e) 手动绕线卡

(f) 穿线器

图 3-15（续）

【技能指导】

因为草鞋编织不光取材方便，全国各地乡村田野都有植物根茎可以用来加工，而且是光荣的红军战士过草地爬雪山时穿过的，具有光荣的纪念意义，因此本文重点讲解红军草鞋的编织工艺来作为劳动实践和革命教育的重要形式，简易草鞋的编织方法如图 3-16 所示。

（1）准备两根结实的草绳（或者用废旧棉布搓成绳代替），一根做草鞋主芯，另一根做编织芯。

（2）如图 3-16(a)所示，主芯绕制在特制支架上，下面用手拉紧，用三根手指插入中间拉住。

（3）如图 3-16(b)所示，将编织芯绕过主芯下面一圈，或者打个结，留下一根线头，另一根线头准备开始缠绕。

（4）如图 3-16(c)所示，进入缠绕阶段，拉出编织芯的另一头，像波浪一样依次绕着四根主芯反复缠绕。

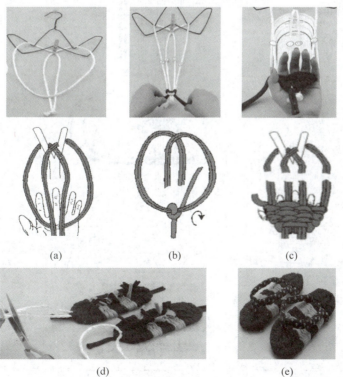

图 3-16　简易草鞋编织的基本方法

(5) 如图 3-16(d) 所示，依次缠绕完与脚背相同长度的主芯即可收尾，剪断多余的绳子。

(6) 如图 3-16(e) 所示，装上合适的鞋带，一副"草鞋"就大功告成了。

【教育实践】

1. 任务说明

编织中国结，如图 3-17 所示。

2. 劳动要求

（1）编织中国结，用 5 米长的 5 号线，按图示步骤，练习编织双耳复翼盘长结。

（2）体会感受中国"结"文化的变化与智慧，分组讨论其他具有特殊寓意的中国结的编织技巧和编织工艺。

3. 注意事项

略。

4. 实践记录

实践记录详见表 3-4。

图 3-17　中国结

表 3-4　中国结编织项目教育劳动实践活动记录

序号	编织步骤及工艺说明	参考示意图片	过 程 记 录
1	B 端做挑一压一、挑一压一、挑一压一动作，穿出		
2	B 端做包套动作，穿出		
3	B 端做挑一压一、挑一压一、挑一压一、挑一压一动作（三回），穿出		

续表

序号	编织步骤及工艺说明	参考示意图片	过 程 记 录
4	A端做包套动作(三回),穿出	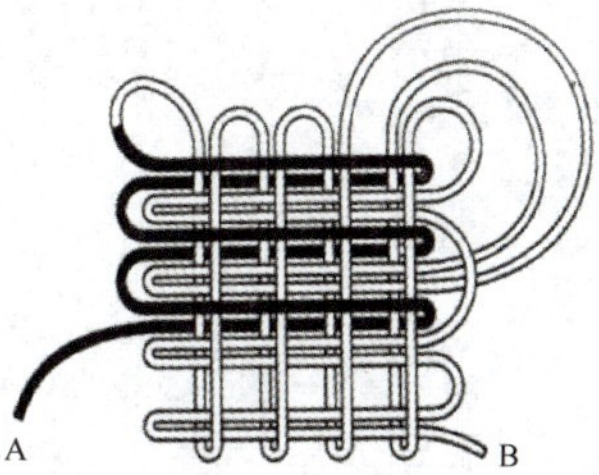	
5	A端做挑一压一、挑一压三、挑一压三、挑一压三、挑二压一、挑三压一、挑三压一、挑一压一、挑一动作,穿出	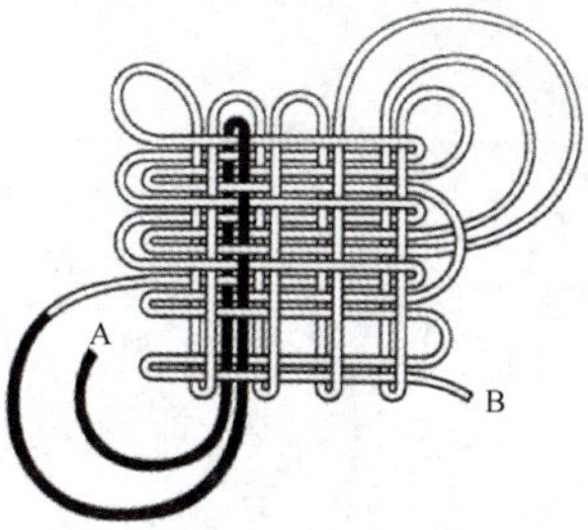	
6	A端做压三挑一、压六、挑七压一、挑二动作,穿出	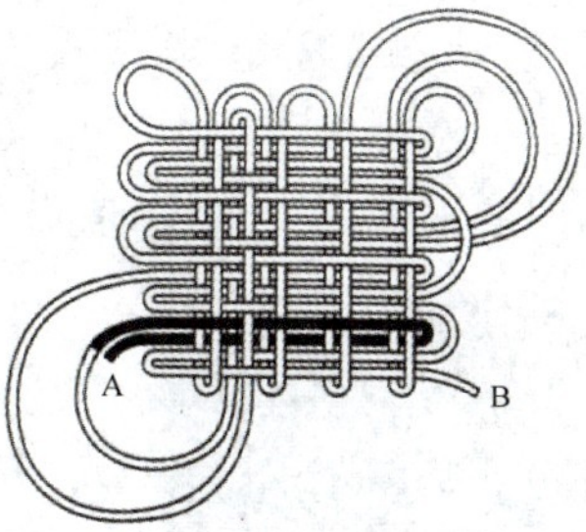	
7	A端做挑一压三、挑一压三、挑一压三、挑一压三、挑一压三、挑二压一、挑三压一、挑三压一、挑三压一、挑一动作(三回),穿出	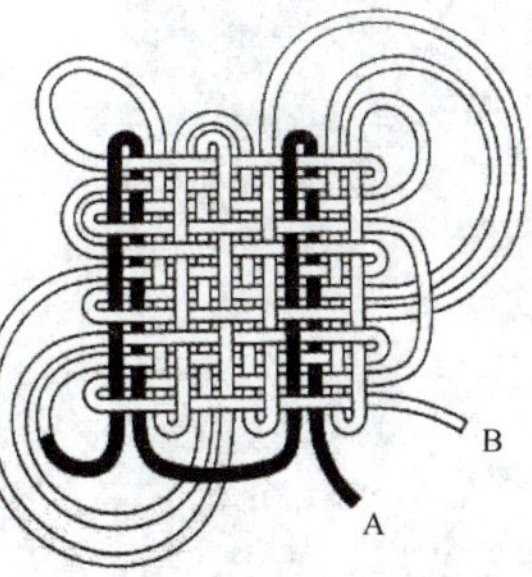	
8	实践反思与自我评价:		
9	老师综合评价:		

第四章　家电使用与日常维护

第一节　电气安全与火灾防护

【情境导入】

电气火灾警钟长鸣。随着人们生活水平的普遍提高，各种家用电器迅速普及，家电在带给人们便捷和娱乐的同时，也会由于非正常使用或不当操作给家庭和社会带来沉痛教训。据国家应急管理部消防救援局发布的近10年全国居住场所火灾情况统计显示，2012年至2021年，全国共发生居住场所火灾132.4万起，造成11 634人遇难、6 738人受伤，直接财产损失达77.7亿元；其中较大火灾429起，造成1 579人遇难、329人受伤；重大火灾2起，造成26人遇难；未发生特别重大火灾。从火灾原因看，电气火灾是主要原因，约占42.7%，用火不慎占29.8%，吸烟占4.6%，玩火占1.9%，自燃占1.8%，放火占1.3%，遗留火种等其他原因占17.9%。下面引用的四起典型的电气火灾事故，值得每个人反思和警惕，如图4-1所示。

(a) 大连某国际大厦火灾现场

(b) 杭州某住宅楼道火灾现场

(c) 深圳某自建楼火灾现场

(d) 湖南某大学宿舍火灾现场

图 4-1　电气火灾现场

第一起发生在2021年8月,大连某国际大厦的火灾现场。火灾一度波及419户住户,1 800余人疏散。据官方公布结论,此起火灾的起火部位为大厦B座某层某室,火灾原因是电动平衡车充电器电源线插头与插座接触不良发热引燃周围木质衣柜等可燃物。

第二起发生在2021年7月,浙江杭州某住宅发生火灾,1人在避险时不慎坠落,抢救无效后死亡。据官方公布的结论,起火原因为在房子里给电动车充电。

第三起发生在2021年2月,深圳市一自建楼发生了一起火灾事故,造成1人死亡、3人受伤。据官方公布的结论,起火原因为电表箱线路短路引发燃烧并点燃周围可燃物。

第四起发生在2020年12月,湖南某大学一学生宿舍起火,据调查,起火原因是学生在宿舍煮火锅时导致电路跳闸,次日学生到宿管处请求恢复用电后,便离开宿舍去上体育课,忘记关闭放在棉被上的吹风机及电插板开关,最终导致了火灾的发生。所幸火情及时扑灭,没有学生受伤。

【知识链接】

1. 家用电器安全使用常识

家用电器在使用过程中,除了要正确操作以外,更需要注意电气安全。基本要求可以概括为以下几个方面:购买和使用前应先向供电公司咨询,确保市内布线满足用电负荷需求;安装和使用家用电器前,应仔细阅读厂家提供的产品说明书;雷电天气不要使用家用电器,应将插头拔出;不要玩电线、灯头、开关、电器。家用电器预防火灾有多个原则,具体如下。

(1) 不私拉乱接电线。要使用安全的保险丝,严禁使用铜丝代替保险丝。

(2) 选择合理的漏电保护器。当家用电器设备发生漏电故障时,漏电保护器可自动切断设备的供电电源,防止发生人员电击伤亡、电器火灾以及电气设备损坏事故。

(3) 正确安装电器。必须接地线的电器要使用三孔电源插座。电冰箱、洗衣机等家电可以装上合格的漏电保护装置。发现各种意外情况时要及时切断电源,如电器设备冒烟、煤气泄漏、房屋漏水进水等。

(4) 不要在一个电源插座上安插过量的插头,空调、电炉等大功率设备最好享受"专插专用"的待遇,以免插座过载而发生危险。家用电器功率过高而导致开关跳闸或保险丝熔断时,首先应考虑减少电器的使用,降低用电负荷。大功率电器避免同时使用,如空调、微波炉、电热水器、电磁炉,以免线路超负荷引发火灾,如图4-2(a)所示。

(5) 让电器有足够的空间。不要在电视机、空调、计算机、电暖器、冰箱等周围放置窗帘、衣物、书籍等可燃物品,与易燃物保持一定距离,也不要用这些电器来烘烤潮湿的衣物,更不能覆盖湿物,如图4-2(b)所示。

(6) 为了防止日常触电事故的发生,不要用湿手触摸电器,也不要在潮湿的地方摆放电器。移动电器(如电扇、落地灯、冰箱等)时,要先切断电源。

(7) 浴室用电更需注意。寒冷天气热水器和电暖的使用频率增高,要挑选大品牌、有产品合格证和完善售后的浴室电暖产品,不能贪图便宜选择"三无"产品。

(8) 人走断电,用毕断电。雷雨天不使用接插室外天线的电视机。使用家用电器发生触电事故时,救助者首先要迅速切断电源,才可以触摸受伤者。如果一时不能切断电源,救助者可以穿上胶鞋,戴上胶手套,用干燥的木棒、竹竿等绝缘物体挑开电线。

（9）不要长时间充电。手机、充电宝、便携式计算机等很多设备都需要长时间充电，因此，很多人常常用尽电量后再充一整晚。充电器充电的过程也是蓄热的过程，充电时间过长，热量散不出去，再加上冬季天气干燥，就会有起火的隐患。因此，充电宝等设备充电时，电池充满后要及时拔下电源，如图 4-2(c)所示。

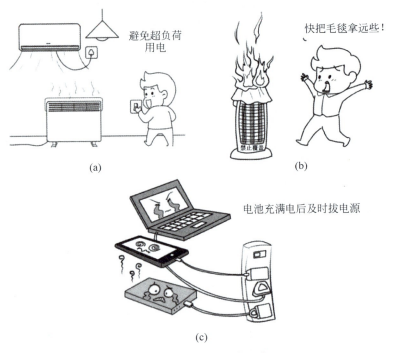

图 4-2　家用电器安全用电

2. 电气火灾扑救

电气火灾扑救的基本原则是先断电后扑救，禁止用水灭火，选择正确的灭火工具。

（1）先断电后扑救。当电力线路、电气设备发生火灾，引燃附近的可燃物时，一般都应采取断电灭火的方法，即根据火场的不同情况，及时切断电源，然后进行扑救。

（2）禁止用水灭火。注意千万不能先用水救火，因为电气线路、设备一般都是带电的，用水救火可能会使人触电，不仅达不到救火的目的，损失会更加惨重。

（3）正确选用灭火工具。在不能确定电源是否被切断的情况下，可用干粉、二氧化碳等灭火剂扑救。

3. 触电事故的处理

触电事故的处理一般按照脱离电源、组织抢救、现场急救的过程开展迅速有效的救援工作。

（1）脱离电源。对于低压触电事故，若触电地点附近有电源开关应立刻切断电源，若无电源开关可用绝缘工具切断或挑开电线，使触电者脱离电源；对于高压触电事故，应立即通知有关部门停电并戴上绝缘手套，穿上绝缘靴，用相应电压等级的绝缘工具拉开开关，或者将金属线的一端可靠接地，然后抛掷另一端使线路短路接地，保护装置动作，从而切断电源。

(2) 组织抢救。当触电者脱离电源后,应立即组织抢救。组织抢救具体应做好以下几方面的工作:安排人员正确救护;派人通知有资格的医务人员到触电现场;做好将触电者送往医院的一切准备工作;维护现场秩序,防止无关人员妨碍现场救护工作。

(3) 现场急救。现场参加急救者可根据触电者受伤程度的不同,采取相应措施。现场急救要坚持快速、原地、准确、持续的四大急救原则。快速指分秒必争,马上将触电者脱离电源。脱离电源的方法视具体情况而定,如迅速断开电源刀闸、用绝缘竹竿挑开落地的低压电线等。原地指必须在触电现场原地进行抢救,切忌长途运载。若将触电者送往医院急救,势必会延误宝贵的抢救时间,造成抢救无效死亡。以目前的医学理论,人的大脑耐缺氧不能超过10分钟,一旦超过该时间,脑细胞发生不可逆坏死的概率将大幅提升。准确指人工心肺复苏动作必须正确。触电者脱离电源后,应马上用"望、问、听、试"的方法使其就地仰卧,并保持呼吸道通畅。持续指在采取正确救护方式的前提下,不要轻易放弃,本着生命至上的原则,要坚持等到救护车的到来。

【技能指导】

1. 灭火器的使用

灭火器的种类不同,使用方法也不相同,常见的有干粉灭火器、泡沫灭火器、二氧化碳灭火器。

1) 干粉灭火器

干粉灭火器适用于扑救各种易燃、可燃液体和易燃、可燃气体火灾及电气设备火灾。使用方法如图4-3所示。

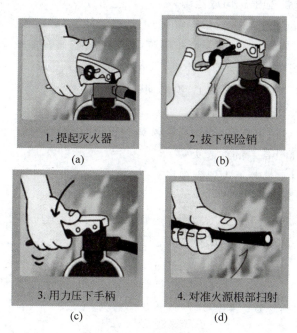

图4-3 干粉灭火器的使用

(1) 右手托着压把,左手托着灭火器底部,轻轻取下灭火器。
(2) 右手提着灭火器到现场,除掉铅封,拔掉保险销。
(3) 左手握着喷管,右手提着压把。
(4) 在距离火源 2 米的地方,右手用力压下压把,左手拿着喷管左右摆动,喷射干粉覆盖整个燃烧区。

2) 泡沫灭火器

泡沫灭火器适用于扑救各种油类火灾、木材、纤维、橡胶等固体可燃物火灾,使用方法如图 4-4 所示。

第一步　　　　　　　　　第二步　　　　　　　　　第三步

图 4-4　泡沫灭火器的使用

(1) 右手托着压把,左手托着灭火器底部,轻轻取下灭火器。
(2) 右手提着灭火器到现场。
(3) 右手捂住喷嘴,左手执筒底边缘。
(4) 把灭火器颠倒过来呈垂直状态,用劲上下晃动几下,然后放开喷嘴。
(5) 右手抓筒耳,左手抓筒底边缘,把喷嘴朝向燃烧区,站在离火源 8 米的地方喷射,并不断前进,兜围着火焰喷射,直至把火扑灭。
(6) 灭火后,把灭火器卧放在地上,喷嘴朝下。

3) 二氧化碳灭火器

二氧化碳灭火器适用于各种易燃、可燃液体和可燃气体火灾,还可扑救仪器仪表、图书档案、工艺器具和低压设备等的初起火灾。

(1) 右手握着压把,提着灭火器到现场。
(2) 除掉铅封,拔掉保险销。
(3) 站在距离火源 2 米的地方,左手拿着喇叭筒,右手用力压下压把。
(4) 对着火源根部喷射,并不断推进,直至把火扑灭。

2. 触电急救

发生触电事故后,一方面要冷静对待,科学处置;另一方面要抓紧现场急救的 10 分钟黄金时间积极开展现场急救。具体分为以下五种情况。

1) 有知觉

触电者伤势不重,神志清醒,但四肢发麻、心悸头晕、全身无力。应使触电者安静休息、严密观察,并待医生前来或送医院诊治。

2）无知觉但心肺正常

触电者伤势较重,已失去知觉,但心跳、呼吸正常。急救者可用手或薄纸片放在触电者的鼻孔处,判断是否有呼吸;用手触摸其颈动脉,如感觉有搏动,说明有心跳。急救者可使其舒适平躺,松开衣服,以利呼吸,保持空气流通,冷天注意保暖;同时立即请医生前来,或送医院诊治。

3）无呼吸但有心跳

可采用口对口人工呼吸法及时抢救,具体操作如下。

（1）将触电者向天仰卧,把头侧向一边,张开其嘴巴,清除口腔中的血块、异物、假牙等,如果舌根下陷,应将其拉出来,使呼吸道畅通,同时解开衣领,拉开身上的紧身衣服,使胸部可以自由扩张,如图4-5（a）所示。

（2）抢救者一只手紧捏触电者的鼻孔,并将该手掌的外缘压住其额部,扶正头部使鼻孔朝天,另一只手托着触电者的颈后,将颈部略向上抬,一般病人的嘴巴都能自动张开,准备接受吹气。抢救者深呼吸,然后紧凑触电者的嘴巴,向他大口吹气,如图4-5（b）所示。

（3）吹气完毕,立即离开触电者的口腔,待病人胸部自动回缩,可达到呼气目的,如图4-5（c）所示。

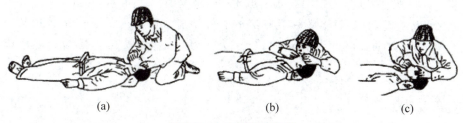

图4-5 人工呼吸法施救

按照上述步骤不断进行抢救,每分钟12次。对幼童施行此法时,鼻子不必捏紧,使其漏气,同时注意胸部不至过分膨胀,以免肺泡破裂。如果张口有困难,可用口对准其鼻孔吹气,效果与口对口吹气相似。

4）无心跳但有呼吸

可采用胸外按压法及时抢救,其要领如下。

（1）使触电者仰卧于硬板上或地上;救护者跪在触电者的胸侧,如图4-6（a）所示。

（2）确定按压位置时,首先触及触电者上腹部,用食指及中指沿触电者肋弓处由中间移滑到胸骨下切迹处。再用此手掌的中指固定于胸骨切迹处,食指紧靠中指作为定位标志,食指上方的胸骨正中部即为按压部位,将另一只手的掌根部紧靠食指,即掌根部置于按压部位,如图4-6（b）所示。

（3）将原用于定位的手掌,放在已位于按压部位的手的手背上,两手手指交叉抬起,使手指脱离胸壁。救护者双臂绷直,双肩在触电者胸骨上方正中,靠自身重量直向下按压,按压深度为3～5厘米,如图4-6（c）所示。

（4）按压至最低点后,突然放松,但手掌根部不能离开胸壁,依靠胸部的弹性,使胸骨复位,胸腔内压力下降,心脏得以舒张,大静脉内的血液得以回到心脏,如图4-6（d）所示。

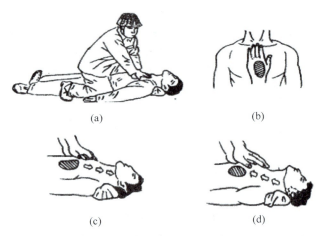

图 4-6 胸外按压法施救

反复以上按压动作。按压频率应保持在 80~100 次/分钟,绝对不能低于 60 次/分钟。

5)无心跳无呼吸

可将人工呼吸法和胸外按压法同时进行。如果只有一人抢救,可先吹气两次,再按压 15 次,如此交替进行,直到触电者恢复正常的心肺功能或医务人员赶来接替抢救工作。对触电者急救时采取的通畅气道、口对口(鼻)人工呼吸、胸外按压等措施又被称作心肺复苏法。

【教育实践】

1. 任务说明

电器安全与触电急救。

2. 劳动要求

(1) 在老师或专业人员的带领下,组织学生到教室、宿舍等地方检查电器设备的安全使用情况,并做好记录,填写整改建议。

(2) 在父母的监护下巡查家用电器的安全用电情况,发现异常情况要做好记录,并报专业人士处置,不得自行带电检修。

(3) 触电急救模拟训练。

3. 注意事项

安全用电检查应在老师或技师的带领下进行,同时穿戴好劳保等防护装置。

4. 实践记录

实践记录详见表 4-1。

表 4-1 电器安全与触电急救项目劳动教育实践活动记录

序号	实践内容	训练要求	过程记录
1	校园电器安全检查	在老师或专业人员的带领下,组织学生到教室、宿舍等地方检查电器设备的安全使用情况,并做好记录,填写整改建议。整改结束后可以组织学生开展交流分享	

续表

序号	实 践 内 容	训 练 要 求	过程记录
2	家庭电器安全使用检查	在父母的监护下巡查家用电器的安全用电情况,发现异常情况要做好记录,并报专业人士处置,不得自行带电检修	
3	模拟触电急救	技术准备:将模拟人从箱内取出,仰卧躺平于操作台上或平地上,取出9V稳压器(或在胸腔内的电池盒中装入6节1号电池),将稳压器一端的插头插到显示器的底部插孔内,另一端插头插入220V电源插座上,接通电源,按下开关和复位开关,使全部数码归到0位,启动频率开关,定时器开始工作,根据训练需要可选用频率为80~100次/分钟,将胸骨按下4~5厘米,黄灯亮,数码同步计数1次,按压错位或超深红灯亮,则有鸣音报警。人工吹气要达到800~1 200毫升的吹气量,绿灯亮,数码同步计数1次,否则不予计数	
4		心肺复苏训练。将人平躺,操作人一只手两指捏鼻,另一只手伸入后颈或下巴将头托起往后仰70~90°,形成气道放开,人工对口吹气2次。然后找准胸部按压位置,再按单人抢救标准即15∶2(胸外按压15次,口吹气2次),要求在规定的时间2分钟左右,连续操作4个循环,即可成功完成单人训练过程。训练约2分钟后频率节拍停止,即训练结束	
5		颈动脉模拟。一只手捏皮囊,另一只手触摸颈动脉,模拟颈动脉跳动。然后,翻开两只眼皮,进行双眼瞳孔放大与缩小的比较认识	
6	实践反思与自我评价:		
7	老师综合评价:		

第二节 家电选购、使用与保养

【情境导入】

2022年,国家统计局发布了党的十八大以来经济社会发展成就系列报告。报告中提到,随着收入水平的不断提升,我国居民消费能力进一步增强,消费升级步伐加快,城乡居民主要耐用消费品拥有量不断增多,汽车、空调、移动电话等在居民家庭中日渐普及。例如,2021年,城乡居民平均每百户家用汽车拥有量为50.1辆;平均每百户空调拥有量为161.7台;平均每百户移动电话拥有量为253.6部。尤其是农村居民基本生活家电拥有量增长较快,生活便捷度大幅提高,2021年,农村居民平均每百户电冰箱拥有量为103.5台;平均每百户洗衣机拥有量为96.1台。

同时,中国居民的消费升级,正在社会生活的方方面面体现出来;而作为提升生活品质的利器,家用电器品质的提升、品类的增加,以及其获取的便捷度,是可以实在感知并触碰到的鲜活例子。

十余年来,中国家庭的家电选购经历了"从有到好"的过程,消费者开始追求品牌,追求具有更好品质的产品;而现在他们的需求更加进阶,并在垂直类消费场景中,依据自身喜好购买个性化产品。2022年11月,由中国家用电器研究院、海信家电集团股份有限公司、青岛海尔智能技术研发有限公司、广东美的制冷设备有限公司、长虹美菱股份有限公司等十一家公司联合起草了一项中国国家标准——《家用电器产品个性化定制指南》,如图 4-7 所示。该标准的推出一方面可以引导企业积极开发绿色智能家电等产品,推广个性化定制、柔性化生产等新模式,满足消费者多元化需求;另一方面可以积极推进家电标准体系建设,倡导绿色消费理念,促进家电更新消费;在家电领域培育一批智能制造示范工厂,打造一批知名品牌,推广一批优质企业和新品精品,提振家电消费信心。

【知识链接】

1. 家用电器能效标识

能效标识是指贴在产品上的一种信息标签,用于表示消耗能源的产品的能源效率等级、能源消耗量等指标,容易得到并能清楚获知产品的能源消耗情况。我国于 2004 年启动了能源标识制度,目前空调、电冰箱、洗衣机在销售中必须加贴能效标识,如图 4-8 所示。

图 4-7 《家用电器产品个性化定制指南》

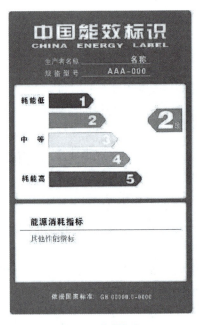

图 4-8 能效标识

为加强节能管理,推动节能技术进步,提高能源效率,2005 年由国家发改委和国家质检总局共同发布《能源效率标识管理办法》,自 2005 年 3 月 1 日起施行。当时所涉及的产品仅仅只有空调和冰箱。在后续的制度更新中逐渐加入电视、热水器、洗衣机、电磁炉、自镇流荧光灯、计算机显示器、复印机、打印机等其他产品。

2016 年发改委与质检总局重新修订了《能源效率标识管理办法》,新办法自 2016 年 6 月 1 日起开始实施。新管理办法补充了规范网络销售能效产品的相关内容,要求经销商在产品信息展示主页面醒目位置展示相应的能效标识,实现线上线下同一标准、统一要求,更好地保障消费者权益。同时增加了"能效信息码",用户可以通过手机扫描二维码方便快捷地查询产品备案信息。

市面上的能效标识一般分为两种,一种是 3 级能效,另一种是 5 级能效。能效等级越高(数字越小)的产品耗电量越低。其实能效等级除了区分耗电量的差别之外,更有另外一层含义。对于 5 级能效标准来说,中国制定的 1 级标准是一般企业努力的目标,2 级代表节能型产品,3、4 级代表国家的平均水平,5 级产品是未来淘汰的产品,也是产品入市的最低门槛,即 3、4 级能效的产品为一般水平的产品,已经基本适合普通家用。

2. 常用家电选购

耳熟能详的家用电器有很多,如电视机、洗衣机、空调、冰箱、油烟机等。以下是常见的五种家电的选购知识。

1)电视机

电视机是人们必不可少的娱乐载体,除了可以收看节目,还可以充分利用网络资源开展多种形式的互动。人们选购电视机时通常会考虑尺寸、分辨率、对比度等主要指标。

(1) 尺寸。现在电视市场中的主流尺寸在 42~55 英寸之间。尺寸的大小主要取决于收看的最佳距离,观看距离过近,容易造成视觉上的疲劳,而且画面会产生轻微的颗粒感,变得不太真实。而如果观看距离过远,画面中的细节则会丢失。电视的最佳观看距离=电视屏幕对角线×0.063 5。

(2) 分辨率。分辨率是关乎面板显示图像格式的重要指标。通常分辨率是指面板的物理分辨率,即画面显示的点数,是水平和垂直的像素值,这个数值决定了液晶屏幕的清晰度。

(3) 对比度。对比度是直接体现该液晶电视能否体现丰富色阶的参数,对比度越高,还原的画面层次感就越好,图像的锐利程度就越高,图像也就越清晰。

2)洗衣机

洗衣机选购时消费者一般注重的技术指标有洗净力、节能节水情况、噪声情况、品牌等,如图 4-9 所示。

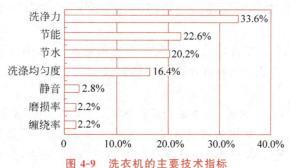

图 4-9 洗衣机的主要技术指标

(1) 洗净力和磨损率。滚筒洗衣机模拟手搓,洗净力均匀、磨损率低,衣服不易缠绕;波轮洗衣机洗净力比滚筒洗衣机高 10%,其磨损率也比滚筒洗衣机高 10%。就洗净力而言,波轮洗衣机和滚筒洗衣机的洗净比大于 0.70,波轮洗衣机磨损率小于 0.15%,滚筒洗衣机小于 0.10%。

(2) 耗电量和耗水量。滚筒洗衣机洗涤功率一般在 200 瓦左右,如果水温达 60℃,一般洗一次衣服需要100分钟以上,耗电在1.5千瓦时左右。相比之下,波轮洗衣机的功率一般在400瓦左右,洗一次衣服最多只需要40分钟。在用水量上,滚筒洗衣机约为波轮洗衣机的40%～50%。

(3) 噪声和故障率。一般噪声小的洗衣机,都采用直流永磁无刷电机直接驱动,有效地防止了噪声的产生,去除了传统洗衣机因机械转动所带来的噪声,而且比采用交流电机节电50%。一般说来,噪声越低、无故障运行时间越长,洗衣机的质量越好。

(4) 3C认证名牌产品。选购洗衣机时,首先要认准产品是否已通过3C认证,获得认证的产品机体或包装上应有3C认证字样。选购时应检查是否有国家颁发的生产许可证、厂名、厂址、出厂年月日、产品合格证、检验人员的号码,以及图纸说明书、售后信誉卡、维修站地址和电话。

3) 空调

家用空调选购时主要考虑制冷量能否满足房间空间的需求、变频静音情况、能效比等级。

(1) 制冷量。空调的输出功率,一定要根据房间面积大小来选择,才能保证制冷效果。

(2) 变频静音。变频机最大的特点,一是静音,完全没有压缩机启动和停机的机械噪声,二是温度控制能够精确到0.5℃,而定速机的控制幅度是2℃,所以变频机特别适合在卧室使用。

(3) 能效比等级。空调的节能性,看机器型号标注最后面的数字。能效比＝制冷量/输入功率,同样制冷量的机器,能效级数越高越节能,其中1级能效的机器最节能,但是价格也最贵,从性价比角度考虑,通常2级能效的比较适中。

(4) 冷/暖功能。一般的空调都是冷暖两用的,型号标注是KFR、KFRD,如果不需要冬天制暖,可以买单冷机,型号标注是KF-×。

4) 冰箱

选购冰箱时主要看容量、耗电量、冷冻能力等指标。

(1) 容量。一般家庭以220升左右为宜,可根据生活习惯选大不选小。

(2) 耗电量。目前市场上销售的冰箱都贴有节能标识,节能标识分五级,一级为最节能。

(3) 冷冻能力。冰箱的冷冻能力越大,冷冻食物的速度越快,保鲜效果越好。

(4) 看节能标识。节能标识标注越低越节能。目前最节能的是欧洲A＋＋级标准。

5) 油烟机

选购油烟机考虑的因素比较多,如是否通过认证、功率和噪声、是否有利于后期擦洗等。

(1) 关于功率和噪声。对于油烟机的风量、风机功率和噪声,应该综合考虑。在达到相同抽净率的前提下,风机功率和风量应该越小越好,这样既节能省电,又可以取得较好的静音效果。至于噪声,国家标准规定油烟机的噪声不超过65～68分贝。因此平时酷爱大火烹炸食品的家庭最好避免购买浅罩型的平板式、超薄型等抽净率低的油烟机。

(2) 方便拆洗和维护。面板材料考虑采用玻璃材质擦洗比较方便,可以考虑选用那些不用任何专用工具,便能轻松地拆卸下网罩和风机涡轮扇叶的机型。同时还应仔细观察油烟机的集烟罩一面不应有接缝和沟槽,以便更彻底、更方便地清洗。

【技能指导】

1. 电视机的使用与保养

1）电视机的使用

（1）电视机刚买回来，使用前要克服急于观看的心情。首先，应仔细阅读使用说明书，分别查看各控件按钮的准备位置，并熟悉它们的使用方法，不要随意乱调。按按钮时，动作要轻，不可用力过猛，以免损坏元件。

（2）电视机摆放位置应离开墙壁和其他物体至少10厘米，否则会影响散热。

（3）注意保持电视机的干燥，长时间的工作会使里面的零件高温发热，若碰到湿气则会产生伤害，有的家庭不经常使用电视机，但也应适时通电，看看电视，让里面的零件热起来从而去除内部的潮湿。

（4）电视机使用的环境应当是温度低、通风好且没有太阳直射的，潮湿会影响电视的寿命，而高温也会减短电视机的寿命。所以加湿器、除湿器、有蒸汽的设备一定要远离电视机。

2）电视机的保养

保护好电视机的屏幕，避免用力撞击和大量的震动。正确清洁电视机屏幕，如果电视脏了，应该使用专业清洗剂来擦洗，如果没有的专业清洗剂则可以用柔软的干布蘸少量的水来擦干净，但必须是少量的水，水多会导致屏幕短路，或者不清晰，如果电视机已经进了水则千万不要接电，要放在温暖通风的地方让它自己蒸干里面的水分，等电视机干燥后才可以通电。

2. 电冰箱的使用与保养

1）电冰箱的使用

（1）冰箱应去除底座包装，调整底角螺钉或衬垫，放置在较平坦的地面上。同时需保证其通风良好、远离热源，避免太阳直射和潮湿环境。

（2）后背与两侧应与墙体保持一定间隙，保证冰箱良好散热，延长使用寿命。

（3）使用前，需撕掉冰箱内外保护膜，并用清洁布沾水将冰箱内外擦拭干净，通风晾干水分。

（4）通电前需检查冰箱插头型号与插座是否匹配。为保障冰箱正常运行，首次通电前需静置2小时以上，以确保冰箱正常运转。

（5）通电空载运行1~2小时后，即可正常放入东西。但首次使用时，冰箱内不宜放入过多食物，须保证内部冷气流通。

（6）食品放入冰箱前应用保鲜膜包覆或装袋，防止其水分流失。

（7）加热的食物须凉透后才可放入冰箱，以防箱内温度上升影响其他食品新鲜度。

（8）为保证箱内卫生，应将食品清洗后沥干水分再放入冷藏室。

（9）冷冻的食品放至冷藏室解冻，可达到节能的效果。

（10）尽量减少开门时间和次数，以减少冷气的散失，降低耗电量，同时可延长冰箱使用寿命。

（11）不要在冰箱上部放置物品或液体，防止掉落伤人或溢水漏电。

2）冰箱的清洁保养

（1）清洁冰箱时需拔下电源插头，且至少间隔7分钟以上才能再次接通，防止因连续启动损伤压缩机。

（2）冰箱箱体的灰尘要定时清洁，建议使用微湿布擦拭，防止灰尘堆积阻碍散热。

（3）冰箱密封条需定期清洁，既可防止微生物滋生，又可保证密封效果减少耗电。

（4）若冰箱内有异味，可放入柠檬片、橘子皮帮助吸收异味。开封的食物建议用保鲜膜封住后存放，防止味道扩散。

3．洗衣机的使用常识

1）洗衣机用前准备

（1）将洗衣机置于水平而牢固的地面上，若地面稍有不平，可用扳手调节机脚螺母至水平位置。机体与墙壁至少应保持50毫米以上的距离。切勿将洗衣机置于浴室等过于潮湿的场所，也不要靠近火源、热流，以保证安全使用。

（2）装好进水管，先将进水管与连接头分开，再将连接头固定在水龙头上，然后再把进水管装入连接头，便可使用。

（3）装好排水管，机箱两侧均设有排水孔，可根据出水方向选择其中一孔，将排水管从所需一侧排水孔的保护圈中抽出（不可硬抽硬拉，以免损伤）。机内的排水管切勿与转动部件相接触。排水管跨越门槛的高度不得超过150毫米。排水管头部不要放进污水中。

（4）检查电源线，勿使其受重压（例如被压在洗衣机的脚轮下），以免发生电源线损伤而引起漏电或短路，烧毁部件等事故。当拔出电源线时，应握住电源插头，切勿手拉电线，以防人为故障。

2）洗衣机的使用

（1）初次使用前应详细阅读使用说明书，全面掌握所使用的洗衣机的使用方法和注意事项。

（2）将电源线插头插入电源插座（必须将接地线接好）。

（3）放下排水管。

（4）将需要清洗的衣物松散地放入洗衣桶内，并根据衣物量放入适量的洗衣粉或洗衣液；盖上洗衣机盖。

（5）接通电源，控制面板上的所有指示灯亮起。

（6）接通水源，并根据要清洗的衣物量选择合适水位（一般全自动洗衣机均有高、中、低和少量四个水位档）；如需用温水洗涤衣物水温不能超过50℃。

（7）依据衣物质地选择水流程序；如衣料较细薄应用柔和水流，否则，应选择通常水流。

（8）根据衣物多少和脏的程度确定洗涤程序；如衣物较厚且脏，应选择标准洗涤方法，反之选择经济秩序。

（9）全部程序选择完成后，按下开始/暂停按钮，洗衣机开始工作。操作结束后蜂鸣器会连续鸣响多次进行提示。

（10）工作结束后，关上电源开关，并将电源插头从插座上拔出，把自来水龙头关上，然后打开机盖，取出洗涤衣物，把线屑过滤网袋清理干净，并将洗衣机擦干。

3）使用注意事项

（1）洗涤前应小心查看衣物上的标签，看是否可以水洗、熨烫等，并根据衣物的质地，如棉织、化纤、羊毛等选择相应的洗涤程序。

(2) 将颜色进行分类,此外应尽量把新买的有色衣物分开洗涤,查看其是否褪色。

(3) 洗衣干衣机的干衣容量是洗涤容量的一半,所以在烘干时要注意不可放置过多的衣物,避免烘干后衣物变皱。

(4) 当选择洗涤或漂洗程序时,不到所选水位,波轮是不会运转的。

(5) 在运行脱水程序时,必须将机盖关上,并且不宜时常打开机盖。

(6) 绝不可用手接触洗涤脱水桶,以免将手卷入,发生危险。

(7) 绝不可洗涤或脱水含有挥发性物质(溶剂、酒精等)的衣物,以免发生事故。

(8) 在脱水不平衡时,计算机式全自动洗衣机能够进行脱水不平衡修正,若修正两次后还没解决不平衡问题时,将会停机并报警。此时应打开机盖,把偏挤在一边的衣物放均匀,再关上机盖,按起动/暂停按钮。

(9) 采用热水洗衣时,不能使用50℃以上的热水,并且注意,不能使水溅湿控制板,以免内部的电气件由于沾水而造成烧毁。

(10) 洗涤前,应检查洗涤衣物中是否存有火柴棒、发夹或硬币等杂物,若有,应全部取出。

(11) 当气温很低时,洗衣机容易产生冻结,此时应用50℃以下的温水倒入浸泡一段时间,等解冻后再使用。

(12) 在水温较低时,洗衣粉不易溶解,此时需用少量温水(30℃左右)溶解后再倒入洗衣机使用。

(13) 洗衣机用完以后,最好将洗衣机玻璃视窗开启一点,这样可延长密封圈的使用寿命,并有利于机内的潮气散发。

(14) 滚筒洗衣机一定要用低泡、高去污力的洗衣粉,较脏的衣物最好加热洗涤。

(15) 洗衣前将衣物浸泡15分钟,洗衣效果好;使用低泡类洗衣粉,可减少漂洗次数,节水、省电又环保。

4) 洗衣机的保养

(1) 定期检查洗衣机的脚垫,建议1~2个月检查一次,以免脚垫高低不平,导致洗衣机噪声变大。

(2) 洗衣后需要开盖通风晾干,每次洗完衣服,建议打开盖子通风至少30分钟,待水分蒸发后再盖上,避免霉菌滋生,出现异味。

(3) 过滤器要定期清洗,建议1~2个月清洗一次,波轮洗衣机的过滤器在桶内两侧,滚筒洗衣机的过滤器在洗衣机右下角盖子里,如图4-10所示。

(4) 洗衣机定期进行清洗,建议每年进行一次深层清洗、高温杀菌,可以延长洗衣机的使用寿命。

(5) 如果洗衣机放置在室外或阳台,不用时可使用洗衣机防尘罩,减少太阳的直射与灰尘的堆积。

4. 电磁炉的使用和保养

1) 电磁炉的使用

(1) 电磁炉应尽量水平放置在空气流通处,电磁炉切忌水汽、湿气和煤烟侵蚀,保存或使用时应远离蒸汽、湿气和煤烟。

(2) 电磁炉的插座必须单独配置,不要与其他家用电器合用一个插座。选择电线和插

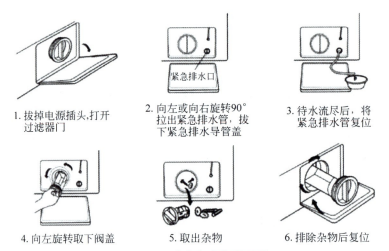

图 4-10　洗衣机过滤器拆洗

座的容量不得低于电磁炉工作时的最大工作电流,以确保线路和插座各处接触良好。

（3）切勿在受潮或靠近火焰的地方使用电磁炉,以免发生危险。切勿将如刀、叉、调羹、锅盖、铝箔等金属物品放置在平盘上,因为它们会变热。

（4）切勿将纸张、布等物品垫在面板上间接加热,以免锅底温度过高引致燃烧。切勿将铝箔纸以直接或间接加热的方式使用,以免将铝箔纸烧红,而引致危险。

（5）切勿在地毯或台布上使用电磁炉,以免阻塞吸气口或排气口,影响散热,要使用时,应在电磁炉下面加上硬卡纸。切勿将空锅加热或加热过度。勿将铁锅或其他锅具空烧、干烧,以免电磁灶面板因受热量过高而裂开。

（6）切勿在使用和运输中碰撞陶瓷面板,如表面出现裂纹,应立即关掉电源,并送往修理。切勿加热罐头等密封容器盛装的食品,否则会因容器内空气受热膨胀而引致爆炸。

（7）切勿在装载锅具的状态下搬运电磁炉。切勿在烹调结束后立即触摸平盘,锅具产生的高温热量会传导至电磁炉平盘。

（8）在使用电磁炉时,灶面板上切勿放置小刀、小叉、瓶盖之类的铁磁物件。更不要将手机、MP3等易受磁场影响的物品放在灶面上或近距离之内。在距离电磁灶2～3米的范围内,不要放置电视机、电话机等容易受到磁场影响的家用电器,以免受到不良影响。

（9）在使用电磁炉时,要注意防水防潮,并避免接触有害液体。清洁电磁灶台面时,应待其完全冷却后,用少许中性洗涤剂擦拭。不要用溶剂、汽油、强力除油垢剂来清洗炉面或炉体,更不要用金属刷子、纱布等较硬的工具来擦拭炉面上的油迹污垢,严禁用水直接冲洗。

（10）电磁灶产品使用完毕后,应把功率档位调至最小位置。关闭电源后再取下铁锅,在面板的加热范围圈内切忌用手直接触摸。

（11）电磁炉必须配用铁制、不锈钢或搪瓷平底锅。电磁灶不能使用如玻璃、铝、铜等非铁磁性物质的锅具容器加热食品。且使用的铁制、不锈钢或搪瓷锅具底部直径不得小于12厘米,底部凹凸不得大于2毫米。使用时容器内水量不要超过七分满,避免加热后溢出造成基板短路。

(12) 电磁炉加热至高温时,不要将正在加热的锅具拿起再放下,瞬间功率忽大忽小,易损坏机板,造成故障。使用锅具不可过重。电磁炉不同于砖或铁等材料结构建造的炉具,其承载重量是有限的,一般连锅具带食物不应超过 5 千克,而且锅具底部也不宜过小,使电磁炉炉面的受力不至于过重、过于集中。

(13) 使用电磁炉时,锅具要放置在电磁炉中央。锅具偏离中央时,可能无法平衡散热,产生故障。

(14) 不要将电磁炉放在铁板上使用,否则,轻则影响电磁炉正常使用寿命造成不必要的故障,重则工作磁场使铁板发热造成不必要的损失。

(15) 电磁炉工作效率极高,发热速度非常快,开机前要把一切准备好,以免炒菜时手忙脚乱,把菜烧糊。

(16) 使用电磁炉炒菜时,油温不要过高,温度过高会导致电磁炉停机(一般热油温度应控制在 200℃左右,温度过高还会对人体产生伤害)。

(17) 防止家庭害虫(蟑螂等)由出风口(或出风口)进入,导致炉子损坏。

(18) 电磁炉每次使用完毕(或长时间不用),应待冷却风扇停转后及时将电源插头拔下(与市电断开),以免因电网电压原因对电磁炉造成不必要的损坏。

2) 电磁炉的保养

(1) 面板清理。每次使用完电磁炉后,应该在电磁炉冷却后或留有一定温度(以不烫手为准)时立即进行炉面的清洁,以免烹饪时留下的油渍与水渍沉积下来。

(2) 风扇网罩清理。保证风扇运转正常、进排气孔通畅是安全使用电磁炉的要点之一。清理电磁炉风扇网罩的正确做法是(不同机型的做法会存在少许出入):先用干净的软布清洁风扇网罩的外部,再使用随机赠送(或自购)的软刷将网罩刷干净。特别需要注意的是,如果发现电磁炉需要进行风扇内部的清洁,推荐将电磁炉送到厂家的保修点完成,自行拆机处理是一件很危险的事情,不要轻易尝试。

(3) 外壳的清理。电磁炉外壳同样比较容易脏污,对于外壳的清洁比较简单——使用中性清洁剂和软布进行清理即可。对于油污比较严重的部位可以使用一些重油污清洁剂进行清洁,但要注意清洁后应该立刻用清水擦拭干净,避免清洁剂对电磁炉外壳的腐蚀。

5. 空调的使用和保养

1) 空调的使用

(1) 首次使用空调时应详细阅读使用说明书,并按照上面介绍的方法进行操作。

(2) 设定合适的温度,由于空调具有节能模式和睡眠等模式,所以睡觉前最好启动该模式,以保证睡着和醒来时不会受凉。

(3) 选择合适的出风口角度,尽量避免对准人体,特别是人在睡眠中直接吹冷风容易得病。目前空调器的双向科学送风功能一般都可解决这一问题,可以自动设定制冷时角度朝上,制热时角度朝下。

(4) 有效使用定时器。睡眠及外出时,可利用定时器,使其仅在设定的时间内运转,以便于节电。

(5) 经常清洁空气过滤网,过滤网被堵塞会降低运转性能,从而导致电费增加,应一个月左右清洗一次。

(6)制冷时不要让阳光和热风进入房间,在冷气开放时最好用窗帘或百叶窗遮挡阳光;减少冷量的损耗,节约用电。

(7)切勿让物体挡住室内外的进出风口,否则会降低制冷制热效果,浪费电力,严重的会导致空调器无法正常工作。

(8)空调停、开的操作时间,应间隔3分钟以上,不能连续停、开。

(9)开空调时室内要保持一定的新鲜空气,以避免人在空调房间内患"空调病"。如果空调没有换气功能,则可以将门窗开个小缝,让新风从门窗缝自然渗入。

(10)室内空调运转时,勿将手指或木棍等物品插入空调的进出风口,因为空调内的风扇在高速旋转,有可能引起伤害事故。

(11)空调器应该使用专用的电源插座。

(12)按照说明书中介绍的方法正确开关机,勿采用插入或拔出电源线的方法来起动或停止空调机运转,这样有可能会引起触电或火灾等事故。

(13)空调器换季不用时,应拔下电源插头,取出遥控器里的电池,以防意外损坏。

(14)换季首次重新使用空调时,应先取下室内机的保护罩,移走机身附近的遮挡物,确认遥控器中电池的电力状况,然后试机检查运行是否正常。

2)空调的保养

空调保养主要是滤网清洗,空气过滤网一般一个月清洗一次,具体如下。

(1)挂机内机滤网清洗步骤如下。

打开室内机正面板→抽出空气过滤网→清洗空气过滤网→将空气过滤网放在自来水龙头冲洗(可以适量加入洗洁精之类的洗涤剂,不可用40℃以上的热水清洗,以防收缩变形)→清洗后将过滤网晾干→放入面板装好空调。

(2)柜机滤网清洗步骤如下。

拆开空调下面板→取出空气过滤网→清洗空气过滤网(清洗方法和注意事项同挂机)→清洗后将过滤网晾干→放入面板装好空调。

【教育实践】

1. 任务说明

(1)家用电器选购。

(2)保养清洗家用电器劳动实践。

2. 劳动要求

(1)能够现场指导家人或朋友科学选购家用电器。

(2)在断开电源的情况下,清洁洗衣机、油烟机及空调等常用电器的污垢及灰尘。

3. 注意事项

(1)室外部分由专业清洁工完成。

(2)室内高空作业部分需做好防摔倒和跌落工作,并由专人监护。

(3)再次使用前需确保绝缘安全和可靠安装、固定,防止意外事故发生。

4. 实践记录

实践记录详见表4-2。

表 4-2　家用电器选购及保养劳动教育实践活动记录

序号	劳动项目	劳动要求	过程记录
1	家电选购指导	能够现场指导家人或朋友科学选购家用电器,做好现场选购记录和使用满意度回访	
2	清洁洗衣机	(1) 选择合适清洁的工具,熟悉清洁内容及安全注意事项 (2) 清洁洗衣机外观及面板 (3) 拆卸洗衣机过滤网并清洁 (4) 疏通洗衣机下水并确保畅通	
3	清洁油烟机	(1) 选择合适清洁的工具,熟悉清洁内容及安全注意事项 (2) 清洁油烟机外观及面板 (3) 拆卸油烟机盛油杯,防止污油外溢 (4) 拆卸油烟机过滤网并清洗晾干	
4	清洁空调	(1) 选择合适清洁的工具,熟悉清洁内容及安全注意事项 (2) 清洁家用空调外观及扫风面板 (3) 拆洗空调内机面板,注意不得损坏面板卡扣 (4) 清洁出风过滤网,晾干,安装到原位 (5) 检查空调内机出水管道是否顺畅,如有室内滴水现象,可适当抬高内机倾斜角度,保证冷凝水外溢	
5	实践反思及自我评价:		
6	老师综合评价:		

第三节　家电常见故障维修

【情境导入】

曾经经常出现这样的场景:炎炎夏日的傍晚,一盏昏黄的油灯下,母亲在孩子身后,手持蒲扇轻轻摇动,一阵阵凉风缓缓而来,里面载满了母亲的爱和期望……孩子们在那样艰苦的条件下完成了小学、初中的学业。随着电气技术的飞速发展和人们生活水平的不断提高,各种电动风扇逐渐将人们的双手"解放"出来,蒲扇和纸扇逐渐退出历史舞台。

【知识链接】

1. 家用电风扇

常用的家用电风扇分为有叶风扇和无叶风扇两种类型,广泛用于家庭、教室、办公室、商店、医院、超市和宾馆等场所,如图 4-11 所示。

有叶风扇是一种通过电动机来驱动扇叶旋转,达到清凉解暑和空气流通的家用电器,有叶风扇主要由扇头、叶片、网罩和控制装置等部件组成。

无叶风扇通过引擎底座的马达转动,从最底部的入风口将外部的空气吸入底座内,通过类似飞机涡轮的增压技术把空气由下往上快速喷出,经由上部圆环出风框送风。无叶风扇由两部分配件组成。上部圆环部件为出风框,用于引导风向。下部圆柱状部件为引擎底座,内置用于产生风力的电动马达。

2. 油烟机

油烟机依状况可以分为欧式和中式两大类。欧式油烟机主要以壁挂式为主,还有部分

(a) 台式电风扇 (b) 吊扇

(c) 冷风机 (d) 无叶风扇

图 4-11　常用的家用电风扇

中岛式高端产品；中式的烟机主要以壁挂式为主，有深罩式和浅罩式。油烟机从电机及风轮的数量可分为双机及单机（即双筒和单筒）；从积停沥油的方式可分为双油路、三油路（气室渐沥油，防护罩渐沥油及风运渐沥油）；从集烟室的结构可分为单层（三油路）、双层内胆式（双油路），多层集网（多油路）等；从功能结构上可分为多媒体油烟机、嵌入式油烟机、壁吸式油烟机、侧吸式油烟机、实木型油烟机等。

常见的吸油烟机如图 4-12 所示。

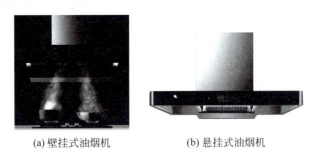

(a) 壁挂式油烟机 (b) 悬挂式油烟机

图 4-12　常见的吸油烟机

3. 洗衣机

李白在《子夜吴歌》中有这样的诗句："长安一片月，万户捣衣声。"杜甫亦有《捣衣》："亦知戍不返，秋至拭清砧。已近苦寒月，况经长别心。宁辞捣熨倦，一寄塞垣深。用尽闺中力，君听空外音。"这些都是描写古代劳动人民在白天劳作一天后，夜晚不得不继续开始枯燥劳累的洗衣时的情形。在长期繁重的工农业生产之余，人们不禁开始思考：如何快速有效地洗净脏衣服的污渍？因此以电动机为旋转动力的一种可完全取代人类手洗衣服的装置——洗衣机一经问世就受到了人们的普遍青睐。

常见的洗衣机有滚筒式洗衣机和波轮式洗衣机两大类，如图 4-13 所示。滚筒式洗衣机发源于欧洲,洗衣方法是模仿棒槌击打衣物,利用电动机的机械做功使滚筒旋转,衣物在滚筒中不断地被提升甩下,做重复运动,加上洗衣粉和水的共同作用把衣物洗涤干净。而波轮式洗衣机需要水让衣服飘起来,之后不停搅拌摩擦达到清洁目的。

(a) 双桶半自动波轮洗衣机　　(b) 全自动波轮洗衣机　　(c) 全自动滚筒洗衣机

图 4-13　常见的洗衣机种类

4. 电饭锅

电饭锅是一种能够进行蒸、煮、炖、煨、焖等多种加工的现代化炊具。它不但能够把食物做熟,而且能够保温,使用起来清洁卫生,没有污染,省时省力,是现代化家务劳动不可缺少的用具之一。

电饭锅的两大核心元件是发热元件和温控元件。电饭锅的发热元件有电热管式发热板及 PTC 元件发热板。电热管式发热板具有良好的绝缘性、耐蚀性、导热性和寿命长、效率高等优点;PTC 元件发热板具有正温度电阻系数和自动控制温度的特性,具有效率高、无明火、受电源波动影响小等特点。电饭锅的温度控制元件有双金属片温度控制系统和磁性材料温度控制系统两种。电饭锅也可根据结构不同分为普通型和计算机控制型两种,如图 4-14 所示。

(a) 普通型电饭锅　　(b) 计算机控制型电饭锅

图 4-14　常见的电饭锅

【技能指导】

1. 油烟机常见的故障排除

(1) 通电后不能启动。原因分析及处理:电源线断路或接头脱焊,仔细查出断路点或脱焊点,重新焊牢;通断开关断路或触点接触不良,检查断路器处是否焊好,若触点接触不良要换新品;电机启动电容器容量减小或短路、断路,需要更换同规格的电容器才能使电机运转;变速线圈短路,对变速线圈修补或更换新品;轴承损坏而卡住转轴,必须更换轴承;

定子绕组短路或连接线断路,对定子绕组修补或更换新品。

（2）运转时噪声大。原因分析及处理：装配不当使风叶松动而碰到风框产生异常声音,重新正确装配、紧固风叶；电机轴承严重磨损,必须更换同型号轴承；电机装配不良,校正电机定子转子间隙使其均匀,如轴向有窜动,应加适当垫圈；风叶变形不平衡,校正风叶,调整风叶的动、静平衡；出风管道设计不合理,出风管道应尽量少拐弯,拐弯处要弧度大且呈圆形。

（3）开机振动过大。原因分析及处理：固定不坚实或安装不良,加橡胶垫或泡沫塑料,固定结实；叶片上有异物,内部积垢过厚,清除叶片上的异物及内部脏垢；主轴与风叶套筒偏心,重新调整主轴与风叶套筒使其同心；电机轴承磨损或轴承孔过大,更换同规格的新轴承；电机绕组局部短路或断路,更换绕组或电机。

（4）滴油污染灶面。原因分析及处理：安装不当,仰角不足,重新安装,使其保持一定的仰角,使吸出的油自然顺利地流下油杯；或在出风口处加一滤网并具有一定角度,使油滴在表面张力的作用下滴不下来；密封条日久失效,在密封处加垫胶皮或泡沫塑料条,压紧部件,提高密封水平；没有定期进行清理,应经常清除油杯中的油垢及清洗过滤网和管道,避免烟、油垢外溢。

（5）抽油烟效果差。原因分析及处理：安装点离炉灶过高,适当降低安装点；排气管过长或出风口方向选择不当,适当缩短排气管,重新选择出风口方向；密封条失效漏气,更换密封条使其密封严实；内循环式活性炭失效,更换活性炭；室内外压差过大,适当打开门、窗减小室内外压差；电压过低,必要时要配置稳压器；吸风通路被油污堵塞,清洗油污。

（6）琴键开关失灵。原因分析及处理：如果按下琴键开关能锁住,各档按下都不能启动电机,则公共连线断路,查出并重新焊好；如按下其中一档电机不能运行,另外档正常,表明只有失控那一档的接点损坏或分档连线断落,应修复接点和连线；如按下琴键开关电机能运行,松开后琴键锁不住,主要是开关中导电弹簧变形与导电片接触不上,或开关弹簧片位移或脱落,应调整弹簧片或更换新开关；如按下琴键开关两档都锁住,说明互锁弹簧被挤压变形、位移,应调整修理互锁弹簧。

2. 滚筒洗衣机常见的故障排除

（1）滚筒式洗衣机接通电源后,指示灯不亮,洗衣机不工作。指示灯不亮的故障是在电源输入电路,如电源、插头、插座、接线板、电源开关或门微动开关。可先检查电源电压,若电压正常,可依次检查插头、插座、电源开关、接线板和门微动开关等。故障最多的是门微动开关。门微动开关可能产生的故障是位置发生偏移或损坏。若位置偏移,可松开螺钉,校正后再旋紧螺钉；若是门微动开关损坏,则需更换新微动开关。

（2）洗衣机能进、排水,但不洗涤。故障原因可能在电动机、程序控制器以及它们之间的连接线,可先检查各连线的接合处,多数原因在于接线松脱、虚接等。其次检查电动机,以绕阻电阻正常为佳。若电动机正常,则可能是程序控制器故障,应检查、修理或更换程序控制器。

（3）滚筒式洗衣机指示灯亮,不进水或不排水故障。不进水的原因可能在进水电磁网、水位开关或其控制电路。可先打开上盖,拔出进水电磁阀两接线端,用多用电表交流电压挡测量两端电压。若无电压,故障可能在水位开关或控制电路,若电压正常,故障可能在进水电磁阀,然后用220V交流电压加在进水电磁阀线圈,观察是否进水。若能进水,则进水电磁阀正常,然后检查水位开关,拔出接线端子,用多用电表测量,可判别水位开关是否正常。若二者均正常,故障一定在进水控制线路上,可检查各接线端子和程序控制器。不排水可能是过滤网阻塞或排水泵故障。先清理过滤器,后检查排水电动机,可判断出故障原因所在。

(4) 洗衣机进水不止,不洗涤。可判断为水位开关故障,故障率最高的是水位开关连接管漏气。可打开上盖检查,修复透明塑料管。

(5) 前视孔窗渗漏水。因为洗衣机长期使用,由于外筒的频繁振动或其他原因,导致钢丝圈上的紧固螺母松脱,造成上圈松动、密封不严,引起前视孔窗漏水。拆下玻璃视窗,橡胶密封圈等。重新固定其紧固螺母。

(6) 进水或洗涤时,洗涤剂盒周围溢水。溢水是使用不当造成的故障:滚筒式洗衣机的进水阀、进水管、洗涤剂盒、外筒过滤器和排水泵等组成一个半封闭系统。当洗衣机满载洗涤时,泡沫充满整个系统,且没有可溢出的地方,洗涤液势必逆着进水管流动,进入洗涤剂盒,造成盒边漏水。此时,若遇进水,则外溢现象更为严重。故障排除的方法是采用高效低泡沫洗涤剂,同时适当控制洗涤剂的剂量;还可以经常冲洗洗涤剂盒,以保持畅通无阻塞。

(7) 排水不畅。排水不畅的故障是过滤器阻塞或排水管折弯、压扁等原因造成的,清洗过滤器或调整排水管,即可解决问题。

(8) 洗衣机脱水时剧烈振动。检查其原因可能是某紧固件松动或洗衣机放置不平稳所致,需要重新固定紧固件。

(9) 滚筒式洗衣机的排水管口太低。该故障会造成由进水阀注入的水很快在无排水阀门的排水泵内渗漏出去,以致外筒内水位总是满足不了水位开关的要求,因此会出现不能洗涤的问题。在洗涤时,需把排水管口挂在60~80厘米的位置,洗衣机则可正常贮水洗涤。

3. 电饭锅常见的故障排除

(1) 煮饭不熟或者煮饭后未焖饭。故障原因是发热盘组件或内锅变形、发热盘组件与内锅间有异物、磁钢限温器组件不良(机械煲)、微动开关不良(机械煲)、温控器或计算机板故障(电子计算机煲)等。

(2) 煮焦饭。故障原因是用户要求高及产品米质差异、磁钢限温器组件杠杆动作不良(机械煲)、微动开关不良(机械煲)、磁钢限温器组件不良或主温控器损坏、双金属片动作不良(机械煲)、计算机板损坏(电子计算机煲)、涂层破坏。

(3) 煮饭(粥)溢出。故障原因是用户米水量放置偏差大,部分米质易出现溢出;部分产品防溢性稍差;微动开关感温不良;上盖热敏电阻感温不良。

(4) 煮粥效果不良。故障原因是微动开关(YNB)不良或在热态断开状态;一小时粥与两小时粥功能差别;煮粥过程中经常打开上盖;电控、温度传感器故障。

(5) 烧保险。故障原因是内锅变形、内锅挂锅导致传热不良;锅底、发热盘组件异物导致传热不良。

特别注意,电饭煲产品在使用过程中易出现内锅及发热盘组件变形或发热盘组件与内锅间有杂物,使得内锅与发热盘组件弧度不吻合导致传热不良等现象。因此在出现煮饭不熟、烧保险、发热盘组件熔化的故障时,首先检查内锅、发热盘组件是否变形,而不能仅凭故障现象就去更换温控器、保险丝、发热盘组件,这样会导致故障再次出现。

【教育实践】

1. 任务说明

家用电器常见故障维修劳动实践。

2. 劳动要求

完成台式风扇、洗衣机及电饭锅等小家电常见故障的判断与排除。

3. 注意事项

(1) 在专业教师或维修师傅指导下进行。

(2) 在断电情况下完成检测和修理工作。

(3) 检修完毕须经专业人员现场验收符合条件后才能通电使用。

4. 实践记录

实践记录详见表4-3。

表 4-3　家电维修项目劳动教育实践活动记录

序号	劳动项目	劳动要求	过程记录
1	小型台式风扇常见故障检修	(1) 熟悉待修设备正确使用或操作方法，熟悉其基本结构并认识主要零部件，能基本看懂大致原理图和工作过程，能正确选用检修电表和拆卸工具及安全注意事项 (2) 由专业人员设置两到三个常见故障，并提出初步检修流程和操作注意事项，然后开始分组检修 (3) 完成设定故障的分析、判断、检测和维修或调整，并记录在右表中	
2	普通双缸洗衣机检修或滚筒洗衣机常见故障判断		
3	电饭锅常见故障检修		
4	实践反思及自我评价：		
5	老师综合评价：		

第五章　工业生产与工匠精神

第一节　木工制作

【情境导入】

以木质材料为基础,以传统木工艺术为手段制作的各式琳琅满目、巧夺天工的榫卯结构用具,千百年来深受人们青睐。人们把那些掌握木工制作技术的手艺人唤作"木匠"。在早期,木匠的主要任务是建造船只、房屋(如桥梁、楼宇、廊檐等)和基本家具(如椅子、桌子、书柜、床等);随着技术的进步,木匠的工作范围扩展到了更为复杂的建筑、雕刻和装饰品等领域。

提起木匠,不能不提到木匠的始祖——鲁班。鲁班是战国时代的鲁国人。他是一个善于制作精巧器具的能手,人们叫他"巧人",民间历来把他奉为木匠的始祖。有个成语——班门弄斧,戏称那些不谦虚的人在鲁班门前耍弄斧头而贻笑大方。《事物绀(音:gàn)珠》《物原》《古史考》等古籍记载,木工使用的不少工具器械都是他发明的,如曲尺(也叫矩或鲁班尺)、墨斗、刨子、钻子、锯子等工具。

木匠通常需要具备设计、测量、切割、加工、连接和装配等技能。他们不但需要了解不同类型的木材和木材处理方法,还需掌握不同类型的手工工具和机器的使用方法。在现代木工行业中,通常使用电动工具(如锯床、刨床和钻床等),来降低木工预制加工的难度、简化生产工艺过程,从而提高加工制作的效率,大大缩短了生产周期。

总之,木工作为一门古老而精湛的手艺,既是人类文明的赓续,也是人类创造力和智慧的体现,他们的传统工艺和精美制品在当今社会仍然保持独特的艺术魅力!

【知识链接】

1. 常用实木

我国树种很多,东北地区主要有红松、落叶松(黄花松)、鱼鳞云杉、红皮云杉、水曲柳;长江流域主要有杉木、马尾松;西南、西北地区主要有冷杉、云杉、铁杉。广泛用于公共建筑等的木材就是取自这些树木的树干部分并经过简单加工而成的。杉木及各种松木、云杉和冷杉等是针叶树材;柞木、水曲柳、香樟、檫木及各种桦木、楠木和杨木等是阔叶树材。下面简单介绍几种常用木材。

(1)红木,主要有紫檀、黄花梨、酸枝木、花梨木和鸡翅木等几种。其中,紫檀产于亚热带地区,如印度和东南亚地区,我国云南、两广等地有少量出产。紫檀木有光泽,具有香气,久露空气后变紫红褐色,纹理交错,结构致密、耐腐、耐久性强、材质硬重细腻。黄花梨为我国特有的珍稀树种,木材有光泽,具辛辣滋味;纹理斜而交错,结构细而均匀,耐腐,耐久性强、材质硬重、强度高。酸枝木主要产地为东南亚国家,木材材色不均匀,心材呈橙色,浅红褐色至黑褐色,深色条纹明显。酸枝木木材有光泽,具酸味或酸香味,纹理斜而交错,密度高、含油量高、坚硬耐磨。花梨木主要产地是东南亚及南美、非洲,我国海南、云南及两广地区已有引种栽培。花梨木材色较均匀,由浅黄至暗红褐色,可见深色条纹,有光泽,具轻微或显著轻香气,纹理交错,结构细而均匀,耐磨、耐久性强、硬重、强度高,通常浮于水上。鸡翅木主要产地是东南亚和南美,因为有类似"鸡翅"的纹理而得名。鸡翅木纹理交错、不清晰,颜色突兀,木材本无香气,生长年轮不明显。

由于红木价格非常昂贵,故常用于高档家具、雕刻工艺品。

(2) 胡桃楸木,又名核桃楸木,也就是生产在北方的核桃树、核桃木、胡桃木,为东北三大名贵树种之首,在欧洲被称为"世界家具之王"。由于其可塑性强、软硬适中,是制作木托、器械和旋切工艺等精密木质器械的首选材料。胡桃楸木是 2008 年奥运会上出现最频繁的一个树种,中国奥运会射击运动员的国产"木支"有相当大部分的木材使用的就是胡桃楸木;它常被用于高档汽车的内饰或者高档家庭装修内饰、狙击步枪的枪托、高档家具、雕刻工艺品中。

(3) 橡木,又名柞木、栎木、白橡,橡木属麻栎,属山毛榉科,树心呈黄褐至红褐色,生长轮明显,略呈波状,质重且硬,我国北至吉林、辽宁南至海南、云南都有分布。橡木质地异常坚硬,是蜚声中外的除红木、金丝柚木外最珍贵的树种之一。橡木被广泛地用来制作贴面板(饰面板)、盛用红酒的专用木材(名为橡木桶)、运动赛场的实木地板及各种高档家具。

(4) 水曲柳,又名白蜡木,民间也简称其为曲柳。由于纹理美观大方,被市场广泛地认同,常用来制作贴面板(饰面板)和家具。缺点是毛细孔较大,相对容易变形。

(5) 榆木,主要有黄榆、白榆、刺榆等,其中刺榆为最好。刺榆产自东北,量很少,所以市面上基本见不到。黄榆木纹比较细致好看,但易收缩。东北地区大部分以白榆为主。由于榆木纹理粗犷,常被用来制作"仿古"的实木家具,也常被用来制作不拘小节的实木家具,体现其大气、与天同在的气概。

(6) 栎木,俗称柞木,其木质重、硬,生长缓慢,心材和边材区分明显。纹理直或斜,耐水耐腐蚀性强,加工难度高,但切面光滑,耐磨损,胶接要求高,油漆着色、涂饰性能良好。国内的家具厂商多采用柞木作为原材料。但其胶结要求很高,容易在接缝处开裂,且加工难度高,存在较多的加工缺陷。

(7) 榉木,重、坚固,抗冲击,蒸汽下易于弯曲,可以制作造型,钉子性能好,但是易开裂。为江南特有的木材,纹理清晰,木材质地均匀,色调柔和,流畅。比多数硬木都重,在窑炉干燥和加工时容易出现裂纹。

(8) 松木,是一种针叶植物(常见的针叶植物有松木、杉木、柏木),它具有松香味、淡黄色、结疤多、对大气温度反应快、容易胀大、极难自然风干等特性,故须经人工处理,如烘干、脱脂去除有机化合物,漂白统一树色,中和树性,使之不易变形。松木常被广泛地运用为中档实木家具的用材,被众多知名厂家广泛地用在"儿童房"中;室外用材的防腐木一般为松木。东北松木的种类很多,如红松(生长年限长一些,纹理比较细密,颜色偏红)和白松(生长年限短一些,纹理比较粗)。白松包括很多类,樟子松、鱼鳞松、冷沙都是东北松,樟子松易变色,冷沙是其中质量最差的一种松木。东北松、樟子松是松木中的硬木松,为较好的松木,白松、落叶松均为软木松,一般不能用来制作家具,适合于制作地龙等。

(9)樟木,我国江南各省都有樟木,而台湾地区、福建盛产樟木,树径较大,材幅宽,花纹美,尤其他有着浓烈的香味,可使诸虫远避,常被用来做成柜、箱、橱等家具存放衣物,以上是它的优点,樟木也有缺点,现代医学证明,樟木挥发出的气体含有樟脑、烷烃类、酚类、烯类和樟醚等有机物成分,对人的胃肠道黏膜有刺激作用,一旦被人吸入体内,就会产生水溶性代谢产物——氧化樟脑,所以,把樟木家具放在卧室,会影响睡眠质量,让人兴奋甚至失眠;樟木家具散发出的芳香气味,还可能引发头晕、浑身无力、恶心、呕吐等症状;孕妇如果长期与樟木家具接触,容易流产;婴幼儿若长期受到樟木气味的刺激,也会出现不良反应。

(10)杉木,软木为速生材,成材期为4~6年,由于生产迅速,自然木质纤维疏松,而且水分含量大,不能用来做家具,一般用来制作纸浆、细木工板、密度板、刨花板,也有的做成指接板用作家具的内挡板,在保持原本性能基础上的使用寿命不超过5年。

2. 常用复合板材

木材在加工成型材和制作成构件的过程中,会留下大量的碎块、废屑等,将这些下脚料进行加工处理,就可制成各种人造板材(胶合板原料除外)。常用人造板材有以下几种。

(1)胶合板。将原木旋切成的薄片,用胶黏合热压而成的人造板材,其中薄片的叠合必须按照奇数层数进行,而且保持各层纤维互相垂直,胶合板最高层数可达15层。胶合板大幅提高了木材的利用率,其主要特点是材质均匀,强度高,无疵病,幅面大,使用方便,板面具有真实、立体和天然的美感,广泛用于建筑物的室内隔墙板、护壁板、顶棚板、门面板以及各种家具及装修。在建筑工程中,常用的是三合板和五合板。我国胶合板主要由水曲柳、椴木、桦木、马尾松及部分进口原料制成。

(2)纤维板。木材加工下来的板皮、刨花、树枝等边角废料,经破碎、浸泡、研磨成木浆,再加入一定的胶料,经热压成型、干燥处理而成的人造板材,分硬质纤维板、半硬质纤维板和软质纤维板三种。纤维板的表观密度一般大于$800 kg/m^3$,适合做保温隔热材料。纤维板的特点是材质构造均匀,各向同性,强度一致,抗弯强度高(可达55MPa),耐磨,绝热性好,不易胀缩和翘曲变形,不腐朽,无木节、虫眼等缺陷。生产纤维板可使木材的利用率达90%以上。

(3)木屑板。以刨花木渣、边角料刨制的木丝、木屑等为原料,经干燥后拌入胶黏剂,再经热压成型而制成的人造板材。所用黏结剂为合成树脂,也可以用水泥、菱苦土等无机的胶凝材料。这类板材一般表观密度较小,强度较低,主要用作绝热和吸声材料,但其中热压树脂刨花板和木屑板,其表面可粘贴塑料贴面或胶合板作饰面层,这样既增加了板材的强度,又使板材具有装饰性,可用作吊顶、隔墙、家具等材料。

(4)复合地板。复合地板是一种多层叠压木地板,板材80%为木质。这种地板通常是由面层、芯板和底层三部分组成,其中面层又是由经过特别加工处理的木纹纸与透明的蜜胺树脂经高温、高压压合而成;芯板是用木纤维、木屑或其他木质粒状材料等,与有机物混合经加压而成的高密度板材;底层为用聚合物叠压的纸质层复合地板,规格一般为1 200毫米×200毫米的条板,板厚8毫米左右,其表面光滑美观,坚实耐磨,不变形、不干裂、不沾污及褪色,无须打蜡,耐久性较好且易清洁,铺设方便。复合地板适用于客厅、起居室、卧室等地面铺装。

(5) 木工板。木工板由三层胶黏剂压合而成,其上、下面层为胶合板,芯板是由木材加工后剩下的短小木料经加工制得木条,再用胶黏拼成的板材。木工板一般厚为 20 毫米,长 2 000 毫米,宽 1 000 毫米,幅面大,表面平整,使用方便。复合木板可代替实木板应用,现普遍用作建筑室内的隔墙、隔断、橱柜等。

3. 榫卯结构

在古代,木匠会把多余的部分凿去,一凸一凹,木头便有了阴阳。两块木头,似乎有了思想,它们紧紧相拥,它们窃窃私语,这就是榫(sǔn)卯(mǎo)。榫卯结构是古代制作家具的主要结构方式,一榫一卯之间,一转一折之际,凝结着中国几千年传统家具文化的精粹,沉淀着流光回转中的经典家具款式的复合传承。这种结构的巧妙运用,不仅让几百年前的红木家具依然保存完好,也让中式家具更显艺术性。常见的榫卯结构有 100 多种,下面将介绍经典的六种榫卯结构,见表 5-1。

表 5-1 常见的六种榫卯结构

序号	名称	图解
1	厚板闷榫角接合	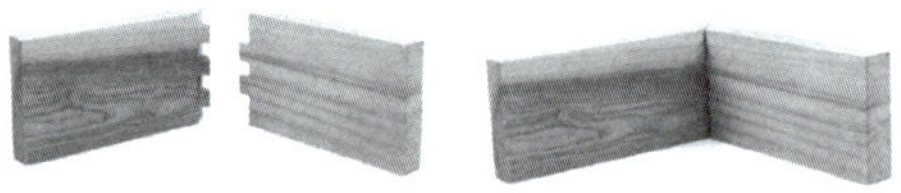
2	弧形直材十字交叉	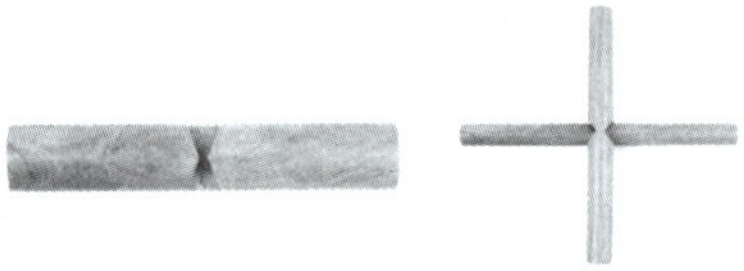
3	三根直材交叉	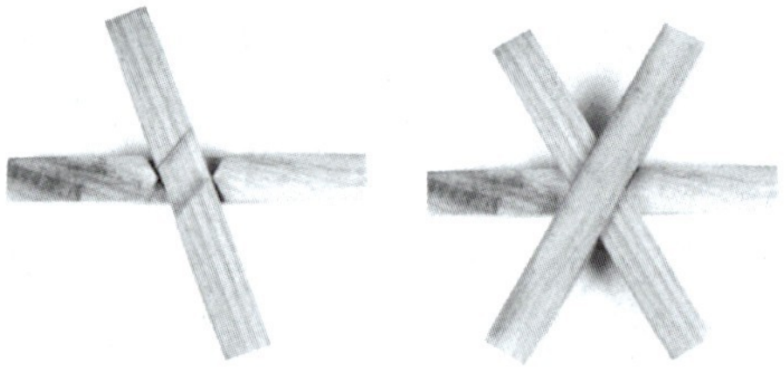
4	双棕角榫	
5	挖烟袋锅榫	
6	楔钉榫	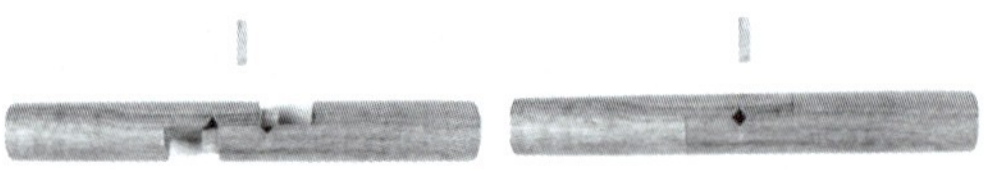

以上述榫卯结合为原理,智慧的木匠们设计出各种外形奇特、风格迥异、结构稳固、舒适实用的庙宇、亭台、别墅等木质结构,如图 5-1 所示。

第五章 工业生产与工匠精神 97

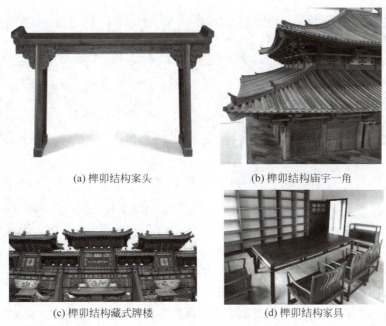

(a) 榫卯结构案头　　　　　　(b) 榫卯结构庙宇一角

(c) 榫卯结构藏式牌楼　　　　(d) 榫卯结构家具

图 5-1　几种榫卯结构木作

【技能指导】

1. 木工基本操作

1) 划线操作

(1) 用刀式划线器进行板端横向划线如图 5-2(a) 所示。首先松开划线器挡块固定螺丝，以手指轻推挡块，设定刀锋与挡块之间的距离，再旋紧螺丝。然后，把木板平放在工作台面上，划线器挡块靠紧板端，开始划线。划线刀要与工件表面成一定角度，划出来的线才会清晰、笔直。

(2) 画一条与已有直线垂直的线，如图 5-2(b) 所示。如果工件过宽或过长，无法用宽座角尺或组合角尺辅助划线，那么就用木工角尺划线。首先将木工角尺的长臂外边缘对齐先前已经画好的线，然后用铅笔沿木工角尺短臂外边缘划线。

(3) 画一条与工件边缘成一定角度的线，如图 5-2(c) 所示。首先在金属量角器上设定所需角度，然后松开活动角尺的蝶形螺母，角尺活动臂的内边靠紧金属量角器的底边，同时角尺座内边靠紧金属量角器的活动臂，取好角度后旋紧活动角尺的蝶形螺母，再把活动角尺的底座一边靠紧工件边缘，用铅笔沿角尺活动臂划线。

2) 测量操作

常规测量主要指角度、长度等，木工测量实际情况要复杂得多，主要有以下几种测量方法。

(1) 检验工件锯割的 45° 角，如图 5-3(a) 所示。把组合角尺的 45° 尺座靠紧工件侧边，滑动尺臂内边搭在工件的截面上，对着光亮处观察，如果滑动尺臂的内边与工件截面之间不透光，说明割据角度正确。

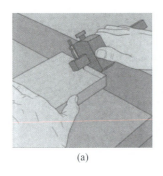 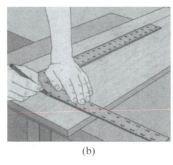 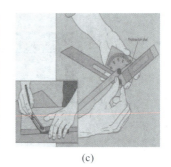

(a)   (b)   (c)

图 5-2 划线操作

(2) 寻找圆形工件的圆心,如图 5-3(b)所示。组合角尺与木工角尺各一把,用木工夹组装好,这时角尺滑动臂的外边线正好等分木工角尺的 90°内角。把组装好的工具与圆形工件都平放在台面上,木工角尺两内边靠紧圆形工件外缘,用铅笔沿着组合角尺滑动臂的外边画一条直线。然后,转动圆形工件,如此再画一条直线,两直线交点即为工件圆心。

(3) 工件任意等分测量,如图 5-3(c)所示。实践加工过程中,仅用直尺和铅笔很难将工件任意等分,例如很难把一块宽 7.72 厘米的木板裁为等宽的 4 个木条(无法整除)。这时可采用下述办法:把直尺的 1 厘米(减少直尺边缘磨损误差)刻度对准木板侧边,以该点为轴,调整直尺的角度,直到直尺与木板另一边的读数可以很容易地分为 4 份为止,例如 9 厘米(实为 9－1＝8)。然后用铅笔沿着直尺每 2 厘米做个标记,这些标记即可将木板表面等分为四份。

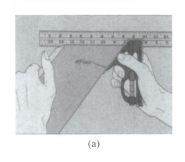 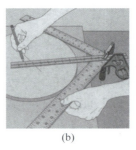 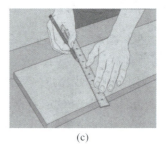

(a)   (b)   (c)

图 5-3 测量操作

3) 锯割操作

锯割的基本操作分普通切割和特殊切割两种情形,如图 5-4 所示。

(1) 普通横向分断切割,如图 5-4(a)所示。把工件用夹具固定到锯架上,开始下锯时,起锯的角度应尽可能小(20°),然后再调整到较大角度(60°)进行正常锯割,锯口达到一定深度以后,调整锯片至与工件表面之间约呈 45°角。下锯要慢要稳,锯片行程要大。工件快要锯断时,为防止废料脱落导致的横截面边缘木材撕裂,要用闲置的手托住废料,并调整锯割角度,使手锯以几乎垂直于工件表面的角度完成锯割。

(2) 45°角拼接切割,如图 5-4(b)所示。平直面踢脚线的对角拼接,通常的做法是把两条木踢脚线端部都锯成 45°斜面进行拼接。但在曲面或非规则曲面踢脚线的阴角的情况下,则可以将其中之一的踢脚线端部直接顶到墙,不必锯成 45°斜面;另一踢脚线加工成 45°斜面后,新的横断面与木线正面相交,形成一条弯曲的轮廓线。也可用踢脚线的专用收口条完成这项工作。

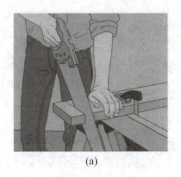 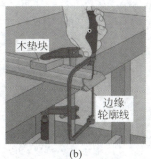

图 5-4　锯割操作

4) 木工凿操作

(1) 门合页开槽,如图 5-5 所示,共两个步骤。第一步,凿合页轮廓线,固定好木门,用铅笔画出合页外形轮廓线,选择与合页等宽的斜边凿,将凿刃从线内侧对齐轮廓线,斜边朝向废料方向,用木槌轻敲凿柄,凿刻至合页所需深度,直至三个边线都凿刻完成。第二步,铲平修整,以 3～5 毫米间隔依次进行若干次凿刻,然后,对齐凿刃底面与嵌槽底面,铲削掉中间废料。

(a) 打凿轮廓　　　　　　(b) 铲平修整

图 5-5　门合页开槽

(2) 榫眼开凿,如图 5-6 所示,同样有两个步骤。第一步,凿榫眼,将工件用夹具固定在工作台面上,在榫眼区域内,使用与榫眼等宽的木工凿并辅之以木槌,木工凿的刃口斜面朝向废料一侧,在距榫眼端线 3 毫米处垂直凿削,凿进深度 5 毫米。接下来,在距第一次下凿位置 5 毫米处,重复上述凿削过程并剜除废料。第二步,铲除修平,木工凿刃口凿进榫眼木料后,用手将凿体向刃口斜面方向撬压,这时,刃口尖端会把废料从榫眼底部剜出来。重复该过程,凿一下,再剜一下。凿至距榫眼另一端线 3 毫米处,要先掉转刃口斜面,使之朝向相反方向,再下凿。重复上述过程,直至凿到预定深度。

5) 刨削操作

木工刨削操作分为手工刨削和电动刨削两种方式,如图 5-7 所示。

(1) 手工刨削操作,如图 5-7(a)所示。首先固定待刨削木料,在没有木工台钳或夹具的情况下,可自制一个刨削挡头板,将挡头板用螺丝固定到工作台面上,将木料放进挡头板缺口,工件侧边靠紧板头缺口的直角边,用木槌将板楔敲入缺口即可夹紧木料。然后根据木材纹理分布找准刨削方向,刨子底面前端紧贴工件表面。刨削时要用力均匀,动作流畅,刨体与推刨方向略成一定角度,这样会提高刨削效率。为实现光滑的刨削效果,应顺着木质纹理刨削,线路要直,每次推刨的刨削面应略有重叠。刨削过程中,要随时查看刨花厚度,据此适

(a) 凿轮廓线

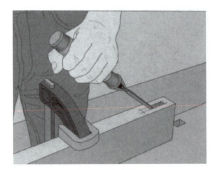
(b) 铲平废料

图 5-6　榫眼开凿

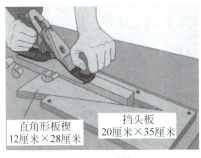
(a) 手工刨削

(b) 电动刨削

图 5-7　木工刨削操作

时调整刨刀出刃量。刨后,可用靠尺检验工件表面平整度,如果靠尺与工件表面之间有缝隙,对工件表面的高点再次刨削,然后重新检验。

(2) 电动刨削操作,如图 5-7(b)所示。手电刨由前底板控制深浅,在将刨到头的时候,前底板已脱离木板,但刨刀还在木板上,如果主手柄没有压住,容易沉头啃坏木板。因此应压住主手柄,使后底板始终贴实在木板上,同时另一只手握住副手柄并往上提,防止快到头时啃木板。如果手电刨没有副手柄,只有调整深浅的旋钮兼作副手柄,则应提住旋钮来刨削。

安全注意事项:木料上有钉子等金属物体时,需要去除才能使用;刨料时应视木料的长短,采用不同的姿势,入料时一手向下压前端,另一手托住木料的后端,长料尽量往后托,保持木料平稳,保证被刨削面与电刨平台完全吻合,不能翘弯,否则刮出来的面会不平;入刨后后手平稳向前推进,前手随木料前移而向后移动,手最好压在刨刃的正上方,防止抖动;在刨到尽头时前手随木料前移并向下压,不得超过平台,后手压在尾端向前推,若是长料,单手压不住,前端最好有人接住木料,这样才能保证木料刨削平整;手电刨一般用于粗加工,和砂带机配合使用。

2. 小板凳制作工艺

小板凳的制作过程分设计、下料、刨平、划线、锯割、开榫眼、组装、修整等基本过程,如图 5-8 所示。

(1) 下料。用卷尺、角尺测量,用木工笔画出毛料(尺寸自定)。毛料要比实际需要的尺寸稍大些。在毛

图 5-8　小板凳

料上画线时,先在木料的边上画一条直线,然后用角尺的直角边贴在这条直线上根据需要画垂线,最后再用锯子沿线锯割。

（2）刨平。把锯割下来的木料用刨子刨光。刨木料时,人站在木料的左边,双手握住刨柄向前推刨,人略微向前倾。推刨时,手姿要保持平直,用力要均匀,使刨出来的木料面可以保持平直。

（3）划线。用卷尺、角尺测量,用木工笔画出净料。

（4）锯割。精确锯割可以选用木工机床或手工锯完成锯割。使用木工机床时先要用螺丝钉将机床固定在木板上,然后打开电源开关,使木工锯上下快速移动,再用两只手按住木板对准切割线逐渐推进。由于板凳的4条腿尺寸完全一样,可以用钉子或绑绳预固定,用锯子一次锯出,这样既省时间,又能达到四条腿完全一致的目的。凳面要沿线精准锯割。刨光锯割下来的板凳净料,净料要求尺寸准确,表面光洁。

（5）开榫眼。按照前文所述方法,用木工斜凿分别在凳面、凳脚开四个方形榫眼,同时用手工锯或电锯开出符合尺寸要求的单榫榫头。传统榫卯结构技术要求榫头厚度比榫眼宽度小0.1~0.2毫米,当榫头厚度大于榫眼宽度时,由于挤压引起胶液流失从而降低胶合强度,装配时容易使榫眼开裂,榫头宽度应比榫眼长度大0.5~1毫米,硬材为0.5毫米,软材为1毫米。

（6）组装和修整。完成榫头榫眼的装配,用刨子修光,削去棱角。最后用砂纸打磨光洁,一个极具中华传统文化色彩的榫卯板凳便大功告成了。

【教育实践】

1. 任务说明

制作鲁班锁。

2. 劳动要求

（1）学习榫卯结构原理,体会其艺术思想。

（2）绘制六柱鲁班锁设计图。

（3）编制加工工序和工艺。

（4）加工鲁班锁基本零件。

（5）组装鲁班锁。

3. 注意事项

（1）注意木工工具的规范操作和安全使用。

（2）加工前一定要确保精确测量。即使最好的木匠,使用了最好的测量划线工具,也不能保证永远准确地进行测量划线。只有反复检查每一条划线和每个测量结果,才能保证在锯削工件之前,及时发现错误。

4. 实践记录

实践记录详见表5-2。

表 5-2　鲁班锁制作项目劳动教育实践活动记录

序号	实践步骤	训练要求	过程记录
1	绘制鲁班锁设计图	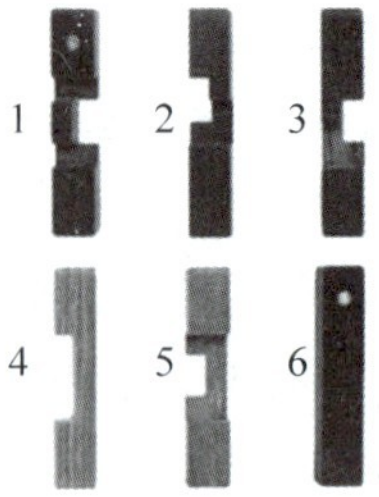	
2	编制加工工艺	略	
3	加工鲁班锁基本零件	略	
4	组装鲁班锁	2号件叠放到1号件上 组装3号件 组装4号件 组装5号件 组装6号件	
5	实践反思与自我评价：		
6	老师综合评价：		

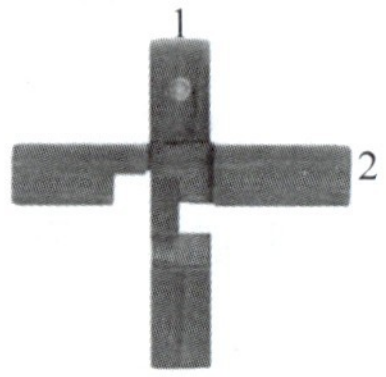

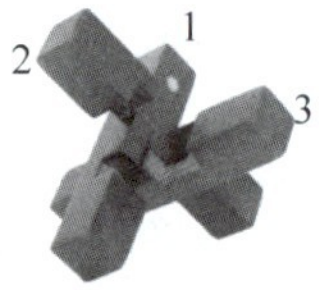

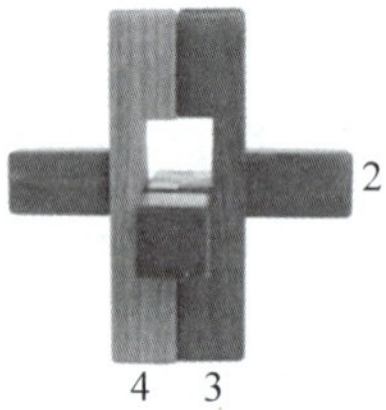

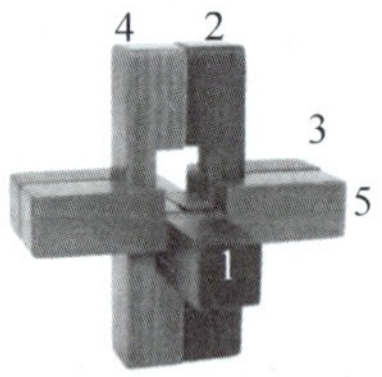

第二节　服装制作

【情境导入】

"人靠衣装马靠鞍。"服饰是人类跨入文明门槛的标志，上为衣，下为裳，从人类开始懂得用兽皮和树叶遮风避雨时起，服饰文化就开始了。传说黄帝着玄衣熏裳，玄即青黑色，象征天；熏即赤黄色，象征地，上玄下黄的服色来源于对天地的崇拜。在漫长的封建社会中，既有等级分明的帝王显贵的服饰，也有简陋朴素的布衣服饰。为维护封建统治秩序，衣着等级制度日益完善，从唐高祖开始，黄袍被视作封建帝王的御用服饰，一直到清，其他人绝不能越雷池半步，否则将被视为"大逆不道"。其他官员的服色：一品至四品，绯袍；五品至七品，青袍；八品和九品，绿袍。而生在社会底层的平民百姓通常被唤作"布衣"。"布衣"指平民百姓最普通的廉价衣服；"布衣蔬食"常形容生活俭朴；"布衣百姓"则指劳苦大众，以布制的衣服，借指平民。古代"布"指麻葛之类的织物，"帛"指丝织品。富贵人家穿绫罗绸缎与丝棉织物，平民则穿麻、葛织物。

清朝后，女子旗袍风行，男子中山装、西服流行，这些都体现着社会新思潮和新文化运动的高涨。旗袍原来是满族人的服饰，汉人也穿，民国初期的女子旗袍跟清代旗袍没有太大区别，到了 20 世纪三四十年代，旗袍进入全盛时期，这时的旗袍才有了窄袖、收腰、无袖等款式变化，更加舒适、合体、美观，突出女性的曲线美。至于中山装，则是中西合璧的成功典范，它是由孙中山先生在西服的基础上设计出来的，四个兜代表礼义廉耻，袖口三个纽扣代表三民主义，胸前五个纽扣代表五权分立，孙中山先生带头穿这种服装，人们为纪念他就称这种服装为"中山装"。

近年唐装的大规模流行始于 2001 年在上海召开的 APEC 会议，20 多位国家和地区领导人身穿唐装出现在媒体面前，从此有着对襟、立领、盘扣外形，并且色彩鲜艳的唐装流行于世。唐装给人一种泱泱大国的回味，它所崇尚的也正是一种历经千年流淌在中华民族血脉中的"情结"——对泱泱中华的自豪骄傲。

随着现代人的服饰审美和价值观的发展变化，出现了琳琅满目的个性化服装。例如学生穿校服、法官穿法袍、律师穿律师袍、医护人员着白大褂，一般人的着装要适时应季，和自己的年龄和所处环境相协调。爱美之心人皆有之，在冬天，可在求暖的基础上求美，但寒风凛洌中，身穿薄衣短裙并不意味着美丽，对自己反而是一种折磨。反过来，优雅的风度、高贵的气质也可赋予一款普通的服装以特别的魅力。

【知识链接】

1. 服装面料

面料是用来制作服装的材料。在服装大世界里，服装的面料种类繁多，优质、高档的面料大都具有穿着舒适、吸汗透气、悬垂挺括、视觉高贵、触觉柔软等几个方面的特点。常用的服装面料有以下几种。

（1）棉织物。棉织物是指以棉纱线或棉与棉型化纤混纺纱线织成的织品。其透气性好，吸湿性好，穿着舒适，是实用性强的大众化面料。可分为纯棉制品、棉的混纺两大类。

（2）麻织物。由麻纤维纺织而成的纯麻织物及麻与其他纤维混纺或交织的织物统称为麻型织物。麻型织物的共同特点是质地坚韧、粗犷硬挺、凉爽舒适、吸湿性好，是理想的夏季服装面料，麻型织物可分为纯纺和混纺两类。

（3）丝织物。丝织物是纺织品中的高档品种。主要指由桑蚕丝、柞蚕丝、人造丝、合成纤维长丝为主要原料的织品。它具有薄轻、柔软、滑爽、高雅、华丽、舒适的优点。

（4）毛织物。毛织物是以羊毛、兔毛、骆驼毛、毛型化纤为主要原料制成的织品，一般以羊毛为主，它是一年四季的高档服装面料，具有弹性好、抗皱、挺括、耐穿耐磨、保暖性强、舒适美观、色泽纯正等优点，深受消费者的欢迎。

（5）纯化纤。纯化纤是由纯化学纤维纺织而成的面料。其特性由其化学纤维本身的特性来决定。化学纤维可根据不同的需要，加工成一定的长度，并按不同的工艺织成仿丝、仿棉、仿麻、弹力仿毛、中长仿毛等织物。

（6）皮革料。皮革料是指各种经过鞣制加工的动物皮。鞣制的目的是防止皮变质，包括一些小牲畜、爬行动物、鱼类和鸟类的皮。

2. 服装加工

当选择一件服装的时候，会注意到服装的款式和面料，以及穿着的舒适度。一件舒适合身的服装加工一般包括图纸设计、绘制图样、面料检测、面料裁剪、服装缝制、锁眼钉扣、衣物整烫、成衣检验、包装出厂等环节。

（1）图纸设计，每一件成衣都会经过图纸设计中的无数次修改，精益求精的设计才能制作出好看的衣服。设计时不仅要求新颖的款式，更要符合标准的尺码，穿起来舒适大方。

（2）绘制图样，当图纸设计好以后就要按照不同的尺码，绘制出不同的图样。这个步骤也要更加精细，不容一分一毫的误差，毕竟会影响到后期服装的剪裁。

（3）面料检测，服装的面料是直接影响服装品质的关键，所以选择更加高档有品质的面料，就显得非常的重要。面料检验包括外观质量和内在质量两大方面。外观上主要检验面料是否存在破损、污迹、织造疵点、色差等问题。影响外观的疵点在检验中均需用标记注出，在剪裁时避开使用。面料的内在质量主要包括缩水率、色牢度和克重（姆米、盎司）三项内容。在进行检验取样时，应剪取不同生产厂家生产的、不同品种、不同颜色，具有代表性的样品进行测试，以确保数据的准确度。同时对进厂的辅料也要进行检验，例如松紧带缩水率、黏合衬黏合牢度、拉链顺滑程度等，对不符合要求的辅料不予投产使用。

（4）面料裁剪，选择好面料以后，裁剪就是制作衣服的第一步。根据图纸裁剪出合适的样子，才能为后期的加工打好基础。裁剪前要先根据样板绘制出排料图，"完整、合理、节约"是排料的基本原则。裁剪工序中的主要工艺要求是拖料时点清数量，注意避开疵点；对于不同批染色或砂洗的面料要分批裁剪，防止同件服装上出现色差，对于一批面料中存在色差现象的要进行色差排料；排料时注意面料的丝绺顺直以及衣片的丝缕方向是否符合工艺要求，对于起绒面料（如丝绒、天鹅绒、灯芯绒等）不可倒顺排料，否则会影响服装颜色的深浅；对于条格纹的面料，拖料时要注意各层中的条格对准并定位，以保证服装上条格的连贯和对称；裁剪要求下刀准确，线条顺直流畅。铺型不得过厚，面料上下层不偏刀；根据样板对位记号剪切刀口；采用锥孔标记时应注意不要影响成衣的外观。裁剪后要进行清点数量和验片工作，并根据服装规格分堆捆扎，附上票签注明款号、部位、规格等。

（5）服装缝制，缝制是服装加工的中心工序，服装的缝制根据款式、工艺风格等可分为机器缝制和手工缝制两种。

手缝工艺是中国的传统手工技艺,它采用手针进行缝制的工艺。很多针法及其作用尚不能用现代缝纫机替代。手工缝制具有线迹精细、平整,针法丰富等特点,被誉为高档工艺。手缝工艺的主要工具是手缝针和顶针箍。丝绸等纤维较细的织物宜用7～9号针;锁眼钉纽宜用4～5号针,一般毛料则用粗细适中的6～8号针。

机缝工艺是采用缝纫机进行缝制的工艺,具有针迹整齐、工效高等优点。常用的机缝工艺有以下几种。①合缝(含兜缝),指将衣片组合缝纫。用于暗缝衣片组合或袋盖、衣领、袖头等三边缝合的翻转部件。②包缝,指以一层衣片边包住另一层衣片边缝缉,再做第二或第三次缝纫。有明包、暗包之别。一般用于布服装不锁边的缝口。③咬缝,指由上下层衣片咬住中间一层衣片,正面缉明线。用于装袖头、腰头等。④骑缝,指两块织物缝口衔接(不叠起),在衔接处缉W状线迹,使两块布互相牵牢。一般用于高档服装的衬布拼接。⑤平接缝,指两块织物缝口拼接,互为衔接补充,用于接长衣片部件等。⑥平叠缝,指两块织物缝口重叠,居中缝纫,用于衬布拼接等。⑦来去缝,指将两块衣片叠合,先沿毛口正面缉狭缝(3厘米),再在反面缉阔缝(约7厘米),多用于单衣缝合。⑧分缉缝,指两层衣片叠合缝缉,缝口分开,两边各缉一道明线,常用于不易折转的衣料(如皮革)或线迹装饰等。⑨坐缉缝,指将两块衣片缝合,缝口倾倒,正面做第二次缝缉,常用作固定缝口或线迹装饰。⑩分坐缉缝,指两块衣片先合缉,将缉缝倾倒缝口分开,在分缝上缉一道明线。多用于布服装的前袖缝、裤裆缝、后缝等。

(6)锁眼钉扣。服装中的锁眼和钉扣通常由机器加工而成,扣眼根据其形状分为平型和眼型孔两种,俗称为睡孔和鸽眼孔。睡孔普遍用于衬衣、裙、裤等薄型衣料的产品。鸽眼孔多用于上衣、西装等厚型面料的外衣类产品。扣眼应注意以下几点:扣眼位置是否正确;扣眼大小与纽扣大小及厚度是否配套,扣眼开口是否切好。有伸缩性(弹性)或非常薄的衣料,在考虑使用锁眼孔时需要在里层加布补强。纽扣的缝制应与扣眼的位置相对应,否则会因扣位不准造成服装的扭曲和歪斜。钉扣时还应注意钉扣线的用量和强度是否足以防止纽扣脱落,厚型面料服装上钉扣绕线数是否充足。

(7)衣物整烫,人们常用"三分缝制七分整烫"来强调整烫是服装加工中的一个重要工序。加工过的衣服有很多褶皱,因此必须经过整烫的环节,即按照规定的工序和工艺将衣服烫平整,并且还得符合客人的尺寸要求,所以一般衣服烫好后,需要检查尺寸是否符合要求。常见的服装熨烫方式有推烫、注烫、托烫、侧烫、焖烫等。

推烫。推烫是运用熨斗的推动压力对衣物进行熨烫的一种方法。当熨烫的织物面积较大只有轻微的褶皱并可平展时,运用推烫的方法。

注烫。注烫是利用熨斗尖部位置对衣物上某些小范围进行熨烫的方法。在操作时,提起熨斗底后部,用熨斗尖部位置熨烫衣物纽扣和某些饰物的周边地区。

托烫。对于某些衣物不规则的部位,在熨烫时不能放在烫台上熨烫,而必须用在"棉枕头"上托着进行熨烫的方法,叫托烫,如肩部、领部、胸部、被子或一些裙子的折边应运用托烫的方式。

侧烫。对于衣物上的筋、裥、缝等部分,在熨烫时,为了不影响衣物上的其他部位,就必须用熨斗的侧面,侧着熨烫,这是侧烫。

焖烫。运用熨斗的重点压力或加重压力,缓慢地对织物进行熨烫,使之平服、挺括,这是焖烫。衣服上的领子和袖子一般使用焖烫的方式。

（8）成衣检验。服装的检验应贯穿于裁剪、缝制、锁眼钉扣、整烫等整个加工过程之中。在包装入库前还应对成品进行全面的检验，以保证产品的质量。成品检验的主要内容有：款式是否同确认样相同；尺寸规格是否符合工艺单和样衣的要求；缝合是否正确，缝制是否规整、平服；条格面料的服装检查对格对条是否正确；面料丝缕是否正确，面料上有无疵点，是否有油污存在；同件服装中是否存在色差问题，整烫是否良好；合衬是否牢固，是否有渗胶现象，线头是否已修净；服装辅件是否完整，服装上的尺寸标签、水洗标签、商标等与实际货物内容是否一致，位置是否正确，服装整体形态是否良好。

（9）包装出厂。服装的包装可分为挂装和箱装两种方式，箱装一般又有内包装和外包装之分。

内包装是指将一件或数件服装装入胶袋，服装的款号、尺码应与胶袋上标明的一致，包装要求平整美观。一些特别款式的服装在包装时要进行特殊处理，例如褶皱类服装要以绞卷形式包装，以保持其造型风格。

外包装一般用纸箱包装，根据客户要求或工艺单指令进行尺码、颜色搭配。包装形式一般有混色混码，独色独码，独色混码、混色独码四种。装箱时应注意数量完整，颜色尺寸搭配准确无误。外箱上刷上标签，标明客户、指运港、箱号、数量、原产地等，内容与实际货物相符。

【技能指导】

1. 手工缝补

"大洞不补，小洞吃苦。"中华民族历来就有"自己动手，丰衣足食"的传统美德，古代劳动人民因为劳动强度大、服装布料极其简陋也易破损，故自觉养成了缝补衣服的好习惯。到了近代，勤劳智慧的人民和英勇无畏的红军战士，在极其艰苦的岁月里，动手缝制了各式军装、行囊、鞋袜，为四万万同胞"补"出了一片艳阳天。而今，服装缝补还被赋予了新的含义，人们可以用个性化的缝补美化生活、装点人生。下面将重点介绍服装缝补技术。

手工缝补的基本技巧有平针缝、锁边缝、压针缝、倒针缝、藏针缝、收缩缝等六种工艺。其中，锁边缝工艺用于织物的毛边，防止织物毛边散开；压针缝用来增加服装或布艺的立体感和紧固度；倒针缝用于拉链、裤裆、包装等牢固度要求较高的场合；藏针缝用来隐匿缝线轨迹；收缩缝用来拉紧衣物的松紧度等。各种工艺要求见表5-3。

表5-3 手工缝补工艺要求

序号	缝补方式	图 例	工 艺 要 求
1	平针缝		(1) 从记号点外0.7厘米处入针 (2) 往前约0.5厘米处出针 (3) 往回一半（起针的前面）入针，往前记号点出针 (4) 往前上下运针，针目约0.2~0.3厘米 (5) 重复动作直至缝补完

续表

序号	缝补方式	图 例	工艺要求
2	锁边缝		（1）沿着布片边缘表面出针 （2）将线绕过布片，从正面出针，针目可根据需要调节 （3）拉紧线段，重复前面动作直至缝完
3	压针缝		（1）用记号笔画出将要压缝位置的线条 （2）起针将线头藏入棉布内，沿着记号线以平针缝前进，针目约0.2~0.3厘米 （3）用相同方法缝压完全部线条
4	倒针缝		（1）从记号点外0.7厘米处入针，往前约0.5厘米处出针 （2）往回一半入针，往前记号点出针 （3）回到前一针尾部入针 （4）往前约0.7厘米出针 （5）重复动作 （6）缝完全部内容
5	藏针缝		（1）A布片表面入针，B布片表面出针 （2）从A布片对称点入针 （3）B布片往前约0.3厘米处出针
6	收缩缝		（1）由圆形布片表面入针，往前约0.5厘米处出针 （2）往前约0.5厘米处入针 （3）以平针缝前进，直至缝完，拉线收缩成设定的口径，针目约0.5~0.7厘米

2. 纽扣装订

人们在脱衣服时，常常不经意地弄掉纽扣，因此掌握纽扣正确的装订方法成为一种基本生活技巧。常见的纽扣有双孔纽扣、四孔纽扣和带脚纽扣三种形式，如图5-9所示。具体的钉扣工艺见表5-4。

 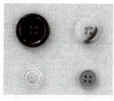 

(a) 双孔纽扣　　　　　(b) 四孔纽扣　　　　　(c) 带脚纽扣

图 5-9　常见的纽扣形式

表 5-4　常见的钉扣工艺

序号	钉扣方式	图　例	工艺要求
1	双孔纽扣钉法	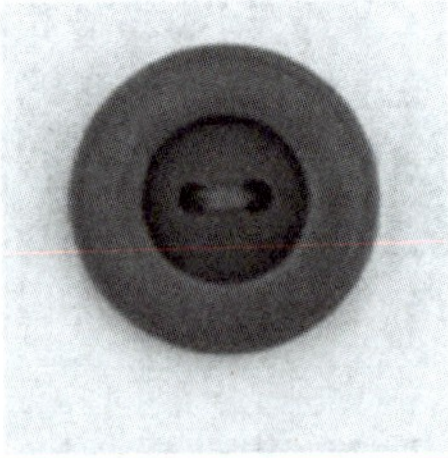	和四孔纽扣一样,穿孔 3～4 次后,在线脚处缠绕 2 圈加以固定,然后打结,剪断余线
2	四孔纽扣钉法	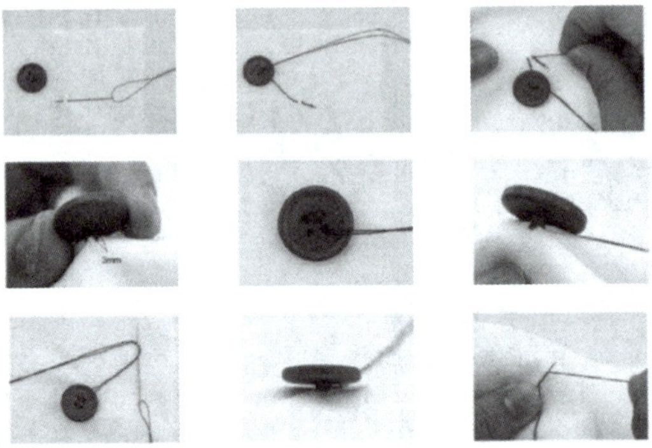	(1) 穿好线,在待钉纽扣的中心位置挑一针 (2) 将缝针从纽扣背面穿出 (3) 将缝针从穿孔旁穿出刺穿布料,重复 3 到 4 遍 (4) 拉紧缝线时预留 3 毫米左右间隙,防止扣衣过紧 (5) 从另一组平行孔穿进,重复 3～4 遍 (6) 用缝线在纽扣和衣料间缠绕 3～4 圈 (7) 绕至最后一圈,将缝针从线圈中穿过 (8) 稍用力拉紧线圈 (9) 将缝针从衣料背面穿出,绕结,预留 5 毫米长度,剪除多余线头
3	带脚纽扣钉法	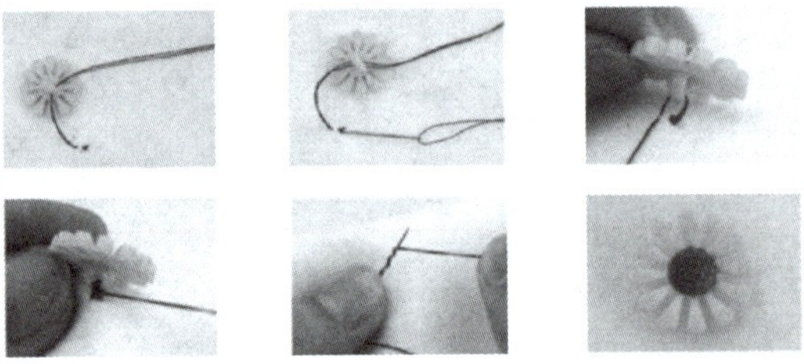	(1) 在纽扣中心位置挑一针,然后从纽扣背面小孔中穿过 (2) 重复入针一遍 (3) 在纽扣和衣料间预留 2 毫米间隙 (4) 重复上述步骤,在纽扣和衣料之间缠绕 2 圈 (5) 将针从布料背面穿出,打好止缝结 (6) 整理好纽扣

3. 蒸汽熨烫

蒸汽熨烫机是通过灼热水蒸气不断接触衣物,软化衣物的纤维组织的机器。通过"拉""压"的动作使衣物平整顺滑,灼热的水蒸气更具有清洁消毒的作用,用于服装专卖店、宾馆、酒店、家庭等。只需加水通电 1 分钟,即可喷出高压蒸汽,对准衣物皱处喷射,使衣物平整、柔顺,无须熨衣板,省略了平时熨衣的烦琐步骤。蒸汽熨烫机适用于任何质料的衣服、窗帘、地毯的熨烫和消毒,使用简单、操作方便,节约能源。常用的蒸汽熨烫机有台式和立式两种,如图 5-10 所示。

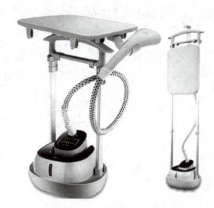

图 5-10　蒸汽熨烫机

在使用熨烫机熨烫衣服时，需要先清楚衣服的面料特性，才能对温度有所控制，例如有些化学纤维忌高温，有些则不怕；有些天然纤维如丝、毛就不适合高温，而棉麻则不怕高温。通过检查标签，了解该衣服是否可以熨烫及应该使用熨烫机上的何种设置。

不同衣物的熨烫要求不同，以下列举几种常见面料衣物的熨烫方法。

（1）羊绒制品。晾干后用中温（140℃左右）电蒸汽熨斗整烫，熨斗与羊绒衫保持0.5～1厘米的距离，切忌压在上面。

（2）合成纤维。化纤衣物由于吸湿程度差，耐热程度不同，因此，掌握熨烫的温度是关键，熨烫方法基本同其他棉丝毛织品一样。尼龙织品耐磨且弹性好，但熨烫温度不宜过高，所以应该用干布做垫布再熨烫。涤纶织品既耐磨又不起皱，所以洗后晾干即可，不用熨烫。由于化纤服装的品种很多，温度很难把握，初次熨烫前可先找衣物里面的不明显部位试熨一下，以免熨坏。

（3）棉麻织品。熨烫时可把蒸汽量开大。一般采用熨烫里面的方法，若正面烫应垫干净白布。带色的衣物要先熨里面，温度不能过高，以免熨后反光发亮或造成泛色现象，使衣物脆损。麻织品和棉麻混纺织品需熨烫时，熨斗温度要低，要先熨衣里，并要垫布熨烫，防止起毛损伤衣物。

（4）丝绸织品。丝绸服装由于洗涤后抗皱性能较差，常发生抽缩现象，不经熨烫会影响美观，所以洗涤后的丝绸服装必须熨烫。熨烫时，温度要适宜，方法要得当。一般采用低温熨烫，熨斗温度一般掌握在110～120℃之间，温度过高容易使衣物泛色、收缩、软化、变形，严重时还会损坏衣物。颜色娇艳、浅淡的衣物和混纺丝绸衣物温度还应再低一些。熨烫时不要用力过猛，熨斗要不断移动位置，不要在一个地方停留时间过久。熨斗不要直接熨烫绸面，要垫布熨烫，或熨烫衣物反面，防止产生极光，烙印水渍，影响美观和洗涤质量。

（5）领带。制作领带的面料多是丝绸，里衬一般是用细布衬或细麻衬。要用中低温度，熨烫速度要快，熨烫时要垫上一块干布，切勿让蒸汽直接沾到领带上。

（6）百褶裙。先熨烫裙头，把所有褶痕的位置固定好，然后逐一熨烫褶痕。将每条褶痕熨烫平直以后，揭起褶位熨烫其底部，进一步固定褶位。

（7）衬衣。从上到下熨烫。衣领要从两边的外端向中间熨烫；衣袖要从衣袖的底部向肩部熨；衣身熨烫先熨烫前面，然后熨烫背部。

（8）西装裤。将裤子反转，把内里的裤袋熨平直；再将裤子放回正面，由裤管表面的内侧熨至外侧,然后再熨烫裤管的底面。西装裤不宜直接熨烫,需要在熨烫前垫上一块薄布。

(9)唐装。应该选择电蒸汽熨斗熨烫。温度要适中,一般在30~40℃。

(10)皮革服装。温度应掌握在80℃以内,同时熨烫时要用清洁的薄棉布做垫布,并不停地反复移动,用力要轻,以防止熨斗直接接触皮革而烫损皮革。

【教育实践】

1. 任务说明

服装钉扣与整烫。

2. 劳动要求

(1)学会常见纽扣的装订。

(2)学会服装的整烫工艺。

(3)尝试利用废旧报纸或其他经过处理的塑料制品设计缝制几款主题服装,并组织服装秀活动,增强同学们的环保意识和质量意识。

3. 注意事项

略。

4. 实践记录

实践记录详见表5-5。

表5-5 服装钉扣与整烫劳动教育实践活动记录

序号	实践步骤	训练要求	过程记录
1	纽扣装订	可以组织同学们参加社区活动完成此类项目,也可在废旧布料或废旧牛皮纸上完成纽扣的装订练习或比赛	
2	服装整烫	对洗涤晾干或加工过的衣物进行整烫,整烫应在老师的指导下完成,调整好温度,小心烫伤皮肤	
3	服装设计、制作	可以以处理过的无毒无害废旧物品为原料,开展以保护环境为主题的服装设计制作比赛,如果具备条件还可以开展时装秀活动	
4	实践反思与自我评价:		
5	老师综合评价:		

第三节 电子制作

【情境导入】

随着信息技术的飞速发展,电子产品已广泛应用于人们的生产生活中,来自中国电源协会的研究数据显示,截至2020年,我国电子产品电源市场产值已达到1 540.6亿元。任何电子产品的工作都离不开电源,早期的串联型稳压电源由于其体积庞大、功耗高、频率低等缺点,已逐步被现代轻量级、高频化(40~100kHz)、高可靠、低噪声的开关型电源所代替。

【知识链接】

1. 常用的电子元器件

电子元器件是组成电子产品的基础,常用的电子元器件有电阻、电容、电感、电位器、变压器、三极管、二极管、集成电路等。就安装方式而言,可分为传统安装(又称通孔安装即DIP)和表面安装两大类(又称SMT或SMD)。常用的电子元器件的名称、字母标志、特性、功能等见表5-6。

表5-6 常用的电子元器件的名称、特性及用途

字母标志	元件名称	外观或特性	计量单位	功能
R	电阻	有色环,有 SIP/DIP/SMD 封装	欧姆(Ω)	限制电流
C	电容	色彩明亮,标有 DC/VDC/pF/μF 等	法拉(F)	存储电荷,阻直流,通交流
L	电感	单线圈	亨利(H)	存储磁场能量,阻直流,通交流
T	变压器	两个或以上线圈	匝比数	调节交流电的电压与电流
D	二极管	两只引脚反向引出,一条色环,单向导通		允许电流单向流动
Q	三极管	三引脚电阻值不同,结电容不同	放大倍数	用作放大器或开关
U	集成电路			多种电路的集合
X	晶振	金属体	赫兹(Hz)	产生振荡频率
F	保险丝		安培(A)	电路过载保护
S	开关	有触发式、按键式及旋转式	触点数	通断电路
J	连接器		引脚数	连接电路板
B	电池	正负极,电压	伏特(V)	提供直流电流

2. 开关电源的基本原理

反激式开关电路(简易手机充电器电路)如图5-11所示。该电路由输入整流、开关震荡、输出整流、反馈稳压等四大部分组成。其中D3和C1构成一个极其简单的半波整流滤波电路,完成对输入220V交流电源的整流和滤波;由Q1及变压器T1及其外围电路构成开关振荡电路,完成初次级之间的能量转换和变压功能,Q1工作在开关状态,Q导通时储能,Q1关断时,通过变压器次级释放存储的能量;再由D6和C4完成负载端电源的整流和输出,LED1和R5构成电源指示电路;为确保输出电压稳定,由Z1、IC1和Q2组成脉宽调制电路,通过改变Q1的导通时间即储能时间来改变输出电压的高低,以达到稳压的目的。

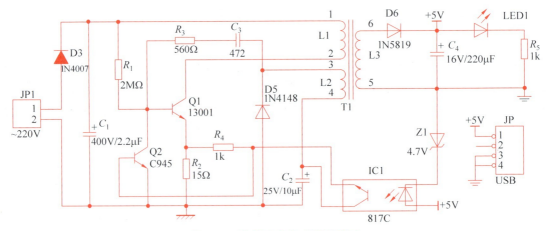

图 5-11 简易手机充电器电路图

【技能指导】

1. 万用表及使用方法

1）万用表的介绍

万用表是电力电子等部门不可缺少的测量仪表，一般以测量电压、电流和电阻为主要目的，有的还可以测量交流电流、电容量、电感量及半导体的一些参数（如 β）等。

万用表按显示方式分为指针万用表和数字万用表。数字万用表与指针万用表相比，具有测量准确度高、测量速度快、输入阻抗大、过载能力强和功能多等优点，它与指针万用表一样在电工电子技术测量方面得到广泛的应用。两款常用的 890C、890D 数字万用表外形及面板功能如图 5-12 所示，这里以 VC890D 型数字式万用表为例介绍其使用方法。

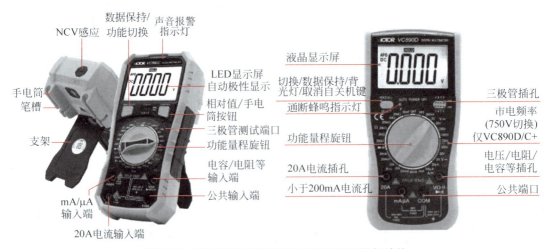

图 5-12 890C/890D 数字式万用表外形及面板功能

2）数字万用表的使用方法

（1）仪表初步检查。首先检查数字万用表的外壳和表笔有无损伤，然后将电源开关打开,显示屏应有数字显示,若显示屏出现低电压符号应及时更换电池。当转换开关置于"Ω""二极管"档时,不得带电测量。特别注意,若将电源开关拨至"ON"位置,液晶屏无显示,则应检查电池是否失效,或熔丝管是否烧断。若显示欠压信号"←",则需更换新电池,每次使用完毕应将电源开关拨至"OFF"位置。

(2) 直流电压测量方法。测量直流电压的测量范围为0~1 000V,共分五档,被测量值不得高于1000V的直流电压。具体操作是将黑表笔插入"COM"插孔,红表笔插入"V/Ω"插孔;将转换开关置于直流电压档的相应量程;将表笔并联在被测电路两端,红表笔接高电位端,黑表笔接低电位端。

(3) 直流电流测量。直流电流的测量范围为0~20A,共分四档。范围在0~200mA时,将黑表笔插入"COM"插孔,红表笔插入"mA"插孔;测量范围在200mA~20A时,红表笔应插入"20A"插孔。转换开关置于直流电流挡的相应量程。两表笔与被测电路串联,且红表笔接电流流入端,黑表笔接电流流出端。被测电流大于所选量程时,电流会烧坏内部熔体。

(4) 交流电压测量。测量范围为0~750V,共分五档。先将黑表笔插入"COM"插孔,红表笔插入"V/Ω"插孔,再将转换开关置于交流电压档的相应量程,最后红黑表笔不分极性且与被测电路并联。

(5) 交流电流测量。测量范围为0~20A,共分四档。表笔插法与直流电流测量相同。先将转换开关置于交流电流档的相应量程,然后将表笔与被测电路串联,红黑表笔无须考虑极性。

(6) 电阻的测量。测量范围为0~200mΩ,共分七档。先将黑表笔插入"COM"插孔,红表笔插入"V/Ω"插孔(注:红表笔极性为"+")。再将转换开关置于电阻档的相应量程,表笔断路或被测电阻值大于量程时,显示为"1"。然后将仪表与被测电阻并联即可开始读数。严禁被测电阻带电,且阻值可直接读出,无须乘以倍率。测量大于1mΩ的电阻值时,几秒钟后读数方能稳定,这属于正常现象。

(7) 二极管测试和电路通断检查。先将黑表笔插入"COM"插孔,红表笔插入"V/Ω"插孔。再将转换开关置于"二极管"位置。红表笔接二极管正极,黑表笔接其负极,则可测得二极管正向压降的近似值。可根据电压压降大小判断出二极管的材料类型。将两支表笔分别触及被测电路两点,若两点电阻值小于70Ω时,表内蜂鸣器发出叫声则说明电路是通的,反之,则不通。以此可用来检查电路通断。

2. 电烙铁及使用方法

1) 电烙铁的介绍

电烙铁是电子制作和电器维修的必备工具,主要用途是焊接元件及导线,按机械结构可分为内热式电烙铁和外热式电烙铁,按功能可分为普通电烙铁和吸锡式电烙铁,根据用途不同又分为大功率电烙铁和小功率电烙铁。专业人士通常使用功率为30W、35W、40W、45W、50W的电烙铁。内热式电烙铁外形如图5-13所示,结构如图5-14所示。

不同的焊接对象,其需要的电烙铁工作温度也不相同。判断烙铁头的温度时,可将电烙铁碰触松香,若烙铁碰到松香时,有"吱吱"的声音,则说明温度合适;若没有声音,仅能使松香勉强熔化,则说明温度低;若烙铁头一碰上松香就大量冒烟,则说明温度太高。

图 5-13 内热式电烙铁外形

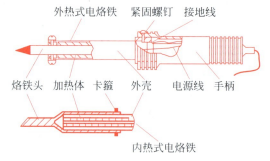

图 5-14 内热式电烙铁结构示意图

2）电烙铁的焊接操作方法

电烙铁焊接的步骤主要有以下三步。

（1）烙铁头上先熔化少量的焊锡和松香，将烙铁头和焊锡丝同时对准焊点。

（2）在烙铁头上的助焊剂尚未挥发完时，将烙铁头和焊锡丝同时接触焊点，开始熔化焊锡。

（3）当焊锡浸润整个焊点后，同时移开烙铁头和焊锡丝或先移开锡线，待焊点饱满漂亮之后再离开烙铁头和焊锡丝。

焊接过程一般以 2～3 秒为宜。焊接集成电路时，要严格控制焊料和助焊剂的用量。为了避免因电烙铁绝缘不良或内部发热器对外壳感应电压损坏集成电路，实际应用中常采用拔下电烙铁的电源插头趁热焊接的方法。

3）电烙铁使用的注意事项

（1）新买的电烙铁在使用之前必须先给它蘸上一层锡（给电烙铁通电，然后在电烙铁加热到一定温度时用锡条靠近烙铁头），使用久了的电烙铁将烙铁头部锉亮，然后通电加热升温，并将烙铁头蘸上一点松香，待松香冒烟时再上锡，使电烙铁头表面先镀上一层锡。

（2）电烙铁通电后温度高达 250℃ 以上，不用时应放在电烙铁架上，但较长时间不用时应切断电源，防止高温将烙铁头氧化。要防止电烙铁烫坏其他元器件，尤其是电源线，若其绝缘层被电烙铁烧坏则很容易引发安全事故。

（3）不要猛力敲打电烙铁，以免震断电烙铁内部的电热丝或引线而产生故障。

（4）电烙铁使用一段时间后，烙铁头部可能留有锡垢，在电烙铁加热的条件下，可以用湿布轻擦。如出现凹坑或氧化块，则应用细纹锉刀修复或者直接更换烙铁头。

3. 元器件装配流程

元器件装配包括熟悉电路原理图和印制线路板图（也称 PCB 图）、准备元器件和焊接工具、元器件插接、元器件焊接、电路板清理、整机装配及调试等工序。工艺流程如图 5-15 所示。

【教育实践】

1. 任务说明

简易手机充电器安装。

2. 劳动要求

（1）技术准备。熟悉电路原理图、PCB 图，根据原理图上元件编号找到 PCB 板上元件安装的对应位置，如图 5-16 所示。

```
           准备印制电路板上的元件
                    ↓
   熟悉印制电路板上敷铜线路的走向和电路图的关系,将
   元件一一标注在印制电路图样上。若在装配生产线上提
   供的印制电路和印制电路板上均已标注,则可省去这个
   环节。初学者可通过这个环节的训练熟悉对电路的调试、
   维修和日后电路板的测绘工作
                    ↓
   根据印制电路板上元件引脚安装孔之间的距离和关系,对
   元件引脚整形,弯折成合适的形状,以方便插入安装孔内
                    ↓
   依次插入电阻器、电解电容器、三极管,复查无误后完成焊接任务
                    ↓
   在合适的位置固定并用导线连接电源、输入信号连接端和输出信号接线端
                    ↓
   对照电路图全面复查元件的安装位置、焊接质量
```

图 5-15　元器件装配流程

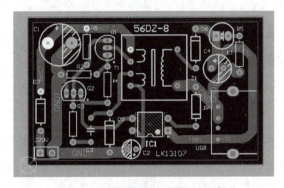

图 5-16　简易手机充电器 PCB 板

（2）工具准备。万用表、30W 内热式电烙铁及支架、镊子、剥线钳、平口钳或指甲钳等。

（3）材料准备。根据原理图配齐相关电子元器件（实际练习可以直接在网络上采购套件），见表 5-7。

表 5-7　简单手机充电器元器件配置清单

序号	符号	名 称	型号规格	数量
1	R1	电阻	2mΩ	1
2	R2	电阻	15Ω	1
3	R3	电阻	560Ω	1
4	R4	电阻	1kΩ	1
5	R5	电阻	1kΩ	1
6	C1	电容	400V/2.2μF	1
7	C2	电容	25V/10μF	1
8	C3	电容	4 700pF	1

续表

序号	符　号	名　　称	型 号 规 格	数量
9	C4	电容	16V/220μF	1
10	D3	二极管	1N4007	1
11	D5	二极管	1N4148	1
12	D6	二极管	1N5819	1
13	D1	稳压二极管	4.7 V	1
14	LED1	发光二极管	红色	1
15	Q1	NPN 开关三极管	13001	1
16	Q2	NPN 三极管	C945	1
17	IC1	光电耦合	PC817A—C	1
18	T1	开关型变压器	专用定制	1
19	JP1	电源插头	220V	1
20	JP	USB 接口		1

3．注意事项

（1）注意用电安全，电烙铁插入 220V 交流电工作。

（2）焊接时防止电烙铁烫伤皮肤，不焊接时要把电烙铁搁置在烙铁架上，防止烫坏烙铁线或工作台面等。

（3）通电调试前应先检查无短路现象；初次接通交流电源，建议采用 1∶1 的 220V 隔离电源；调试时应在老师指导下测试相关参数。

4．实践记录

实践记录详见表 5-8。

表 5-8　电子焊接劳动教育实践活动记录

序号	实 践 步 骤	训　练　要　求	过程记录
1	核对元器件	根据图 5-11 所示的原理图和表 5-7 所列的元件清单表，仔细核对元件名称、规格和数量是否符合要求	
2	熟悉电路图及 PCB 板	熟悉如图 5-16 所示的 PCB 印制电路板，根据原理图元件编号找到印制板上每个元件的位置	
3	元器件插接	依次插入表 5-7 所列的全部元件，通常是先电阻、再电容，先低层元件、再高层元件，先小型元件、再大型元件。元件插入时注意高低距离和引脚形状，留足散热和检修空间	
4	元器件焊接	用电烙铁完成全部元件的可靠焊接	
5	电路板清理	减去焊点外多余引脚，并初步检查焊接质量，无漏焊、虚焊、搭焊（连焊）等现象	
6	空载调试	连接电源，观察二极管 LED1 能否正常发光，用万用表测量发光二极管前端对地电压（USB 端电压）是否为空载 5V	
7	装机调试（带负载）	拆除多余引线，将电路板装入外壳中，USB 接入手机充电，显示充电正常	
8	实践反思与自我评价：		
9	老师综合评价：		

第六章　栽培种植与农业生产

第一节　庭院栽培

【情境导入】

中国古典园林大致分为帝王宫苑、宅第园林、寺庙园林、名胜园林等四大类型,尤以大观园为设计之最。大观园的总体布局体现了接驾、观赏、宴乐、居住、游乐等多种功能。曹雪芹精心地运用了轴线与非对称的对比方法,进行了顺应自然地势地貌的巧妙设计,把许多院落和自然景区组合为一幅天然画图,成为中国古典园林的集大成者。

庭院规模虽比不上园林,但随着社会的不断进步和人民生活水平的提高,新时代的中国老百姓也越来越开始关注庭院宜居的环境和健康的生活方式,尤其是对自己居住、工作、生活、休闲的场所开始进行创造性地美化与净化。一年一度的中国庭院设计大赛、中国花园设计大赛等的成功举办,更是让每个人的个性和创造性得到充分施展,从而实现人与自然、人与社会的和谐、进步、发展,达到安居乐业、民富国强的目的。

花卉是色彩的来源,更是庭院的"灵魂"。因此,庭院种植花卉不仅可以美化环境,丰富人们的生活,而且可以改善环境,增进人们的身心健康。在庭院中种植花卉,能遮阴,调节空气温度和湿度,还能吸收二氧化碳,增加氧气,使空气净化,清新宜人。有的花卉能分泌杀菌素(如丁香花中的丁香酚),可以减少危害人们身体健康的病菌。花卉的茎叶等绿色部分有保护视力的良好作用,人们在紧张工作之余,眺望青枝绿叶,能消除视觉疲劳,使精神得以放松。花园式庭院如图6-1所示。

图6-1　花园式庭院

庭院种植花卉要因地制宜,要根据当地气候和院内的光照、土质、地下水位等情况,选用适宜花木。例如,在较大的绿地上,北方可以种植枣、梨、海棠、石榴、葡萄、丁香、太平花、榆叶梅、蜡梅、月季、牡丹、芍药等;南方可以栽植枇杷、广玉兰、桂花、无花果、柑橘、茶花、栀子、夹竹桃、南天竹、杜鹃、米兰、茉莉、竹子等。下面将重点介绍文竹、绿萝和君子兰的栽培技术。

【知识链接】

1. 花卉浇水

花卉生长需要一定的水分,但若浇水不当则适得其反。因此应该让盆土与水分保持协调比例,才能保证花卉的正常生长。浇水过多,盆土空隙中的空气就被水代替,从而造成缺氧,使花卉的根系呼吸困难,甚至中毒致死和腐烂。因此,庭院花卉应掌握"因需而浇""因花而浇""因时而浇"的基本原则。

(1) 因需而浇的原则。花卉浇水应遵循"不干不浇,浇则浇透"的基本原则,盆土保持微湿偏干的状况,对花卉生长最为有利。这样不仅使盆土中的水分与空气保持合理的状态,从而充分供给花卉生长所需要的水分,同时浇水可将土壤中的陈腐空气驱逐出去,并让新鲜空气进入盆土中。

(2) 因花而浇的原则。不同的花卉对水分的要求是不同的,如龟背竹、棕竹、袖珍椰子、紫鹅绒、橡皮树等开花植物在生长期喜欢较湿润的土壤,浇水应掌握"宁湿勿干"的原则;而酒瓶兰、象脚丝兰、五针松等花卉植物喜欢干燥环境,浇水应掌握"宁干勿湿"的原则。

(3) 因时而浇的原则。对喜欢温暖而需室内保温越冬的花卉,在整个越冬期间,应让盆土保持比较干燥的状态,这样有利于花卉安全过冬。一般情况下,在花卉旺盛生长期间应充分浇水,但芦荟、玉米景天、天竺葵、仙客来等花卉在夏季高温时期处于休眠或半休眠状态,因此要控制浇水,否则容易导致烂根死亡。另外,花卉在一天中最合适的浇水时间因季节而异,夏季浇水以早晚为好,一般宜在早晨 8 时及下午 5 时左右进行;冬季浇水在上午 10 时至下午 2 时气温较高时进行;春季浇水则可随时进行。

2. 花卉施肥

"要想花儿长得好,巧施肥料少不了。"什么时候施肥,应施什么肥,都应按照适花适时的原则进行。

(1) 常用花卉肥料。肥料按所含的养分元素可分为氮肥、磷肥、钾肥、复合肥和微量元素肥料。氮肥主要有人尿粪、肥饼、尿素等,主要促进花卉的营养生长,使枝叶生长繁茂。磷肥主要有骨粉、过磷酸钙等,可促使花芽形成和花大色艳,果实早熟。钾肥主要有草木灰、硫酸钾等,可促使花卉的根系生长,茎干粗壮坚实,并增强花卉的抗性。复合肥是以两种以上营养元素化合制成的无机肥,如磷酸铵、硝酸钾、磷酸二氢钾等。微量元素是以植物生长必需的微量元素为主体的肥料,如硫酸亚铁、硼酸等。

(2) 花卉施肥方法。花卉的施肥有基肥和追肥两种方法。基肥即将迟效性肥料均匀地拌入培养土中,常结合上盆和翻盆使用。目的是提高土壤肥力,并长期供给花卉使用。常用的基肥有堆肥、饼肥、禽畜粪肥、骨肥等。盆栽花卉由于营养面积有限,仅靠基肥是不够的,所以要适时进行追肥。追肥应多施加有速效的液体肥料,也可将饼肥粉撒于盆土中,让养分随浇水时渗入土中,供花卉吸收。

(3) 花卉施肥控制。控制好花卉施肥的频次和浓淡是关键。不同的花卉对肥料的需求是不同的,有些花卉在生长发育期间需要较多的养分,如仙客来、瓜叶菊、一二年生花卉、月季、扶桑、茉莉、米兰等,每周需施肥一次;有些对肥料的要求一般,如文竹、吊兰、昙花、花叶常春藤、竹芋类、合果芋等,每 10~14 天施一次肥;苏铁、紫鹅绒、冷水花等花卉对肥料的要求不多,可 3~4 周施一次肥。盆花要遵循"薄肥多施"的原则,施肥过浓,会灼伤花卉的根系,所以要注意水肥的控制。如米兰、月季、茉莉、石榴等花卉吸收肥料能力强,施肥可适当浓些。杜鹃、茶花、茶梅、兰花等花卉吸收能力较差,施肥应淡些。

3. 花卉防治

病虫害的防治应以防为主,杜绝病虫害的来源。发现病虫害时,应遵照"治早,治小,治了"的原则。庭院养花的病虫害防治,最好不要喷用化学药剂,以免污染环境。花卉常见的病虫防治技巧有以下几种。

（1）人工防治。如果发生蚜虫时,可将盆花侧倒后,置于自来水龙头下用流水冲洗；发生介壳虫时,可用牙刷或竹签轻轻刮除；发生粉虱时,若虫可用软布擦除。

（2）生石灰防治。用生石灰掺水调成石灰乳液,可防止立枯病；用石灰1份,水20份,待溶解后加入烟草1份,浸泡过滤后,加水40份,喷洒盆土及盆底,可防治线虫病。

（3）食醋防治。往叶片喷洒食醋液,可治黑斑病、白粉病、叶斑病等；还可治疗茶花、杜鹃、栀子花的黄化病。

（4）大蒜防治。大蒜捣碎后浸提汁液,加水喷施,可防治灰霉病和根腐病。

（5）洗衣粉防治。用中性洗衣粉1克,加水150克,制成喷雾,每天1次,连续2~3次,可杀死蚜虫、红蜘蛛、介壳虫。

【技能指导】

1. 文竹养护

文竹是"文雅之竹"的意思。文竹虽然不是竹,但是它的叶片轻柔,常年翠绿,枝干有节外形似竹,但与挺拔的竹子相比,它又凸显出姿态的文雅潇洒,所以称为文竹,如图6-2所示,它叶片纤细秀丽,密生如羽毛状,翠云层层,株形优雅,独具风韵,故又有云竹之称。虽然跟文竹气质一样好的植物也有很多,如兰花、碗莲等,但是它们的养护难度都很高,价格也比较贵,对普通花友而言,养盆文竹最为划算。

图6-2 文竹

1）文竹育苗

文竹主要有播种、扦插和分株三种育苗方式,如图6-3所示。播种需要先准备种子,然后播入花土中,浇水保湿,等待出芽。扦插需要先将插条剪下,然后插入花土中等待生根。分株需要先将母株脱盆,掰下幼株后使用新盆重新栽种。

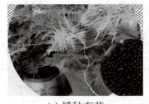
(a) 播种育苗

(b) 扦插育苗

(c) 分株育苗

图6-3 文竹育苗的方法

（1）播种育苗。种前先准备疏松透气的沙质土以及瓦盆,经过消毒后再将土装到盆中。播种时,在花土上每隔3厘米戳一个小洞,深度不要太深,大约5毫米即可。之后,将文竹的种子播入花土之中,每个洞放2~3粒种子即可,不要放太多。播种好之后,用花土将洞填好,再将花土浇湿并在其上覆一层薄膜保湿。后期养护时需将它放到20~25℃的环境之中,并且适时喷水,保持花土微湿,经过大约30天,就能够看到它出芽了。

(2) 扦插育苗。为了获得插条,应选择健康植株上长势较好的枝条,用消毒的小刀在其上划一刀,再涂上一层新鲜的苔藓,保持湿润,等到10天后,它的伤口处会出现瘤状结节,这时将它剪下来。接下来就可以进行扦插了,选择透气性好的花土,将剪下的枝条插入其中,再将花土浇湿。之后,在外面套一个有小孔的袋子,保持湿润。大约一个月,它就能够生根了。

(3) 分株育苗。为获得幼株,必须将母株脱盆,然后用手将它茎干基部长着的幼株掰下。注意要连着根一起掰下,不然无法成活。然后开始分株,将掰下的幼株栽入透气的花土中,浇水保湿,放到阴处养护。大约一周,就可以进行正常的养护了。

2) 文竹养护

文竹生长对光照、土壤、肥料、水分和温度等方面有比较严格的要求,如喜半阴、湿润、薄肥、疏松透气、防积水等,如图6-4所示。文竹养护的具体操作如下。

(a) 文竹土壤　　　　(b) 文竹施肥

图 6-4　文竹养护

(1) 光照要求。文竹在光照方面要求不高,属于半阴植物,夏天放在明亮的地方,不需要阳光直射,而春秋最高温度在25℃的时候即可全日照,冬天时,一个星期最好要有1天的直射光照时间。

(2) 土壤方面。普通的营养土和园土按4∶1的比例配制即可,1升土拌2~3克缓释肥,盆底可以铺一层陶粒或者粗河沙防积水。园土主要起固根作用,否则全用营养土文竹容易被吹歪,影响整体造型。

(3) 科学施肥。文竹属于观叶植物,因此对氮肥需求相对较大,可以两个星期施一次氮肥,促进叶片翠绿旺盛。由于文竹根茎稍微肉质,用于储存养分及萌发新的笋芽,而高钾肥料可以促进肉质根的发育和肥大,所以偶尔需要浇一点钾肥,促进肉质根的壮大。

(4) 水分要求。文竹喜欢湿润,但忌浇水过多。因为水多会使根系腐烂。空气湿度越高越好,在天气炎热时,要经常向植株周围的地面、枝叶喷水以增加空气湿度,盆土也不能过于干燥,过于干燥会使文竹枯萎。浇水方法为春秋季3~5天浇1次水,夏季2天浇1次水,冬季气温低,要减少浇水量,以免冻坏根茎,同时要注意浇水时水温应尽量与周围温度相近。

(5) 温度控制。文竹喜欢温暖的环境,生长适宜的温度为15~25℃,夏天当温度高于32℃时会停止生长。冬天温度最好保持在10℃以上,低于5℃会受冻害。

3) 文竹造型

文竹造型主要有塔式、双丛式、展翅式和自然舒展式四种,如图6-5所示。

(1) 塔式造型。选择2~3枝高且挺拔秀丽的茎干为主峰,摘去茎上各个生长点,定株高为30~35厘米。余下的枝干和新生的茎干不要高于主峰。对新生芽,可视其茎的粗细来

(a) 塔式造型　　　　　(b) 双丛式造型

(c) 展翅式造型　　　　(d) 自然舒展式造型

图 6-5　文竹常见的造型

决定是否摘去生长点。若其茎比主峰的茎粗,应摘去,若比主峰的细,则不必摘,任其生长。与此同时,还需利用物遮法和其本身的趋光性不断调整株形。此种造型文化气息比较浓厚,透露出一种生活积极向上、蓬勃进取的崭新气息。

(2) 双丛式造型。在盆中栽植一高一低两株文竹,高者 30 厘米左右,低者 18 厘米左右,生长期间再像塔式文竹那样造型即可,寓意好事成双、比翼齐飞。

(3) 展翅式造型。修剪成飞鸟展翅的造型,给人一种奋发超越、积极向上的气势和暗示,一般放在学生教室的角落或书桌旁,可以起到励志的作用。

(4) 自然舒展式造型。任其野性生长,自由舒展,不刻意修剪,放在办公桌上,给人一种放松、优雅曼妙的美感。

2. 绿萝养护

绿萝是大型常绿藤本植物,如图 6-6 所示。生长于热带地区,常攀缘生长在雨林的岩石和树干上,可长成巨大的藤本植物。绿色的叶片上有黄色的斑块。其缠绕性强,气根发达,既可让其攀附于用棕丝扎成的圆柱上,摆于门厅、宾馆,也可培养成悬垂状置于书房、窗台,是一种较适合室内摆放的花卉。绿萝藤长数米,节间有气根,随生长年龄的增加,茎增粗,叶片亦越来越大。叶互生,绿色,少数叶片也会略带黄色斑驳,全缘,心形。

图 6-6　绿萝

绿萝性喜温暖、潮湿的环境,要求土壤疏松、肥沃、排水良好。盆栽绿萝应选用肥沃、疏松、排水性好的腐叶土,以偏酸性为好。绿萝极耐阴,在室内向阳处即可四季摆放,在光线较暗的室内,应每半月移至光线强的环境中恢复一段时间,否则易使节间增长,叶片变小。绿萝喜欢湿热的环境,越冬温度不应低于 15 ℃,盆土要保持湿润,应经常向叶面喷水,提高空气湿度,以利于气生根的生长。旺盛生长期可每月浇一遍液肥。长期在室内观赏的植株,其茎干基部的叶片容易脱落,降低观赏价值,可在气温转暖的五六月,结合扦插进行修剪更新,促使基部茎干萌发新芽。

绿萝也可水培。新剪下来的绿萝水培养殖大概需要一星期才能长出根系。新剪下来的绿萝水培养殖需7~10天换一次水。

1) 养护方法

（1）多浇水。绿萝喜欢生活在湿润的环境中,所以应多浇水,夏天天气炎热,水分散失快,除了多浇水还应该给叶面喷水,浇水多少根据盆土而定,绿萝植株大的就应该多浇水。

（2）避免暴晒。绿萝层级生长在大树下的荫蔽地方,所以它是一种喜阴植物,不能在阳光下暴晒,否则刚发芽的新叶会失水变小,颜色暗淡,同时易灼伤叶缘。

（3）适当温度。绿萝虽然不喜欢烈日,但对温度很敏感,温度太低容易被冻伤,室温20℃左右即可,如果开设暖气设备,绿萝叶子不能离其太近,室内温度控制在10℃以上,绿萝就可以安全度过冬天。

（4）合理施肥。由于室内养殖,绿萝吸收养分没有室外充足,建议每隔半个月施一次肥料,可以在市场上买专门供绿萝使用的肥料。或者询问花店老板,让其帮忙选肥料。

（5）保持湿度。绿萝在空气湿度较大的环境中生长较快,建议保持室内湿度,可以使用加湿器增加空气湿度。具体方法可以给绿萝周围喷水。

（6）土壤适宜。土壤以肥沃、疏松、排水性能好的腐叶为主,适当偏酸性的土壤效果最好,在光线较暗的房间里,应该开一些灯光,这样有助于植物的生长。

2) 叶子发黄

绿萝叶子发黄,如果是水培养殖的多是水中有细菌,如果是土培养殖的则可能是根在腐烂,相对来说水培的绿萝比土培的绿萝出现黄叶的概率要大。绿萝叶子发黄的具体因素主要有浇水不当、光照不平衡、施肥不正确等方面。

（1）浇水不当。浇水过多或过少都会造成绿萝的叶子发黄,如果叶面暗黄无光泽,新长出来的梢萎缩不长,可能是浇水过多,而如果叶梢或边缘发枯、发干,新叶生长正常,老叶却现枯黄脱落则是浇水不足。

（2）采光不当。绿萝喜阴,强光照射会引起花卉的叶梢、叶缘发枯,并且叶片的朝阳部分会出现黄斑。相反,长时间放在阴暗环境中,叶片得不到足够的阳光照射,无法形成叶绿素,也会造成绿萝叶子发黄,需及时补光。

（3）施肥不当。绿萝养殖施肥过多、浓度过大,或缺肥都可能造成绿萝叶子发黄,当施肥过多时,绿萝叶面肥厚而无光泽,且叶面观感不舒展,老叶片现黄脱落,可通过冲洗减少肥料改善这种状况。缺少肥料时,叶面颜色会变淡,呈淡绿色或黄色,应及时补充肥料,严重时则要更换盆土。

3. 君子兰养护

君子兰又名大花君子兰、大叶石蒜、剑叶石蒜、达木兰,因其花名君子,花形脱俗、叶片清秀、根系肥硕等特点,而备受历代文人雅士、革命志士的钟爱,如图6-7所示。"辛亥三杰"之一的秋瑾在《兰花》一诗中这样写道:"九畹齐栽品独优,最宜簪助美人头。一从夫子临轩顾,羞伍凡

图6-7　君子兰

葩斗艳俦。"君子兰的花语有高贵的寓意,象征着坚强刚毅和威武不屈的高贵品格,所以放在家里也能显示主人的气度不凡。所以无论是在自家庭院,还是在教室宿舍,养几盆君子兰也必定会"主雅客来勤"。

1)君子兰育苗

(1)播种育苗。君子兰播种育苗包括选果(种子)、催芽和播种及管理四个过程,如图6-8所示。盆栽君子兰养到7～8对叶子时就能开花,很多在开完花以后还能结出小果实。当君子兰果实变成紫红色成熟时,就可以把它采摘下来,进行播种繁殖,这样就能繁殖出更多盆漂亮的君子兰了(如果没有收获到种子也可到网上直接购买)。君子兰在播种以前,要把它外面的一层外壳去除,再用清水冲洗干净,这样有利于种子发芽。如果不去除外壳,则不容易发芽。

(a) 果实　　　　　　(b) 种芽　　　　　　(c) 幼苗

图6-8　君子兰育苗

为了加快种子发芽,还可以进行浸种和催芽处理。具体是将从果球中剥开的种子用纱布包好放置3天后,在25℃左右的玻璃缸中浸种1～5天到发出芽后(第一天水全淹没种子,第二天后一直保持1毫米左右的少量水,缸口盖透明塑料布保湿),放入装有厚10厘米高温消毒的新鲜锯末的透气塑料筐中(种子上覆盖1厘米锯末)催芽,温度保持在20～27℃,每天适量喷水一次保持湿度。

在准备好培养土和种子以后,将培养土装入花盆摊平整,将催芽后的种子均匀地播种到盆土中,注意芽点向上,然后在上面覆盖一层疏松透气性良好的培养土,注意不要覆土太厚,以盖住种子为宜,以免影响出芽率。

播种后要特别注意保持土壤适度潮湿和适宜温度。用喷壶将土壤喷潮湿,放到阴凉通风处养护,并保持土壤微湿,不能浇水太多,否则容易使种子腐烂。如果环境温度偏低,还可以在花盆上面套上塑料袋,以形成一个小温室,起到保温保湿的效果,提高种子发芽率。

当种子长成小株苗后,可以把塑料袋除去,并适当把它放在散光处,接受一些散光照射,并开始给它浇一些稀薄的肥水,这样能使小苗长得更健壮。

(2)分株育苗。花卉的无性繁殖有扦插、分株、压条、嫁接等方法,但君子兰的无性繁殖一般只采用分株法,如垂笑君子兰等。用分株法育苗,首先要准备好栽花的瓦盆,不要因盆表面美观而购买瓷质、陶质盆,因为它们透气性差,不利于植株发育成长。然后准备好介质土,进行消毒处理,如用腐殖土混合细砂,腐殖土要用高锰酸钾1 000～2 000倍的水溶液喷洒消毒;细砂也要用开水烫洗消毒,避免幼苗受病菌感染腐烂。再将切割用的刀磨锋利,最后在磨石上快速干磨(不加水)数十下,使刀身高度发热,以杀灭病菌。

分株时,先将君子兰母株从盆中取出,去掉宿土,找出可以分株的腑芽。如果子株生在母株外沿,株体较小,可以一手握住鳞茎部分,另一手捏住子株基部,撕掰一下,就能把子株掰离母体;如果子株粗壮,不易掰下,就应该用准备好的锋利小刀把它割下来。子株割下后,应立即用干木炭粉涂抹伤口,以吸干流液,防止腐烂。

最后将子株上盆种植。种植时,种植深度以埋住子株的基部假鳞茎为准,靠苗株的部位要使其略高一些,并盖上经过消毒的沙土。种好后随即浇一次水,待 2 星期后伤口愈合时,再加盖一层培养土。一般须经 1~2 个月生出新根,1~2 年开花。用分株法繁殖的君子兰,遗传性比较稳定,可以保持原种的各种特征。

2)君子兰养护

君子兰要保持花好叶茂,关键在于坚持科学养护。君子兰养护一般从培土、浇水、施肥、透光等四个方面展开,如图 6-9 所示。

(a)培土

(b)施肥

(c)透光

图 6-9　君子兰养护

(1)培土。花好还需根系旺,而要养好根系,土壤是关键。君子兰一般 3~5 年换一次盆,盆土要选择透水透气富含有机质的园土。家庭配置君子兰的土壤透气度也要高一些,用透气性好含腐殖质丰富的土壤,这种土土质肥沃,渗水性好,pH 值在 6~6.5 之间,属于君子兰喜欢的微酸性土质。

君子兰的根系属于肉质根系,穿透力弱,家庭盆栽较为常用的种植基质有水草、树皮、椰子壳、碎木屑、碎石、陶粒等。这些材料疏松、透气、排水良好,具有良好的保肥保水性能。要想养好君子兰,必须给它更换合适的土壤,上面的种植基质配比很适合君子兰、中国兰以及大花蕙兰这种根系为肉质、粗大且肥厚、根的穿透力很弱的植株。

(2)浇水。君子兰喜欢肥厚、排水性良好的土壤和湿润的土壤,忌干燥环境。浇水的原则是浇水浇透,见干见湿。过量浇水会使根系腐烂,日常可以控制兰花盆栽周围的空气湿度,在天气炎热时,经常向植株周围的地面、枝叶喷水以增加空气湿度,盆土也不能过于干燥,过于干燥会使兰花枯萎。

在君子兰的养护过程中,常因过度浇水,出现烂根情况,如遇烂根,首先清理根部,实践证明,即使是君子兰的根部没有了,如果悉心照料,它还是可以重新生根然后存活下来。如果君子兰根部腐烂后需要剪掉,一定要彻底地清除烂掉的部分。其次是消毒,建议用多菌灵溶液与水按 1∶2 000 的比例兑好,浸泡鳞茎处,30~40 分钟即可,以此对它的根部进行全部彻底地消毒,以免继续腐烂。消毒以后放在通风处晾干。

(3)施肥。栽培君子兰要根据生长周期,施入不同的肥料。如春、冬两季正值花期前后,应该施磷肥和钾肥,补充养分的同时,可以让叶片浓厚翠绿,促进叶脉形成和提高叶片的光泽度,日常可以用厨余垃圾做肥料,如鱼粉、骨粉、麻饼。而秋季则是君子兰花芽分化的重要时节,此时宜施些腐熟的有机肥或豆饼的浸出液,清水兑稀后浇施,助力叶片生长。当君子兰长出花骨朵的时候适量追施含有磷钾元素的肥料,一定要将肥料稀释之后施加,薄肥勤施进行补肥,养分充足能促使后期更好、更长久地开花。当花朵开放之后无须再追肥,应及时停肥。

(4) 透光。兰科植物都喜欢散射光,盛夏的阳光暴晒或者秋季的强光照射都会引起叶片发枯,长黄斑,影响植株的生长和美观度。冬季又不可以长时间放置在光照不强的环境中,君子兰的叶子也会因为无法进行光合作用而导致叶片萎缩,之后泛黄脱落。所以在日常家庭养君子兰的时候,夏季最好将它放置在适当的散射光下,冬季放到阳光可以照射到的地方。另外,处于花期的君子兰可以适当降低环境温度,采取避强光的措施,保持通气良好,降低新陈代谢频率,有利于延长花期。毫无疑问,半遮挡的阳台是君子兰"养生"的好去处。

3) 君子兰水培

自然界有时很神奇,自从有了水培技术,很多观赏型植物真的做到了"出淤泥而不染",既不用担心传统土壤种植的泥土"气息"影响室内环境,也不用担心这些"娇生惯养"的小植物饮水不足或"淹死"烂根,如文竹、一帆风顺、君子兰等。下面将介绍君子兰的水培技术,共分以下四步。

(1) 选择玻璃器皿。一般来说,以透明的玻璃容器为宜,如果养一株幼苗,则只需要一个玻璃罐头瓶。如果要大量水栽,可用细铁丝编制一个孔径为一厘米的金属网,再制作一个比金属网稍小的玻璃水培箱;或用金鱼缸代替。然后将金属网盖在水培箱上,将君子兰苗通过网眼分别插入营养液中,花根在培养液中的深度以不超过根部的假鳞茎为限。

(2) 配制营养液。营养液分无机和有机两种。无机营养液可按如下比例配制:钙 1.5 克、硫酸亚铁 0.01 克、尿素 0.5 克、磷酸二氢钾 1 克、硫酸镁 0.5 克,以上 5 种无机盐配齐后,溶于 1 000 克水中即可使用。有机营养液按如下方法配制:炒熟麻籽面 100 克、骨粉(无盐鲜骨制成)100 克、豆饼粉 150 克、熟芝麻粉 50 克,溶于 1 000 克水中。以上两种营养液比较起来,有机肥成分丰富,但营养含量不高,无机肥成分相对单一,但肥效大,见效快。为取长补短,二者可结合使用。若单用,无机肥每周施放一次,有机肥 5 天施放一次。

(3) 准备"饮用水"。君子兰幼苗对其"饮用水"要求比较高,不能直接取用自来水,必须用"困"过的水,所谓"困"水,是指把自来水放在容器中,在阳光下晒上 3~5 天,使对君子兰根部有害的漂白粉等氯化物沉淀。"困"过的水,从外表上看,沉淀物由条状变成团状,水的颜色以绿为佳。"困"好水后,淹没根部位置时一定不能淹没假鳞茎。水位过浅不能使君子兰得到充分的水分供应,水位过深(淹没了假鳞茎)又会造成根部溃烂。

(4) 请君入"瓮"。接下来就可以将君子兰幼苗装入盛水的玻璃器皿中了。水培君子兰也有三种基本形式,如图 6-10 所示,一是矗立式,用于根系比较发达,有独立支撑能力,无须其他支持装置的幼苗,加入合适高度的水即可;二是用网孔状花盆做支撑,高度低于玻璃器皿的一般深度为宜,由于根系无法直接深入水中,一般用两到三根棉线作为假根深入盆地吸

(a) 矗立式   (b) 套盆式   (c) 混养式

图 6-10　君子兰水培

水;三是在金鱼缸上装个瓶套,也可用大号的可乐瓶,倒立鱼缸中,使君子兰根部直接深入水中。这样做可通过鱼的生理状态观察君子兰的水气情况,一举两得。具体做法是向水培箱中放进两三条小鱼,如果小鱼在水中自由自在地游来游去,说明水中不缺氧,如果小鱼总是浮上水面,嘴和腮露出水面呼吸,说明水中缺氧。发现水中缺氧,必须补氧,方法有两种,一是换水;二是用小氧泵向水中供氧。

【教育实践】

1. 任务说明

常见庭院的花卉栽培。

2. 劳动要求

(1) 组织学生赴花木市场或农场考察实践,可分组到花木市场相关门市完成常见庭院的花卉(如牡丹、月季、君子兰、仙客来、虎皮兰、吊篮、白鹤芋、绿萝、文竹等)栽培劳动实践。

(2) 学习相关花卉的育苗技术,完成过程记录。

(3) 学习相关花卉的养护技术,完成过程记录。

(4) 学习相关花卉的水培技术,完成过程记录。

(5) 设计并布置自己所在的教室、书屋或者宿舍,并展开评比。

3. 注意事项

在农技师的指导下,合理选择花卉品种的栽培技术,不损伤苗木、不污染土壤、不浪费水源、科学施肥、精准施药,做好个人防护。

4. 实践记录

实践记录详见表 6-1。

表 6-1 庭院花卉栽培劳动教育实践活动记录

序号	实践步骤	训练要求	过程记录
1	活动组织	分小组,并撰写考察方案	
2	育苗技术实践	根据实践基地条件,结合时令特点,选择 3~5 种花卉的育苗技术	
3	养护技术实践	根据实践基地条件,结合时令特点,选择 3~5 种花卉的养护技术	
4	水培技术实践	根据实践基地条件,结合时令特点,选择 3~5 种花卉的水培技术	
5	主题设计	选择合适的地点或场所,组织小组开展主题设计,如"花香庭院设计比赛""室雅人和设计比赛"等	
6	实践反思与自我评价:		
7	老师综合评价:		

第二节 果蔬种植

【情境导入】

菜篮子关乎百姓民生,如图 6-11 所示。为缓解我国副食品供应偏紧的矛盾,农业农村部于1988年提出建设"菜篮子工程"。我国的菜篮子工程分为四个阶段。

第一个阶段是从1988年到1993年年底。这个阶段首先提出菜篮子市长负责制，其特点是城市的副食品基本得到解决。建立了2 000多个集贸市场，初步形成了以蔬菜、肉、水果和蛋奶为主的大市场大流通格局。食品数量得到饱和，但质量还存在问题，主要是农药用量过多。

第二个阶段是从1995年到1999年年底，这一时期是新一轮菜篮子工程。这个阶段的特点是将菜篮子工程扩展到城乡接合地区甚至城市郊区，扩大了范围，如山东寿光的蔬菜主要供应北京，山东临沂的蔬菜主要供应上海和南京一带。同时，大力实施"设施化、多产化和规模化"的三化政策。"设施化"是指大棚化，"多产化"是指种植多种新品种蔬菜，"规模化"是指大批量地种植。

图6-11　菜篮子

第三个阶段是从1999年到2009年年底。这一时期进入菜篮子快速发展的阶段，是提高农产品安全性的阶段。1999年9月，全国有十大城市召开了第十二次菜篮子工程产销体制改革经验交流会议，会上正式提出，国内菜篮子的供求形势从长期短缺转向供求基本平衡。预示着菜篮子工程全面转向质量层面发展阶段。在这个阶段发生了一个很重要的事情，2001年4月，农业农村部开始实施无公害农产品行动计划，并推广至全国，在农村建立了大规模无公害建设基地。在这10年里，农业农村部认为我国基本进入无公害产品时期，如北京早在2005年就宣布96%的肉类、蔬菜类和蔬果类农副产品为无公害农产品。

第四个阶段是从2010年年初中央1号文件开始，中央1号文件着重提出体制与机制建设问题。体制就是管理；机制就是公司加农户或是合作社加农户。当时最大的问题就是要求提高技术进步。

党的二十大报告强调建设农业强国、发展乡村特色产业、拓宽农民增收致富渠道，并高度重视农产品的稳产保供，各地全面抓好"菜篮子"产品生产发展、市场流通、质量监管、调控保障等工作，"菜篮子"产品供应能力和水平不断提升。近年来，我国蔬菜产量稳定增长，极大地丰富了百姓餐桌。

民生连着民心，民心凝聚民力。多年的砥砺前行，"菜篮子"这道民生题的答案中写满了舌尖上的幸福，也书写着党和政府的责任与担当。

【知识链接】

果蔬包括果类蔬菜和叶类蔬菜两种。果类蔬菜又包括茄果类、荚果类和瓠果类蔬菜。茄果类包括茄子、番茄和辣椒等；荚果类包括豆类菜，菜豆、豇豆、刀豆、毛豆、豌豆、蚕豆、眉豆、扁豆和四棱豆等；瓠果类包括黄瓜、南瓜、冬瓜、丝瓜、菜瓜、西瓜、甜瓜、瓠瓜和蛇瓜等。叶类蔬菜主要包括白菜、菠菜、油菜、卷心菜、苋菜、韭菜等。

1. 果类蔬菜

果类蔬菜包括西红柿、茄子、豇豆、黄瓜、丝瓜、辣椒等，如图6-12所示。

（1）西红柿。西红柿又称番茄，是茄科番茄属的一年生或多年生草本植物，体高0.6～2米，全体生黏质腺毛，有强烈气味，茎易倒伏，叶呈羽状复叶或羽状深裂，花序总梗长2～

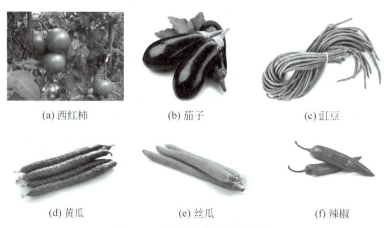

(a) 西红柿　　(b) 茄子　　(c) 豇豆
(d) 黄瓜　　(e) 丝瓜　　(f) 辣椒

图 6-12　常见的食用果类蔬菜

5厘米,常开3~7朵花,花萼呈辐状,花冠呈辐状,浆果呈扁球状或近球状,肉质而多汁液,种子为黄色,花果期在夏秋季。西红柿原产于南美洲,中国南北方广泛栽培。喜温性,对土壤条件要求不太严苛,在土层深厚,排水良好,富含有机质的肥沃土壤中生长良好。西红柿的果实营养丰富,具特殊风味,可以生食、煮食,加工成番茄酱、汁或整果罐藏。

(2) 茄子。茄子又称"茄",俗称"落苏",是为数不多的紫色蔬菜之一,也是餐桌上十分常见的家常蔬菜。江浙人称其为落苏,两广人称其为矮瓜,是茄科茄属的一年生草本植物,热带为多年生。其结出的果实可食用,颜色多为紫色或紫黑色,也有淡绿色或白色品种,形状上有圆形、椭圆、梨形等各种形状。

(3) 豇豆。豇豆俗称角豆、姜豆、带豆、挂豆角。豇豆分为长豇豆和饭豇两种,属豆科植物。豇豆属豆科一年生植物。茎有矮性、半蔓性和蔓性三种。南方栽培以蔓性为主,矮性次之。豇豆是蝶形花科一年生缠绕草本植物,小叶有3片,顶生小叶呈菱状卵形,长5~13厘米,宽4~7厘米,顶端急尖,基部近圆形或宽楔形,两面无毛,侧生小叶呈斜卵形;托叶呈卵形,长约1厘米。花萼呈萼钟状,无毛;花冠淡紫色,长约2厘米,花柱上部里面有淡黄色须毛。荚果为线形,下垂,长可达40厘米。花果期为6—9月。

(4) 黄瓜。黄瓜属葫芦科黄瓜属植物,也称胡瓜、青瓜。果实颜色呈油绿或翠绿,表面有柔软的小刺。中国各地普遍栽培,现广泛种植于温带和热带地区。黄瓜喜温暖,不耐寒冷,为主要的温室产品之一。黄瓜是西汉时期张骞出使西域时带回中原的,当时称为胡瓜。五胡十六国时,后赵皇帝石勒忌讳"胡"字,汉臣襄国郡守樊坦将其改为"黄瓜"。

(5) 丝瓜。珠江三角洲丝瓜特指八角瓜,是原产于印度的一种葫芦科植物,又称菜瓜,在东亚地区被广泛种植。丝瓜为葫芦科攀缘草本植物,根系强大,茎蔓性、五棱、绿色,主蔓和侧蔓都生长繁茂,茎节具分枝卷须,易生不定根。中国内外均有分布和栽培。果为夏季蔬菜,所含的各类营养物质在瓜类食物中较高,所含的皂甙类物质、丝瓜苦味质、黏液质、木胶、瓜氨酸、木聚糖和干扰素等物质具有一定的特殊作用。成熟时丝瓜里面的网状纤维称为丝瓜络,可代替海绵用作洗刷灶具及家具,不可生吃,还可供药用,有清凉、利尿、活血、通经、解毒之效,还有抗过敏、美容之效。

(6) 辣椒。辣椒为一年或有限多年生草本植物。果实通常呈圆锥形或长圆形,未成熟时呈绿色,成熟后变成鲜红色、绿色或紫色,以红色最为常见。辣椒的果实因果皮含有辣椒素而有辣味,能增进食欲。辣椒中维生素C的含量在蔬菜中居第一位,原产于墨西哥,明朝末年传入中国。其中观赏椒呈圆形,不可食用,颜色有红色、紫色等。

2. 叶类蔬菜

常见叶类蔬菜有白菜、菠菜、苋菜和韭菜等,如图6-13所示。

图6-13　常见的食用叶类蔬菜

(1) 白菜。白菜原分布于中国华北地区,在中国各地广泛栽培。白菜比较耐寒,喜好冷凉气候,不适于栽植在排水不良的粘土地上。白菜营养丰富,菜叶可供炒食、生食、盐腌、酱渍,外层脱落的菜叶还可做饲料。白菜具有四季常青、营养丰富、菜质脆嫩、清爽适口等特点,白菜中含有蛋白质、糖类、微量元素、纤维素、维生素等多种营养物质。尤其是维生素C、纤维素和金属元素钙、硒、钼等含量较高。1千克鲜白菜中含钙610毫克,含维生素C190毫克,含硒14毫克和钼1.78毫克。

(2) 菠菜。菠菜在我国各地被普遍栽培,为常见的蔬菜之一。菠菜主根发达,茎粗大,上部呈紫红色,味甜可食。侧根不发达,不适宜移栽。叶呈戟形或卵形,色浓绿,质软,叶柄较长,呈淡绿或略带微红色,叶是其主要的食用部分。菠菜是一种营养价值极高的蔬菜。菠菜中的胡萝卜素含量远远高于其他蔬菜,维生素C含量低于辣椒但高于西红柿。菠菜是绿叶类蔬菜中耐寒力最强的一种,菠菜发芽的最低温度为4℃,最适温度为15～20℃,超过25℃时则不能发芽。菠菜对土壤的要求不严,但以微酸性到中性土壤为宜。

(3) 苋菜。苋菜为直根系植物,根系发达,分布深广,叶互生,全缘,先端尖呈钝圆形、卵圆形、长卵圆形、披针形,叶面皱缩,叶色有绿色、黄绿色、紫红色、绿色与紫红色镶嵌。花为单性或杂性,穗状花序,花极小,顶生或腋生。种子极小,圆形,黑色有光泽,千粒重0.3克左右。苋菜原产于印度,分布于南亚、中亚、日本等地,全国各地均有栽培。

(4) 韭菜。韭菜是耐寒的多年生宿根蔬菜,较能耐热,对温度的适应性强。韭菜地下部的根贮藏有大量的营养物质,可供分蘖及叶片生长需要。在无光或弱光条件下,植株可生长一段时间,但不形成叶绿素,成为韭黄。韭菜不仅质嫩味鲜,营养也很丰富。每500克韭菜中含蛋白质10克以上,脂肪30克,碳水化合物19克,钙280毫克,磷225毫克,铁65毫克,维生素C95毫克,胡萝卜素为17.5毫克。韭菜原于产亚洲东南部,目前已普遍栽培。

【技能指导】

1. 西红柿的种植

西红柿的种植管理包括中耕除草、蓄水保墒、搭架绑蔓、整枝打杈、去掉老叶、通风透光、加强防治病虫害、加强温度管理等措施,如图6-14所示。

(1) 种子处理。用清水浸泡种子1~2小时,然后捞出,把种子放入55℃的热水中,维持水温,均匀浸泡15分钟,之后再继续浸种3~4小时。温汤浸种时,一般是一份种子,两份水;要不断、迅速地搅拌,使种子均匀受热,以防烫伤种子;要不断加热水,保持55℃水温。浸种可以预防叶霉病、溃疡病、早疫病等病害发生。

(2) 催芽。现代农业为了播种后出苗整齐,消毒杀菌,减少病害,在播种之前都需要催芽种子,打破种子休眠,然后再进行播种。西红柿大多选择直接在保温箱催芽,一般选择可以调节温度的保温箱,可能一开始需要将保温箱温度设置在25~28℃。当大部分种子破皮后就要降温,刚突破的部分适应温度要低一些,大概在20~24℃之间,大部分种子露白以后要转到冰箱去做打破休眠处理,保持5℃低温处理,尽快出芽,如图6-14(a)所示。

(a) 催芽 (b) 覆膜

(c) 整枝 (d) 保花

图6-14 西红柿的种植

(3) 播种。适合西红柿发育的温度是24~26℃,可在春季播种,在适宜温度范围内,能促使西红柿种子发芽。准备好疏松的营养土,将种子均匀播种到土壤中,覆盖上薄土,保持土壤的湿润度,等待种子生根发芽,在正常养护下,种子需要3~4天即可发芽。

(4) 苗期管理。育苗床温度较高,保温条件好,经过催芽的种子,播种后2~3天就可以出苗,反之,则需要5天或更长的时间才能出苗。苗期管理主要是温度和光照的控制。播种至出苗期间的苗床管理,这一时期是指播种至两片子叶充分展开期。春季露地栽培番茄的育苗期各地均安排在寒冷的季节,必须使床温控制在昼温25~28℃,夜温15~18℃。采用冷床或温床育苗,这期间应充分利用太阳能以提高床温,并利用覆盖物以保持较高的床温。出苗前一般不揭膜、不开窗放风。幼芽开始顶膜出苗时,如果因覆膜过薄,出现顶壳现象,则应立即再覆膜1次。

(5) 定植。等西红柿长出两三片真叶时,即可定植,定植时地温需稳定在10℃以上,这样有利于根系生长,能提高成活率。将西红柿幼苗从土壤中取出来,再小心种植到土壤之中,适当洒水,养在阳光处。

(6) 整枝。整枝的方式主要有两种,一种是只留主干,侧枝全部摘除(侧枝长到 4~7 厘米时摘除为宜),称为单干式整枝;另一种是除留主干外再留第一花序下的侧枝,其余侧枝全部摘除,称为双干整枝。不论采用哪种整枝方式,都要注意及时绑蔓。

(7) 保花。为防止落花落果,可于花期用 10~20ppm 的 2,4-D 药液浸花或涂花,或用 20~30ppm 的番茄灵喷花。植株生长中后期,下部的老叶也可适当摘除,以减少养分消耗,改善通风透光;无限生长型品种有 4~5 层果穗后要及时打顶,提高坐果率,促进果实成熟。

(8) 追肥。当第一穗果长到核桃大时结束蹲苗,浇一次肥水,配制土壤调理剂,以利果实快速膨大,以后约 10 天浇一次水。在第三穗果膨大时再浇一次肥水,施肥数量比第一次适当提高些,提高地温,活化土壤,促生根防早衰。冬季浇水时要看天看苗进行,阴天不浇水,忌大水漫灌,进入 12 月,果实已成熟,一般不再浇水,以防地温下降,棚内湿度过大容易感病,影响成熟。每次浇水后要及时通风排湿。冬季由于光照不足,对长势正常却表现缺氮的盛果期植株可用 10ppm 的九二零加 1% 的尿素液进行叶面喷施。

(9) 采果。西红柿成熟有绿熟、变色、成熟、完熟 4 个时期。贮存保鲜可在绿熟期进行。运输出售可在变色期(果实的 1/3 变红)进行。就地出售或自食应在成熟期,即果实 1/3 以上变红时进行。采收时应轻摘轻放,摘时最好不带果蒂,以防装运中果实被相互刺伤。

2. 茄子的种植

茄子的种植一般采用种子+幼苗的方式进行,对于大规模种植户来说首选种子育苗的方式,对于个体农户而言,一般从市场直接采购幼苗进行种植和管理。茄子种植关键环节包括催芽、幼苗移植和修剪三个环节,如图 6-15 所示。

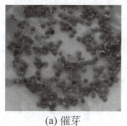  

(a) 催芽　　　　　　(b) 幼苗移植　　　　　　(c) 修剪

图 6-15　茄子的种植

1) 种子育苗

(1) 苗床准备。苗床准备包括床土配制、床土消毒和苗床准备等环节。床土配制的方法是将田园土、腐熟的马粪和大粪干过筛,按 5∶4∶1 的比例配成营养土;或将园土、蛭石粉、大粪干过筛后按 6∶2∶1 的比例配制,不可用鸡粪配制营养土。床土消毒要求每 15 千克土与 70% 的五氯硝基苯、80% 的代森锌(或 80% 的福美双)各 5 克与床土混合拌匀,用地膜盖严,消毒 3 天。准备苗床时,每亩播种量为接穗 40~50 克,砧木 20~30 克(托鲁巴姆 8~10 克),准备种子,苗床面积按每平方米播种 25~30 克种子计算。在床面铺 9~10 厘米厚的营养土,整平,浇足底水,覆盖地膜保湿等待播种。

(2) 种子处理。选择晴天,室外晒种 6~8 小时,用 1% 的高锰酸钾溶液浸种半小时,或用 0.1% 的多菌灵浸种 1 小时,捞出后用清水漂洗干净,再用 30℃ 的温水浸泡。托鲁巴姆很难发芽,用 100ppm 的催芽剂浸种 24 小时,清洗后再催芽。

(3) 浸种催芽。用 55℃ 的温水浸种 15 分钟,再用 30℃ 的清水浸泡 8 小时,洗净种皮上的黏液,用干净纱布包好开始催芽,采用变温管理,每天 25～30℃ 控制在 16～18 小时,16～20℃ 控制在 6～8 小时,早晚用温水淘洗一次,6～8 天后发芽。

(4) 播种方法。选用 CPR、赤茄、茄砧 1 号较接穗提前 7～10 天播种,茄砧 3、4、5 号可与茄子同期播种,选用托鲁巴姆做砧木时,则提前 25～30 天播种,高温季节可适当缩短接穗、砧木的播期差距。待 80% 的种子芽长到 1～2 毫米时播种,将芽均匀撒播在苗床上(也可与细砂拌匀播种),播后立即覆盖 1 厘米的营养土,然后再盖上地膜保温保湿,夜间加盖小拱棚保温。

(5) 苗期管理。播后白天气温在 28～30℃,夜间不低于 20℃,保持土温在 20℃ 以上,幼苗出土后撤去地膜。7～8 天齐苗后白天气温控制在 20～25℃。出土后撒一次干营养土,待子叶展开后再撒一次,每次厚度为 2～3 毫米。

(6) 分苗技术。分苗苗床准备方法同前。分苗在两片真叶时进行,每亩需 35～40 平方米,接穗苗可移植在床苗上,按 8 厘米×8 厘米株行距开沟移栽,采用水稳苗法,水渗后合拢,也可移入营养钵。分苗后白天保持 20～30℃,夜间保持 15～18℃,移植后不宜大水浇灌,宜喷洒,选晴天上午洒水为宜。

2) 幼苗移植

移栽前要施足基肥(亩施腐熟农家肥 2 000 千克,复合肥 50 千克),在高畦种植。畦高约 30 厘米,双行植,畦宽包沟 1.8 米,株距 45～50 厘米,亩植 1 400 株左右。单行植,畦宽包沟 1.3 米,株距 45 厘米,亩植 1 000 株左右。定植后淋足定植水,幼苗成活后停止浇水,促进根系深扎。

3) 田间管理

茄子的田间管理包括肥水管理和植株管理两个方面。

(1) 肥水管理。茄苗定植后约 15 天进行浅中耕除草,结合小培土薄施一次提苗肥,亩施稀薄的人粪尿 10～20 担。植株根茄坐果后,摘除根茄以下的侧枝,以免枝叶过多,消耗养分。此时期植株尚未封行,进行深中耕除草、培土,重施一次追肥,亩施硫酸钾复合肥 50 千克。植株生长进入中后期,每收 2 次果应追施一次肥,亩施复合肥 15～20 千克。同时可喷施金钾朋、爱多收或 0.3% 的磷酸二氢钾等叶面肥。

(2) 植株管理。茄子的长势很强,侧枝多,叶片长得很快,尤其在气温适宜、肥料充足的情况下,植株更为繁茂。但是若植株长得过密,就会引起落花、烂果、果实色泽差等问题。而且如果叶片过多,会影响通风透光,老叶和病叶不仅制造养分能力弱,还能传染病害,所以修去一部分健叶,摘除老叶、病叶,有利于植株生长和结实,提高产量。

修叶时应该分次除去弱枝和基部的侧枝,以及老叶和病叶,并适当除去过密的健叶,保持叶片稀疏均匀,有利于通风透光。在茄子的整个生长期,修叶 4～5 次,防止一次修叶过多、只剩顶上几片小叶的现象。此外,修叶的多少还要根据品种、肥料、天气等情况进行区分。一般分枝能力弱的品种比分枝能力强的品种要少修。生长前期比生长后期要少修;肥料较少的比肥料充足的要少修;天气干旱比湿润多雨要少修。适时喷施菜果壮蒂灵,可激活植物生态生长的正能量,拓宽植物导管路径,提升植物吸水吸肥力度,提升果实产量和质量,降低落果率,减少裂果、僵果、畸形果的发生率。

4）茄子采收

茄子采收的标准可看茄眼的颜色，若茄眼与果皮颜色分明，表明果实正在生长，组织柔嫩，品质好。茄眼不明显表示生长慢应及时采收。6—8月高温天气应在早晨或傍晚采收，中午果实温度高，呼吸旺盛，容易干瘪，皮薄的品种和供应外地的或远距离运输的茄子尤应注意。

【教育实践】

1．任务说明

赴蔬菜大棚种植户开展果蔬种植教育实践活动。

2．劳动要求

（1）根据时令特点和地区条件，分组设计果蔬种植品种和项目。

（2）水果和蔬菜，各选2～3个品种开展苗床整理，符合种植要求。

（3）水果和蔬菜，各选2～3个品种开展种子的预处理或催芽活动。

（4）水果和蔬菜，各选2～3个品种开展种子的田间水肥、病虫害防治等活动。

（5）讨论相关果蔬的生长特点和管理要求。

3．注意事项

（1）严格遵守果蔬种植田间管理规定，不破坏作物生长。

（2）对农具进行安全使用。

4．实践记录

实践记录详见表6-2。

表6-2　果蔬种植劳动教育实践活动记录

序号	实践步骤	训练要求	过程记录
1	分组设计	因地制宜，合理分组	
2	苗床整理	地形地块、土壤肥瘦、温湿度调控等	
3	种子处理	根据种子特点，科学催芽	
4	田间管理	根据作物生长特点，科学施肥、合理喷灌、正确修剪等	
5	虫害防治	现场分析研究、合理配药、正确治理	
6	实践反思与自我评价：		
7	老师综合评价：		

第三节　农业生产

【情境导入】

农业生产是国民经济的基础。农业生产的物资满足人们必要的生活需要，手里有粮心里不慌，充分说明了农业生产的重要性。作为一个民族，只有重视了农业生产劳动，才能兴旺发达，立足于世界强林。"杂交水稻之父"袁隆平利用"两系杂交法"选育出"超级稻"，如图6-16所示，他使水稻单产大幅提高，为中国的粮食安全做出了重要贡献。不仅如此，他在农业机械化、灌溉技术、土地利用等方

图6-16　袁隆平

面的研究都取得了重要进展。

教育部《"制止餐饮浪费培养节约习惯"行动方案》指出：组织学生走出课堂，走向田间地头和青少年社会实践基地等场所，广泛开展实践体验活动并形成制度，城市中小学校要在每个学段至少安排一次农业生产劳动，农村中小学校要因地制宜开展种植养殖体验活动，支持大学在食堂建立育人实践基地。该项行动方案有利于培养学生的劳动观点和劳动习惯，对当前开展节约粮食反对浪费有积极意义。中小学生适当参加，体验农业劳动，认识农作物的成长、生产过程。体验劳动人民的辛苦，粮食的来之不易，能让中小学生在饮食方面节约粮食，体会父母的养育之恩，让学生深切体会"粒粒皆辛苦"的意义，这比空洞说教"不要浪费粮食"效果更好。

【知识链接】

1. 农耕文化

中国传统农业的主要耕作方式有原始农业耕作、耒耜(lěi sì)耕作和铁犁牛耕。在我国几千年的农业发展过程中，随着生产工具不断进步，铁犁牛耕逐渐取代了其他两种耕作方式，成为我国传统农业中最重要的耕作方式。改革开放后，随着农村土地制度的改革不断推进，以家庭联产承包责任制为特点的生产关系的确立和农业机械化为特点的生产力巨大发展，标志着我国正式进入现代农耕社会。我国农耕文化如图 6-17 所示。

(a) 原始农耕　　　　　　(b) 耒耜耕作

(c) 铁犁牛耕　　　　　　(d) 现代农耕

图 6-17　农耕文化

（1）原始农耕。原始农业耕作的特点是生产工具简单落后。原始农业耕作以石质生产工具为主，虽然出现了石刀、石铲、石锄等工具，但效率不高、耐用性较差，是极其落后的生产工具。

（2）耒耜农耕。耒耜是一种耕作工具，由两部分组成，上半部分是木棍，下半部分是石质或陶质尖头，类似于现在的锹、铲。耒耜的出现使得在农业耕作中第一次出现翻土。翻土的应用和推广使得农业耕作由穴播向条播转变，一方面翻土使得土壤的肥力得到改善和提高，另一方面条播的形式也提高了农作物的种植效率，大幅提高了农作物的产量。

（3）铁犁牛耕。春秋时期我国开始出现了冶铁技术，铁制农具也开始出现，到了战国时期随着冶铁技术的提高和推广，铁制农具也得到了普及。同时牛耕技术的发展使得铁制农具和牛耕技术很好地结合起来，逐渐形成了以铁犁牛耕为主的耕作方式。

（4）现代农耕。从以前的铁铲镰刀，到现在的联合收割机、播种机、收割机、插秧机、拖拉机、农用飞机等。通过农业机械的投入使用，如玉米播种机的精量播种、水稻插秧机的保墒技术以及免耕播种等机械化播种技术,不但可以实现精准种植,提高农作物的产量,还能使农作物抵御自然灾害的能力得到提高。

2. 农用肥料

农用肥料通常指有机肥和无机肥两种。有机肥也称农家肥,主要有粪肥,如家禽粪便和人畜粪尿等;饼肥有菜饼、麻饼、豆饼等;绿肥有红花草、蓝花草及各种植物茎叶和各种野草等。无机肥也称化肥,包括氮肥、磷肥和钾肥三种。

(1) 氮肥。氮肥指氮素营养元素为主要成分的化肥,包括碳酸氢铵、尿素、硝铵、氨水、氯化铵、硫酸铵等。对作物生长起着非常重要的作用,它是植物体内氨基酸的组成部分,是构成蛋白质的成分,也是植物进行光合作用起决定作用的叶绿素的组成部分。氮还能帮助作物生长,施用氮肥不仅能提高农产品的产量,还能提高农产品的质量。

(2) 磷肥。磷肥即以磷素营养元素为主要成分的化肥,包括普通过磷酸钙、钙镁磷肥等。可增加作物产量,改善作物品质,加速谷类作物分蘖和促进籽粒饱满;促使棉花、瓜类、蔬菜及果树的开花结果,提高结果率;增加甜菜、西瓜等的糖分;油菜籽的含油量。

(3) 钾肥。钾肥即以钾素营养元素为主要成分的化肥,目前施用不多,主要品种有氯化钾、硫酸钾、硝酸钾等。能使作物茎秆长得坚强,防止倒伏,促进开花结实,增强抗旱、抗寒、抗病虫害能力。

3. 水稻品种

水稻是亚洲热带广泛种植的重要谷物,中国南方为主要产稻区,北方各省均有栽种。水稻种下主要分为2种亚种,籼稻与粳稻。

(1) 籼稻如图 6-18(a)所示,籼稻产于中国广东、广西、云南、海南、福建和秦岭以南较低海拔地区,具耐热和耐光习性;海拔 1 800 米是籼稻亚种分布的上限。籼稻植株较高,质地较软,分蘖松散;叶片绿色较淡,叶片较长,与茎间角度较大,有绒毛。圆锥花序的主轴较短,小穗狭长,芒短,稃毛稀疏而短,谷粒细长,含糊精少。成熟颖果较少,穗轻。染色体有 12 对,两对染色体有随体。为耐热短日照生态型植物。

(2) 粳稻如图 6-18(b)所示,主产于中国黄河流域、北部和东北部;在南方则分布于海拔 1 800 米以上区域,较耐冷寒,是为中纬度和较高海拔地区发展形成的亚种。与籼稻相比,粳稻分蘖直立,叶色较深无毛。植株较矮,质地较硬,叶片较短,与茎间角度较小,花序主轴较长,小穗数多,密集,穗重,稃毛较长而密,粒形卵圆而较短宽。

(a) 籼稻　　　　　　　　　(b) 粳稻

图 6-18　籼稻和粳稻

【技能指导】

1. 水稻种植

水稻是人类重要的粮食作物之一,耕种与食用的历史都相当悠久。全世界有一半的人口食用水稻,主要在亚洲、欧洲南部和热带美洲及非洲部分地区。中国古籍《宋史·食货志》就曾经记载,"遣使就福建取占城稻三万斛,分给三路为种,择民田之高仰者莳之,盖旱稻也。……稻比中国者穗长而无芒,粒差小,不择地而生。"但这种说法仍有争议,原因就在于学者怀疑以地区气候来论,占城稻有可能是水稻旱种,而非最早的旱稻。中国是世界上水稻栽培历史最悠久的国家,据浙江余姚河姆渡发掘考证,早在六七千年以前这里就已种植水稻。

水稻种植通常分选种、浸种、催芽、播种、育苗、插秧、施肥、保水、防治和收割等十步,如图 6-19 所示。

图 6-19　水稻的种植

(1) 选种。优选后的稻种,晴天在阳光下晒 2～3 天,打破种子休眠,增强酶的活性,提高种子的发芽势、发芽率。把晾晒的种子进行 23% 的黄泥水或 12%～13% 的盐水选种,捞出瘪谷后,用清水洗一遍,再进行消毒。

(2) 浸种。把选好的种子浸入咪酰胺溶液中,每天搅拌一次。要求是应达到累计积温 100℃,即水温 10℃浸种 10 天,水温 15℃浸种 7 天,水温 20℃浸种 5 天,这样才能吸足水分,种子才能保证芽齐、芽壮。否则极易造成不出芽就加温,结果造成烧种现象,使种子失去发芽能力。

(3) 催芽。把浸好的种子用 50℃的温水提温,放在 30 厘米厚的稻草上用塑料布包好,上面盖上棉被,温度控制在 30～32℃。经常翻动,保证温度均匀,大约 36 小时或 48 小时,有 80% 的种子露出白尖时即为破胸。破胸后把温度降到 25℃进行催芽。当 80% 的种子芽长 3 毫米,根长 5 毫米时进行室温(即室内温度)凉芽 6～8 小时就可以播种了。

(4) 播种。稀播育壮秧,播种时遵循"宁稀勿密"的原则。如果 3 月 10 日扣棚,提温可在 4 月 5—10 日,中棚育苗可在 4 月 15—20 日。播量应该根据秧龄而定。如果 4 月 15 日出苗,5 月 15 日插秧,发芽率在 90% 以上,每盘可播干种 120 克。播种后用木磙子把种子 3 面压入土中,与地面持平,然后覆盖 1 厘米的过筛土。

(5) 育苗。低温少水育壮秧,苗床温度"宁低勿高",具体温度应控制在出齐苗时 28℃,一叶一心时 25℃,两叶一心时 23℃,三叶一心时 21℃,以后为 20℃。插秧前 3～5 天昼夜揭布练苗,晚上低于 4℃时盖布防止冻害。苗床湿度"宁干勿湿",苗出齐后,一般不会缺水。

床土表面有0.5厘米厚的干土层,下面的床土松软潮湿时为正常现象。秧苗根系发达,白根多,如果早晨叶尖吐水少,中午打蔫,拔出秧苗都是白根,根周围没有湿土,则表明缺水,这样就要趁早上浇透水;反之,苗打蔫就是发生立枯病了,要了解病情,查明是真菌性还是生理性的,对症下药,及时治疗。

(6)插秧。在插秧前1~2天喷防虫剂和防冻剂。当气温稳定在13℃时连续3天开始插秧。第二积温带可在5月12日开始插秧。第三积温带可在5月15日开始插秧(在保证不受冻害的情况下尽量早插,争取有效积温,促进早熟,夺取高产)。插秧时水层覆盖田面的面积不能少于其面积的50%~80%。并且从下池往上池插,插一半时把上池多余的水排入已插池子,这样做一是节水,二是预防冻害,三是返青快。行距是株高的三分之一最合理。株距根据品种的分蘖强弱而定,一般插9×3或9×4,每穴4~6株。插秧深度以不漂苗为基准,越浅越好。另外,还可以根据叶龄适时插秧,三叶两心开始,四叶五心结束,这是最佳时期。过早插秧苗盘根不好,过晚则返青慢,并且有早穗现象。

(7)施肥。根据多年多次多地块测土化验,土壤表现足磷缺钾,氮偏少,所以应该补氮并稳磷增钾。按叶龄施肥的原则,底肥应在翻地之前施入,每亩17.5~20千克。返青肥在插秧后的7~10天。以秧苗长出新的根系为准,亩施7.5~10千克返青专用肥,到拔节末期每亩施用专用穗肥7~9千克。正常情况下插秧后45~50天(5月15日插秧,应在7月1—5日,看天、看地、看苗使用穗肥)。

(8)保水。"水是稻子的命,也是稻子的病。"要本着前浅、中晒、后湿润,生理用水和生态用水够用的原则。即插秧后,要保持田面不露地,分蘖以寸水为好,分蘖末期要晒田、透气、输氧,以增强根部活力。肥田或长势旺盛时要多晒几天。反之则少晒或不晒。然后灌5~6厘米水层,此时植株开始拔节,肥水不能过大,否则易贪青倒伏。第一、二节拔出后,要加深到1厘米水层,深水孕穗,抽穗前2天适当排水、通气、输氧。保持后4片叶的活力。开始出穗到齐穗期间不可缺水,否则会影响出穗。齐穗后到蜡熟期,可间歇灌溉。即前水不见后水,干干湿湿,黄熟后开始排水。

(9)防治。水稻病害主要指苗期立枯病、后期稻瘟病以及虫害等。立枯病分真菌性和生理性病害,近几年发生的多数是生理性的立枯病。主要由管理不当、环境不良等因素造成。床土水分过大、床温低、床土板结透气性差是发病的原因。其次床土碱性过大有利于病菌繁殖。另外,浇水过多、过勤,氮肥量过多,施肥不均,播种量过大、过早,苗床温度过高,通风练苗不够都可能引起病害。稻瘟病分苗瘟、叶瘟、节瘟、颈瘟、穗瘟、粒瘟,要以预防为主。首先选择抗病品种,科学管理,施肥合理;其次要及时进行药物预防。一般在7月15—25日喷一次药来预防叶瘟和节瘟,在出穗前1~2天喷一次药可预防穗颈瘟。若发现病情,在齐穗后再喷一次。水稻虫害主要包括苗期潜叶蝇和后期二化螟两种。潜叶蝇可在插秧前1~2天喷洒防虫药剂(方便、经济,效果不错)。否则在插秧后10~15天必须喷洒防虫药剂。不然一旦发生虫害,2~3天受害叶片全部被吃光,影响5~7天的生长发育。二化螟必须以预防为主,因为幼虫钻蛀水稻植株内取食,当发现危害部位时(如枯鞘、枯心、白穗)再喷药则很难透入植株内部杀死害虫,易造成倒伏、死杆、死穗等现象。磨米时碎米、死米和黑尖米会增多,出米率降低,效益下降。应当在7月15—20日和8月5—10日各喷一次。最好是发现成虫(即飞蛾)飞在田间时马上喷药。

(10) 收割。适时收割,很多稻农以为水稻越成熟越好,出米率越高,所以延迟不割。造成米粒经纹多,折米多,整精米减少。由于成熟过度,糖流失,淀粉增加,导致品质下降。因此要根据不同品种适时收割。水稻成熟分乳熟、蜡熟、黄熟、完熟和枯熟。在完熟期,即稻穗成米有98%的白米,2%的青米时,或按出齐穗45~50天时,是出米率最高,品质最好的收割时期。

2. 春蚕养殖

蚕是鳞翅目昆虫,它的一生中可分为卵、幼虫、蛹和成虫四个阶段。刚从卵孵化出来的蚕,黑色有毛,好似蚂蚁,叫作蚁蚕。蚁蚕吃着桑叶慢慢长大,过了一段时期,不吃不动,好像人在睡眠,蚕进入了头眠。过了一两天,它蜕去一层皮,又开始吃桑叶,身体继续长大。这样反复四次,达到成熟,产出蚕茧。蚕的身体内部有一对特殊的器官叫丝腺,成熟的蚕,身体透明,体内充满丝质。蚕茧有很多颜色,但黄色和白色较常见,也少有红色和蓝色,彩色丝绸多为人工挑染。

春蚕期气候好,叶质优,茧质良,容易取得高产蚕茧,产茧量一般占全年总产茧量的40%左右。因此,养好春蚕是增加蚕农收益,完成全年蚕茧生产任务的关键。

1) 做好种叶平衡

蚕主要靠食桑叶促进生长发育,必须根据桑叶产量决定春蚕饲养量,既要防止养蚕过多,使蚕受饿,影响蚕茧产量和质量,也要防止养蚕不足,桑叶剩余。因此必须加强桑田春季肥培管理,努力提高春叶产量,确保春蚕饱食上山。

2) 严格消毒防病

春蚕期虽然气候好,病原少,叶质优,但忽视蚕室蚕具的消毒,春蚕后期也会发生蚕病。养蚕前的消毒要按照"一扫、二铲、三浸、四洗、五晒、六消"的顺序,即蚕室内外要彻底打扫,清除所有污物;室内铲土(水泥地用清水反复清洗),填换新土将所有蚕具放入河水里浸泡半天,利于清洗;蚕具正反面彻底洗涤,洗净蚕粪、死蚕、浮丝、污迹等;洗干净的蚕具经曝晒,然后针对早年蚕的发病情况,选用有关药剂进行消毒。药物浓度要配准,配匀,消毒要全面。养蚕期间,喂蚕前和除沙后要养成洗手的习惯,换鞋入室,蚕座内勤撒新鲜石灰粉,及时淘汰病、弱蚕,防止蚕的混育感染发病。

3) 精心饲养小蚕

"养好小蚕七成收",应根据小蚕对温湿度和叶质要求较高,抗病力弱,以及对不良环境抵抗力差的特点,对其精细饲养。

(1) 保持温湿度。小蚕单位体重体表面积大,水分容易散发,体温容易降低,因此,小蚕喜欢高温多湿环境,1~2龄温度应达26.5~27.5℃,干湿差0.5℃左右;3龄应为26~26.6℃,干湿差1.2℃左右,须防止温湿度急变。炕床保温保湿性能好,应提倡炕床共育小蚕。

(2) 严防小蚕中毒。小蚕遇有毒性气体容易发生中毒,尤其使用煤球炉加温,因煤球燃烧时散发硫化氢、一氧化碳等有毒气体,会使蚕因呼吸中毒死亡,在1龄眠中因蚕不食桑,饲养员往往离开蚕室,极易使蚕中毒死亡,因此,使用煤球加温应注重通风换气,排除有毒气体,防止蚕中毒死亡。

(3) 精选良叶。小蚕在单位时间内生长发育快,体重增长迅速,必须精选优良桑叶喂小蚕。小蚕用叶应选择营养丰富,叶质新鲜,成熟度基本一致,无病虫害的桑叶,做到不吃老叶、泥叶和虫口叶。选叶标准为 1 龄吃的叶色黄中带绿,2 龄吃的叶色绿中带黄,3 龄吃"三眼叶",即止芯芽叶。要求 1～2 龄每根枝条只选采一片叶,同时掌握"眠、起两头嫩"的原则。

(4) 适时除沙扩座。为减少遗失蚕和保持蚕座清爽,掌握 1 龄不除沙,2 龄起除、眠除各 1 次,3 龄起除、中除、眠除各 1 次。每次除沙前,先撒焦糠或石灰粉,喂 1～2 回叶,待网下基本无蚕时,即可除沙。除沙动作要轻,防止蚕受伤,并拾净网下没有爬上来的蚕。

小蚕不仅生长速度快,且容易密集,所以每次喂叶前应先扩座、匀座,喂叶后连蚕带叶适当调整蚕座面积,做到"一蚕三位",蚕不碰蚕,有利于蚕生长发育。

4) 认真养好大蚕

大蚕期是蚕积蓄营养,绢丝腺极度发达的时期,生理特点和小蚕有很大差别,对饲养环境和营养要求也有所不同,在饲养管理上应着重抓好以下几点。①鲜桑饱食。采叶要做到快采、松装、快运,以防桑叶发热变质。桑叶应存放在阴凉的室内,贮桑时间宜短,做到当天采、当天吃,不吃过宿叶。桑叶愈新鲜,营养价值愈高,蚕体发育健壮,产茧量高。②计划用桑。5 龄期食桑量占全龄期的 85％左右,须实行计划用桑,定量喂叶,防止"前吃后空",并根据气温变化灵活掌握,气温高,龄期缩短,蚕食桑快,喂叶量适当增加,反之应适当减少喂叶量。4 龄期及 5 龄初期先吃三眼叶,后吃新梢叶,有利于桑叶增产和提高采叶速度。③通风换气。5 龄期因食桑量大,蚕座多湿,蚕呼吸旺盛,有碍蚕生理卫生,须做好通风排湿,及时除沙,确保室内空气新鲜。④适当稀放。5 龄期每张蚕种最大蚕座面积应达 28 平方米,如蚕室蚕具不足,应采用地蚕育、屋外棚架育或土炕育。

5) 提高蚕茧品质

使用方格簇能提高上茧率和出丝率,茧色洁白,解舒良好,上簇后应开门开窗,排除湿气,防止接触不良气体。上簇后 6～7 天化蛹后才可采茧出售。做到分批上簇,分批采茧,不采毛脚茧和嫩蛹茧,采下的茧要分类,防止烂茧污染好茧。茧要薄铺在蚕匾内,切忌堆压。售茧时不能用塑料袋装茧,严防蒸热,否则蚕蛹出血,导致上茧变为内印茧,降低茧质和茧价。

【教育实践】

1. 任务说明

水稻育苗与田间管理。

2. 劳动要求

(1) 参观农耕文化。

(2) 水稻选种和育苗。

(3) 插秧职业体验。

(4) 水稻农田管理职业体验。

(5) 社会调查报告。

3. 注意事项

略。

4. 实践记录

实践记录详见表 6-3。

表 6-3　水稻育苗与田间管理劳动教育实践活动记录

序号	实 践 步 骤	训 练 要 求	过程记录
1	参观农耕文化	参观所在地农耕文化展示厅或参与乡村振兴文旅项目,全面了解我国农耕文化发展脉络	
2	水稻选种和育苗	在农技人员指导下完成水稻选种、浸种、催芽、播种、育苗等项目	
3	插秧职业体验	在农技人员指导下组织学生赴农田或借助虚拟实训软件,完成水稻插秧的职业体验	
4	农田管理职业体验	借助5G网络连线水稻种植现场或借助虚拟实训软件,完成水稻施肥、保水、防治和收割等水稻农田管理项目的职业体验	
5	社会调查报告	完成社会调查报告,主题围绕农业生产力发展对我国水稻种植技术的推动作用及粮食产量的积极影响,题目自定	
6	实践反思与自我评价:		
7	老师综合评价:		

第七章 互联网与现代服务业

第一节 互联网与电商模式*

一、认识互联网

1. 互联网文化历史沿革

作为对苏联1957年发射的第一颗人造地球卫星Sputnik的直接反应,以及由苏联的卫星技术潜在的军事用途所导致的恐惧,美国国防部组建了高级研究项目局(ARPA)。当时,美国国防部为了保证美国本土防卫力量和海外防御武装在受到苏联第一次核打击以后仍然具有一定的生存和反击能力,认为有必要设计出一种分散的指挥系统:它由一个个分散的指挥点组成,当部分指挥点被摧毁后,其他点仍能正常工作,并且这些点之间,能够绕过那些已被摧毁的指挥点而继续保持联系。为了对这一构思进行验证,1969年美国国防部委托开发ARPANET,进行联网的研究。同年,美军在ARPA制订的协定下将美国加利福尼亚大学、斯坦福大学研究学院加利福尼亚大学和犹他州大学的四台主要的计算机连接起来。这个协定由剑桥大学的BBN和MA执行,在1969年12月开始联机。它的目的就是重新树立美国在军事科技应用开发方面的领导地位。当时的网络传输能力只有50Kbps,按标准来说就是非常低。

从1970年开始,加入ARPANET的节点数不断地增加。当时ARPANET使用的是NCP协议,它允许计算机相互交流,从1970年开始,加入ARPANET的节点数不断地增加。最初的NCP协议下的ARPANET上连接了15个节点共23台主机。到1972年时,ARPANET网上的网点数已经达到40个,这40个网点彼此之间可以发送小文本文件(当时称这种文件为电子邮件),也就是我们现在的E-mail和利用文件传输协议发送大文本文件,包括数据文件(即现在互联网中的FTP),同时也发现了通过把一台计算机模拟成另一台远程计算机的一个终端而使用远程计算机上的资源的方法,这种方法被称为Telnet。由此可看到,E-mail、FTP和Telnet是互联网上较早出现的重要工具,特别是E-mail仍然是目前互联网上最主要的应用。但在NCP协议下,目的地之外的网络和计算机却不分配地址,从而限制了未来增长的机会。但无论如何,ARPANET成第一个简单的纯文字系统的互联网。

2. 中国互联网发展过程

中国互联网发展经历了以下四个阶段。

(1)学术牵引期。指的是互联网从美国引入中国的阶段。在这一阶段,中国政府科研单位历经数年的努力,推动互联网从信息检索,到全功能接入,再到商业化探索。

注:标*章节为选学内容。

(2) 探索成长期。指的是逐步建立普通大众对互联网的认知度和接受度，稳步成长。在这一期间，我国最早一批互联网公司相继成立，热情高涨，一路高歌，不畏互联网泡沫期带来的考验，努力探索互联网的商业模式。

(3) 快速发展期。该阶段成熟的互联网商业模式已经建立，"内容为王"的时代慢慢过去，开始转向"关系为王"的 Web 2.0。互联网的角色关系也开始转变，内容的缔造者不再只是网站，个体用户也可以参与其中，逐步通过内容来拓展自己的关系链，也就是我们常说的 SNS 时代。

(4) 成熟繁荣期。该阶段正是我们目前经历的成熟互联网阶段。从微博的盛行，到 2012 年移动互联网的爆发，移动应用与消息流型社交网络并存，真正体现了互联网的社会价值和商业价值，呈现空前繁荣的景象。

二、走进"互联网＋"时代

1. "互联网＋"的概念

"互联网＋"简单地说就是"互联网＋传统行业"，随着科学技术的发展，利用信息和互联网平台，使得互联网与传统行业进行融合，利用互联网具备的优势特点，创造新的发展机会。"互联网＋"通过其自身的优势，对传统行业进行优化升级转型，使得传统行业能够适应当下的新发展，从而最终推动社会不断地向前发展。

"互联网＋"是互联网思维的进一步实践成果，推动经济形态不断地发生演变，从而带动社会经济实体的生命力，为改革、创新、发展提供广阔的网络平台。通俗地说，"互联网＋"就是"互联网＋各个传统行业"，但这并不是简单的两者相加，而是利用信息通信技术以及互联网平台，让互联网与传统行业进行深度融合，创造新的发展生态。它代表一种新的社会形态，即充分发挥互联网在社会资源配置中的优化和集成作用，将互联网的创新成果深度融合于经济、社会各域之中，提升全社会的创新力和生产力，形成更广泛的以互联网为基础设施和实现工具的经济发展新形态。

2. "互联网＋"主要特征

"互联网＋"有以下三个方面的基本特征。

(1) 跨界融合。＋就是跨界，就是变革，就是开放，就是重塑融合。信息革命、全球化、互联网业已打破了原有的社会结构、经济结构、地缘结构、文化结构。敢于跨界了，创新的基础就更坚实；融合协同了，群体智能才会实现，从研发到产业化的路径才会更垂直。融合本身也指代身份的融合，客户消费转化为投资，伙伴参与创新，等等。

(2) 创新驱动。中国粗放的资源驱动型增长方式早就难以为继，必须转变到创新驱动发展这条正确的道路上来。这正是互联网的特质，用所谓的互联网思维来求变、自我革命，也更能发挥创新的力量。

(3) 开放共生。关于"互联网＋"，共生是非常重要的特征，而共生的是"互联网＋"新形态的价值追求。我们推进"互联网＋"，其中一个重要的方向就是要把过去制约创新的环节化解掉，把孤岛式创新连接起来，让研发由人性决定的市场驱动，让创业并努力者有机会实现共存共生的价值。

3. "互联网＋"经典模式

(1) "互联网＋医疗"的模式。为民众就医提供了便捷、高效的解决方案。"互联网＋医疗"有多种实现模式，包含"互联网＋医院"、在线问诊平台、医药、医疗保险、健康服务五大模式。互联网医院是实体医院的线上模式。根据卫健委 2018 年 7 月印发的《互联网医院管理办法(试行)》,互联网医院必须有实体医疗机构作为线下支撑,互联网医院所能开展的科室设置和诊疗科目不得超出所依托的实体医疗机构的科目范围。互联网医院可以提供慢性病和常见病复诊,可以开具电子处方,但不能提供首诊。"互联网+医疗"最典型的特征就是"医、药、险"三位一体,如图 7-1 所示。

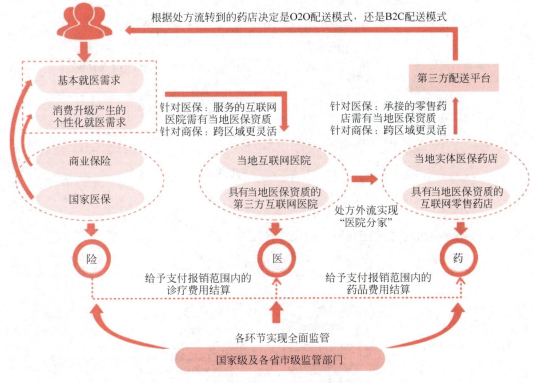

图 7-1 "医、药、险"三位一体模式

随着信息技术的高速发展,互联网医疗产业链生态已初具规模。以移动问诊,移动挂号,互联网医院,医生服务以及医药电商为主的五个产业链板块基本形成,头部企业基于此开始了探索可持续盈利的商业模式。围绕患者、医生、药企、医疗机构四种主体,展开多平台理疗及商业服务互动,如图 7-2 所示。

从医生端看,互联网医疗主要提供医疗咨询、同业交流、医患互动等方面的服务。互联网医疗不仅为医生们提供了医学界咨询如行业重大事件、专家讲座、病例讨论等平台,还可帮助医生管理患者信息,与患者及时沟通,提供随诊、跟踪等服务,以提高医疗服务的销量和质量。

从患者端看,互联网医疗主要包括问诊咨询、预约挂号、疾病管理和在线药房等服务。问诊咨询主要是轻微病症患者可以在网上描述自己的症状,由医生在线进行诊断和交流;预约挂号可以免去了现场排队预约的烦恼;疾病管理主要是针对慢性疾病患者,建立电子档案,实时记录身体状况等作用。在线药房可以在线上选购药品,直接送货上门。

(2)"互联网+金融"模式。相比传统金融,互联网金融的出现满足了需求量巨大的企业小额融资需求,企业不仅获取信息和资金的渠道增多了,而且获取资金和提供服务的成本也降低了。在合理风控的前提下,利用网络平台的额度与速度的优势,不但解决融资难题,还可以优化整体的资金周转。同时,第三方支付等互联网金融模式也给居民生活提供了无

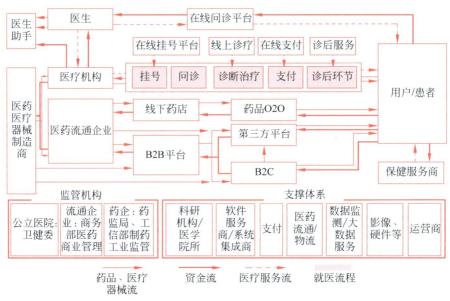

图 7-2 "患者、医生、药企、医疗机构"四位一体模式

限便利。由此催生出的各种互联网金融模式如图 7-3 所示。

图 7-3 "互联网+金融"模式

(3)"互联网+政务"模式。鼓励政府利用新媒体、社交网络等互联网平台建立"智慧城市"的管理和服务体系。同时,政务民生服务平台应该与市场各方合作,分类逐步开放相关数据和接口,降低企业进入和运营成本。基本结构形式如图 7-4 所示。

平台整体架构依托电子政务外网,以政务服务事项的一体化办理为核心,以整合政务服务数据,实现数据互联互通与信息共享为支撑,结合云计算、移动互联网、证照互认等关键技

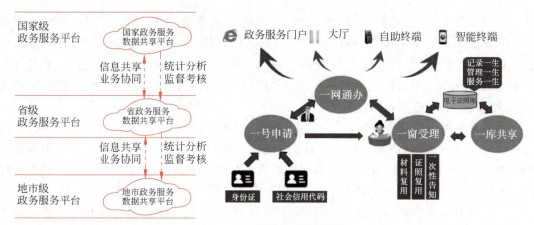

图 7-4 "互联网＋政务"模式

术,将平台架构分为基础设施层、数据资源层、应用支撑层、业务应用层、用户服务层、标准规范与管理制度、安全与运维保障体系。"互联网＋政务"平台架构如图 7-5 所示。

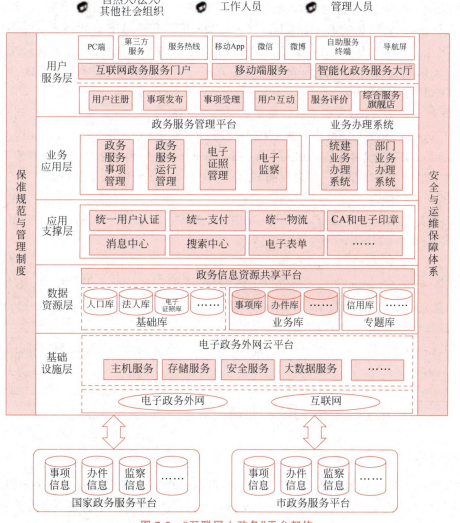

图 7-5 "互联网＋政务"平台架构

（4）"互联网＋交通"的模式。为民众出行创造了最佳条件。高德地图、百度地图等LBS公司，就提供出大数据，分析出每周每天的不同时段，哪些路段拥堵哪些路段畅通，以此推荐民众进行精确出行路线规划。此外，滴滴和快的"打车红包"，让民众养成了新的打车消费习惯，而例如租车、拼车、代驾领域，也都有颇多亮点。未来，车联网、交通监控、车辆通信、无人驾驶等技术都可能成为现实。

（5）"互联网＋教育"的模式。为学生创造了便捷的学习条件。大家熟悉的在线教育，就是"互联网＋教育"的产物。新东方创始人之一俞敏洪表示，移动互联网会改变中国教育资源分配。借助移动互联，未来的远程在线教育会越来越逼真，效果会越来越好。而互联网的教育平台也不断涌现，例如家教平台，答疑平台等。

（6）"互联网＋物流"的模式。通过网上采购和配销，使企业更加准确和全面地把握消费者的需要，在实现基于顾客订货的生产方式的同时减少库存，降低沟通成本和顾客支持成本，增强销售渠道开发能力的战略。

三、经典电商模式

随着互联技术的普及和电商市场的不断发展，各种电商运营模式和营销模式也雨后春笋般破土而出，比较经典的有O2O、B2C、C2C、B2B等。其他电商模式还有：SaaS（软件服务）、PaaS（平台服务）、IaaS（基础服务）、M-B（移动电子商务）、B2G（政府采购）、ABC（代理商—商家—消费者）、BAB（企业—联盟—企业）、P2C（生活服务平台）等诸多形式。

1. O2O运营模式

O2O是一种运营模式，通常有四种形式，即：Online to Offline是线上交易到线下消费体验；Offline to Online是线下营销到线上交易；Offline to Online to Offline线下营销到线上交易再到线下消费体验；Online to Offline to Online是线上交易或营销到线下消费体验再到线上消费体验。比如：保险直购O2O、苏宁易购O2O、大众点评O2O等。

2. B2C营销模式

B2C是英文Business to Consumer的缩写，意即：商家对个人的交易，比如当当、京东等。

3. C2C营销模式

C2C是英文Consumer to Consumer的缩写，意即：个人对个人的交易，比如淘宝小店铺。

4. B2B营销模式

B2B是英文Business to Business的缩写，意即：企业（商家）对企业（商家）间的交易，比如阿里巴巴。

第二节　学校"明厨亮灶"管理信息化

【情境导入】

在餐饮现场观看后厨食品加工过程，并学习从食品安全到明厨亮灶的相关知识。

"民以食为天"，食品安全问题历来是人们普遍关注的焦点，但全国各级各类涉及食品安全的事故时有发生,党和国家有关部门高度重视这一现象,并组织有关专家和组织出台了《食品安全法》,该法案于 2009 年 2 月 28 日第十一届全国人民代表大会常务委员会第七次会议通过(2015 年 4 月 24 日第十二届全国人民代表大会常务委员会第十四次会议修订)。国家食品药品监督管理总局迅速响应,并于 2014 年 2 月部署各地在餐饮业开展"明厨亮灶"工作;从 2015 年起,正式在全国推广,通过采用透视明档(透明玻璃窗或玻璃幕墙)、视频显示、隔断矮墙、开放式厨房或设置窗口等多种形式,对餐饮食品加工过程进行公示,将餐饮服务关键部位与环节置于社会监督之下。2018 年 5 月,国家市场监督管理总局在《餐饮服务明厨亮灶工作指导意见》中明确提出,鼓励餐饮服务提供者实施明厨亮灶,以此保障消费者的知情权。

【知识链接】

某单位实行"明厨亮灶"工程的管理系统示意图如图 7-6 所示,结构图如图 7-7 所示,管理系统包括一套人工智能识别与处理终端(含一套明厨亮灶综合管理软件)、后厨加工现场视频采集摄像头(可以采集后厨人员在岗情况、烟火情况、非法闯入情况)、前台或餐厅大屏幕监控等部分。

图 7-6 "明厨亮灶"工程的管理系统示意图

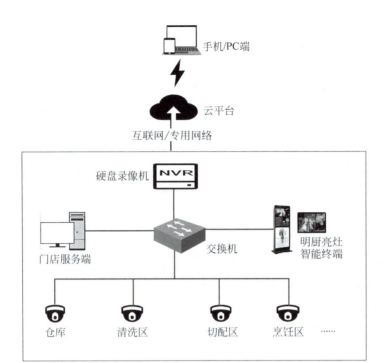

图 7-7 "明厨亮灶"系统结构

【技能指导】

1. 蔬菜残留农药检验方法

食品卫生安全是民生头等大事,毒大米、苏丹红、瘦肉精、农药超标这些已成为人们耳熟能详的词汇。以下重点介绍蔬菜残留农药的检验过程,见表 7-1。

表 7-1 蔬菜残留农药检验过程

序号	检验内容及操作说明	图示说明
1	选择菜品,称 2 克蔬菜当作检验样品,将所需检验的食材切成 1 平方厘米大小	
2	切完后将样品放入塑料瓶	

续表

序号	检验内容及操作说明	图示说明
3	加入 10 毫升缓冲液,盖上盖子并震荡 1 分钟	
4	1 分钟后,将汁液倒出到玻璃瓶中,静置沉淀 3 分钟	
5	吸取 2.5 毫升样品液,倒入试管中	
6	分别加入 100 微升的显色剂和酶(酶、显色剂、底物是农药检测必备试剂)	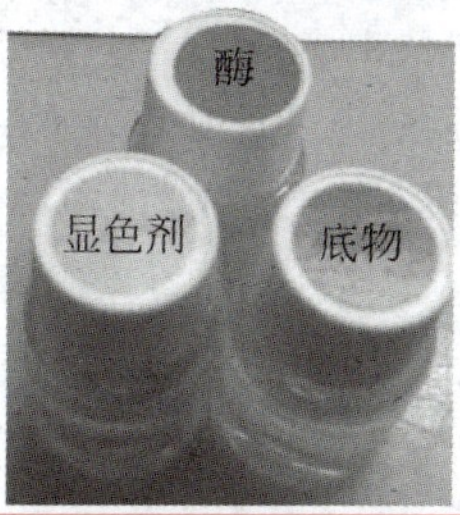
7	摇匀震荡,静置 15 分钟,待试剂与样品充分反应	
8	15 分钟后,加入底物液,震荡摇匀	

续表

序号	检验内容及操作说明	图示说明
9	将试管中的待测样品倒入比色皿中	
10	将比色皿放入检测仪器中	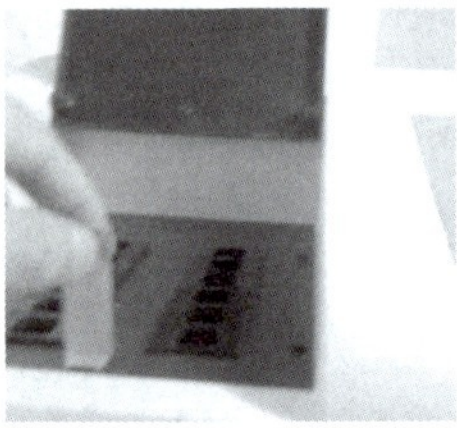
11	开始检测	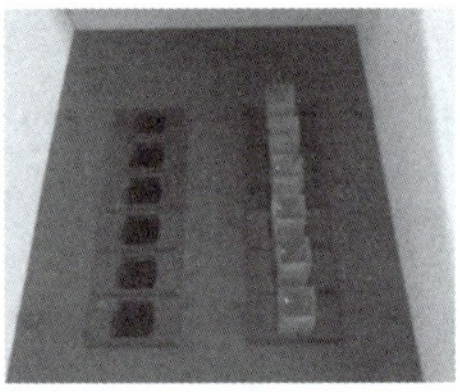
12	检测时间3分钟出结果,抑制率≤50%则表示农药残留在标准范围内	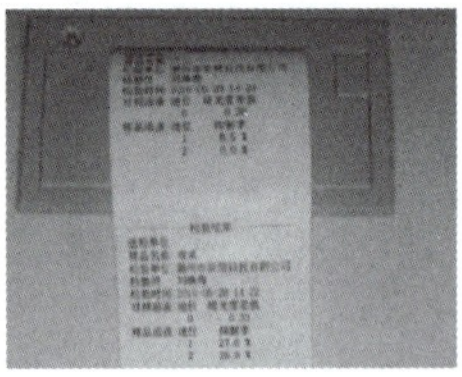
13	将检测结果填入每日检测登记表中	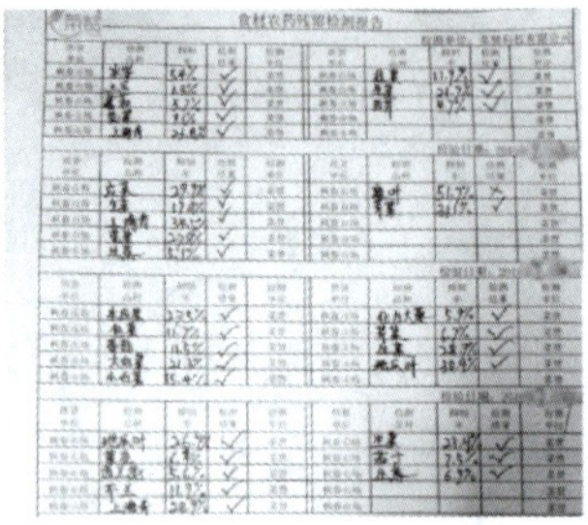
14	将样品放入留样柜进行冷藏,检测流程结束	

2. 食材入库验收流程

原材料入库验收是食材卫生和质量品质保证的第一道关,也是健康与生命安全守护的重要环节,具体分以下七个步骤,如图 7-8 所示。

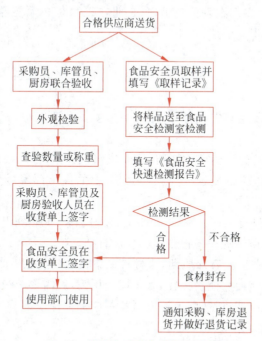

图 7-8　食材入库验收的基本流程

1) 原材料到货通知验收

供应商原材料送货到公司后,由采购负责通知质检人员到现场验收原材料。

2) 出示送货清单

供应商送货人员或采购商向质检人员出示送货清单。质检人员核对送货单,送货单必须注明送货方的公司名称、联系电话、送货方印章或负责人签名,原材料包装上的名称、数量、生产日期等信息。

3) 提供相关证照及检验报告

送货人员根据送货清单提供清单上所有原材料的相关证照及检验报告。根据原材料来源及性质不同,报告及证照大致分为以下五类。

(1) 进口原材料。进口原材料需要提供代理商的《营业执照》《食品流通许可证》、海关出具的与生产日期一致的《检验检疫报告》,也称《卫生证书》。

(2) 国内生产许可发证范围内的原材料。有生产许可证的原材料需要提供代理商的《营业执照》《食品流通许可证》、生产商的《营业执照》《食品生产许可证》、半年内的第三方检验报告、与生产日期相对应的检验报告。

(3) 特许经营的食用原材料,如食盐等特殊原材料需要提供代理商的《营业执照》《特许经营许可证》、半年内的第三方检验报告、与生产日期相对应的检验报告。

(4) 初级农副产品。初级农副产品的证件索取相对困难,大多数企业的农副产品都是在农贸市场购买,建议企业在采购农副产品时就近寻找一个种植场,建立长期稳定的合作。

可以索取对方的《营业执照》,保留好每次的购买凭证,定期自行送检。

(5) 活畜禽。采购活畜禽时,需到具有《营业执照》和能提供《检验检疫》证明的地方购买,并收集对方的《营业执照》和《检验检疫》证明。食品相关产品,如包装袋、胶托、纸托、接触食品的胶框、用具等大多都在发证范围内,企业在采购时必须要寻找有资质的供应商,入库验收时也要对方提供相关证照。

4) 核对证件及生产日期、保质期

检验人员根据供应商送货人员提供的证件及报告核对原材料,在核对时需要注意以下事项。

(1) 进口原材料必须要有中文标签,中文标签上的代理商名称要与所提供的证件上的代理商名称一致。

(2) 原材料包装上的生产商名称要与《营业执照》上的名称一致。

(3) 生产许可证范围内的发证原材料,其包装上的许可证编号要与所提供的许可证编号一致。

(4) 原材料包装上只有唯一一个生产日期,有内包装的,内外生产日期要一致,包装上的生产日期要与供应商提供的检验报告上的生产日期一致。

(5) 原材料包装上必须要有保质期,原材料在验收时要注意生产日期和保质期的关系,要注意所收原材料在保质期内能否用完,如不能使用完,就需要减量收货或拒绝收货。虽然部分原材料豁免标注保质期,但实际上所有材料都应标注保质期。

5) 拆包查验

完成以上工作后,质检人员需要拆包查验原材料的实际情况,根据每种原材料的性质不同,检验项目也各不相同,但大致可分为三大类:感官指标、卫生指标、理化指标。感官指标相对容易检查,每家企业都能做到,但卫生指标和理化指标则相对较难。每种原材料的性质不同,检测项目和标准也不同,任何一家企业都很难完成所有原材料的出厂项目的检验。所以应做好第三项证照及检验报告的索取工作,保证所有原材料验收时都有证照和第三方检验报告、与生产日期相对应的出厂检验报告。按照《食品安全法》的要求只要企业能提供原材料生产商的出厂检验报告等合格证明即可。有条件的企业也可以按照相应标准进行检测。企业还应定期安排供应商将原材料送第三方进行监督检测。

6) 填写《进货检验记录表》

原材料查验完毕后,质检人员需要填写《进货检验记录表》,记录表的内容可以参照当地管理要求来做。

7) 入库

质检人员检查完原材料证件、报告及感官指标、理化指标、微生物指标后,根据检测结果,判定原材料是否合格。合格原材料即可安排入库,不合格原材料安排退货处理。

3. 食堂会计记账基本技能

1) 食堂会计科目

食堂会计科目包括银行存款、现金、应付与暂款、库存物资、伙食收入、伙食其他收入、伙食支出、应收及暂付款、结余等项目。

2) 食堂明细分类账

食堂明细分类账可分为以下九个方面。

(1) 银行存款。将款项存入银行获取利息,借记本科目,贷记有关科目;提取或支付存款,贷记本科目,借记有关科目。借方余额,反映银行存款结存数。

(2) 现金。收到现金,借记本科目,贷记有关科目;支出现金,贷记本科目,借记有关科目。借方余额,反映库存现金数。

(3) 应付及暂存款。收到售饭收入,借记本科目,贷记伙食收入科目;预收伙食费,贷记本科目,借记现金或银行存款科目;以银行存款归还时,借记本科目,贷记银行存款科目;应付而未付货款,贷记本科目,借记库存物资科目;支付应付而暂存款项,借记本科目,贷记银行存款科目;应付而暂存款项,贷记本科目,借记现金或银行存款科目。

(4) 库存物资。购入物资,经验收入库后,借记本科目,贷记银行存款科目;领用物资(月末汇总),贷记本科目,借记伙食支出科目。

(5) 伙食收入。年末收入结转时,借记本科目,贷记结余科目;收到售饭收入,贷记本科目,借记现金或预收伙食费科目。

(6) 伙食及其他收入。年末收入结转时,借记本科目,贷记结余科目;收到其他收入(学校补助、财政补助、利息、售卡、废旧变卖等),贷记本科目,借记现金或银行存款科目。

(7) 伙食支出。核算食堂伙食费各项支出,借记本科目,贷记库存物资;工资、维修等支出时,借记本科目,贷记现金或银行存款科目;年末收入结转时,贷记本科目,借记结余科目。

(8) 应收及暂付款。发生暂付款、备用金、客餐费等,借记本科目,贷记现金科目;收回暂付款、备用金、客餐费等,贷记本科目,借记有关科目。

(9) 结余。将伙食支出的余额转到本科目,借记本科目,贷记伙食支出科目;将伙食收入及伙食其他收入的余额转到本科目,贷记本科目,借记伙食收入及伙食其他收入科目。本科目,借方余额反映亏损数,贷方余额反映盈余数。

4. 记账业务要求

食堂会计记账时还应注意以下几点要求。

(1) 每月装订一本,贴上会计凭证封面。第一页为本月科目汇总表。

(2) 每项业务,填写记账凭证,对应总账科目两项,分别为借方和贷方。

(3) 每项业务都要附原始凭证。向银行缴现金、取现金,附银行凭单;购进物资,附现金支出凭证及食堂进货单;预收伙食费及售饭收入,附阶段对账结算表(微机打印凭证)。四项数据关系为:上交现金(预收伙食费)+余额=窗口回款(售饭收入)+库存现金;出库物资附每月清库单。出库物资=购进物资+上月清库单余额-本月清库单余额。

5. "明厨亮灶"管理平台应用

据调查研究表明,传统学校食堂运营管理成本高,人多排队,就餐体验差;结算效率低,易出错;依据经验备餐,食品损耗率高,支付方式单一,交易数据零散;缺乏监管和反馈机制,无法与经营管理形成有效联动。数字化食堂基于消费场景迭代升级,依托人工智能、大数据、物联网、云计算等技术优势,打造数字化食堂解决方案,提供整体的数字化智能服务,从经营管理、就餐服务等环节打通线上线下壁垒,有效降低人力成本,提高食堂结算效率,为消费者提供多元化就餐体验,助力食堂精细化运营管理。

以"明厨亮灶"为管理目标的各种"智慧食堂管理系统"目前已广泛应用于各中小学和企事业单位,该系统具备强大的管理功能,不仅包括采购、成本、库存、报表、人员权限、饭卡管理等基础食堂管理功能,还有高端的食堂总部管控能力,能满足所有类型和规模的食堂管理需求。智慧食堂管理系统的充分应用,促进了食堂管理的安全、高效、健康和智能化运行,为我国全面实现食堂明厨亮灶管理目标打下基础。

下面简单介绍智慧食堂管理系统的食堂内部管理环节和职工(学生)就餐环境操作流程。

(1)智慧食堂内部管理。内部管理主要指菜谱管理、备餐管理、出品管理、成本核算、采购管理、库存管理、人员管理及权限管理、饭卡管理、报表统计等工作环节,每个环节都有其详细的工作内容、技术要求等,如图7-9所示。

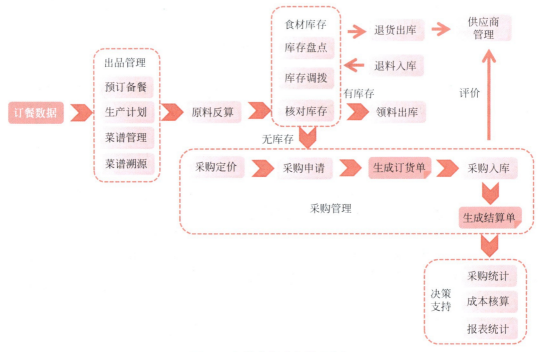

图 7-9 智慧食堂内部管理流程

(2)智慧食堂就餐管理。就餐管理工作流程主要有员工(学生)选择食堂和选择餐食种类、刷卡支付、就餐管理及就餐服务质量评价互动、食堂意见反馈和措施改进等环节,如图7-10所示。

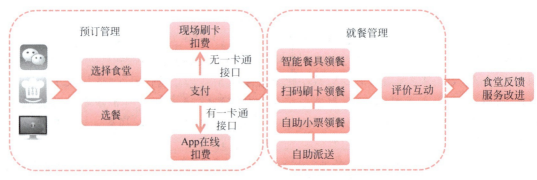

图 7-10 智慧食堂就餐管理流程

【教育实践】

1. 任务说明

进行"名厨亮灶"工程餐饮供应链职业体验,通过对学校餐饮企业的食品材质、加工流程、会计记账、配餐服务、卫生保洁等环节的认真学习,培养学生热爱劳动、珍惜粮食、守护健康的良好习惯。

2. 劳动要求

(1) 熟悉学校"明厨亮灶"系统的基本工作流程,并开展卫生和职业安全教育,可邀请后厨管理专业人士开展卫生与安全专题讲座。

(2) 职业体验。按学校食品安全管理要求,分批次进入"明厨亮灶"餐饮供应链的各环节开展职业体验,可参考表 7-2 设计完成职业体验活动。

3. 注意事项

(1) 不符合健康卫生条件的学生不得进入食品加工有关环节。

(2) 学校或活动组织者应加强体验周学生的安全教育,并做好卫生防护措施。

(3) 服从生产和加工管理,不得影响后厨正常餐食供应。

4. 实践记录

实践记录详见表 7-2。

表 7-2 "明厨亮灶"全过程管理劳动教育实践活动记录

序号	体验环节	劳动要求	过程记录
1	原材料采购及质量检验(采购与供应环节)	(1) 准时到达指定场所,做好个人防护 (2) 参加大宗食品招投标采购现场体验会 (3) 熟悉猪肉、禽肉、鱼肉等原材料的品质鉴定,配合做好采购和入库前的质量检验工作 (4) 熟悉各类果蔬的品质鉴定,配合做好采购和入库前的质量检验工作 (5) 熟悉大米、油盐酱醋等的品质鉴定,配合做好采购和入库前的质量检验工作	
2	入库验收、登记和数据录入(食堂会计环节)	(1) 配合做好原材料入库验收及登记工作 (2) 查验进货账单、检验检疫凭证等是否规范、齐全 (3) 配合做好原材料数据的采集和录入工作	
3	食品、菜品、面点等加工(后厨加工环节)	(1) 配合后厨做好各类果蔬、鱼肉的清洗和预加工工作 (2) 配合后厨完成配菜和切菜工作 (3) 配合面点师完成糕点及面食的制作、加工工作 (4) 配合厨师完成米饭、面食的蒸煮工作 (5) 学习厨师煎、炒、烹、炸、溜、爆、煸、蒸、烧、煮等烹饪基本技能	
4	中餐摆台和客服(前台、大厅及服务环节)	(1) 学习中餐摆台的基本技能,餐具摆放规范整齐、台桌干净整洁 (2) 学习大厅餐饮的服务技能,注重仪容仪表 (3) 学习前台结账操作,妥善保管订单,以便复核	

续表

序号	体验环节	劳动要求	过程记录
5	卫生打扫与环境布置	(1) 完成餐饮现场收拾、查验工作,缺损餐具及器具、台布等要及时登记报修 (2) 完成餐饮内外环境的清扫与布置,餐余垃圾要分类堆放,外部环境也要注意检查和整理,方便后续客人休息和驻车等	
6	"明厨亮灶"管理平台应用体验	(1) 熟悉管理平台操作的使用方法 (2) 熟悉视频监控及数据监控异常情况的处置方法 (3) 组织伙管会调研,学习食堂管理的综合评价方法	
7	实践反思与自我评价:		
8	老师综合评价:		

第三节　社区管理与志愿者服务

【情境导入】

社区工作,民之所望、政之所向。老人和小孩是社区最常住的居民,"一老一小"是大多数家庭的主要关切。我国已经进入老龄化社会。要大力发展老龄事业和老龄产业,有条件的地方要加强养老设施建设,积极开展养老设施建设,积极开展养老服务。同样,未成年人事关国家和民族未来,事关千千万万家庭幸福安康。中共中央、国务院《关于加强和完善城乡社区治理的意见》中指出:要通过"积极开展以生产互助、养老互助、救济互助等为主要形式的农村社区互助活动"等方式提高社区服务供给能力;要积极"组织居民群众开展文明家庭创建活动,发展社区志愿服务,倡导移风易俗,形成与邻为善、以邻为伴、守望相助的良好社区氛围";要"依托社会工作服务机构等专业社会组织,加强对城乡社区社会救助对象、建档立卡贫困人口、困境儿童、精神障碍患者、社区服刑人员、刑满释放人员和留守儿童、妇女、老人等群体的人文关怀、精神慰藉和心理健康服务,重点加强老少边穷地区农村社区相关机制建设"。

某社区志愿服务老年人项目如图 7-11 所示,某社区志愿服务儿童项目如图 7-12 所示。

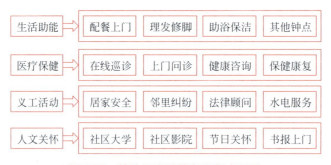

图 7-11　某社区志愿服务老年人项目

图 7-12　某社区志愿服务儿童项目

 【知识链接】

1. 城市社区管理委员会

城市社区管理委员会是代表市政府管理社区的职能部门。负责贯彻落实市委、市政府及城市社区建设领导小组和城市社区党工委的决策部署；负责城市社区建设工作，研究提出城市社区建设发展规划和年度工作计划，推进社区网格化管理和智慧社区建设；指导社区居委会依法开展居民自治，抓好社会管理综合治理，协同管理城市交通秩序、环境卫生和物业服务，营造良好的人居环境；抓好社区精神文明建设，发展社区卫生、文体、科教等社会事业，监督落实惠民政策，推进和谐社区建设；负责社区工作考核考评，统一管理社区人财物。依据上述职责，城市社区党工委、管委会设立5个内设机构，分别是综合办公室、基层党组织建设办公室、公共管理办公室、公共服务办公室、公共安全办公室。

2. 智慧社区

智慧社区是社区管理的一种新理念，是新形势下社会管理创新的一种新模式。智慧社区是指充分利用物联网、云计算、移动互联网等新一代信息技术的集成应用，为社区群众提供政务、商务、娱乐、教育、医护及生活互助等多种便捷服务的模式，从而形成基于信息化、智能化社会管理与服务的一种新的管理形态的社区。

2021年，国家信息中心智慧城市发展研究中心发布了《智慧社区建设运营指南》，提出智慧社区建设要点要围绕社区核心业务需求分类推进。社区是群众生产生活的基本场所，是面向群众的第一站，智慧社区建设需围绕社区基本业务展开，即"政务""商务""服务""家务"，统称为"四务"，如图7-13所示。智慧社区建设是在社区建设的基础上，利用5G、物联网、人工智能、大数据等新一代信息技术，对社区"四务"进行整合升级和流程再造，形成社区数字化、智慧化业务场景，全面提高社区生活的便捷性，为居民、政府、企业等多方提供便利，形成互利共赢的良好生态。

3. 社区志愿者服务

社区志愿者是以社区为范围无偿主动承担社会责任的人。具体来说，社区志愿者是指以社区为范围，在不为任何物质报酬的情况下，能够主动承担社会责任而不关心报酬，奉献个人的时间及精神的人。

目前，我国许多城市已建立了多种形式的社区服务志愿者活动组织，并制定了有关章程和管理办法。随着志愿服务的发展，我国志愿者组织逐渐完善了组织制度、活动章程，开始有了例会，并逐步走向正轨。据了解，世界志愿服务活动的平均参与率在10%，发达国家在30%到40%，而我国的城市人口参与率只有3%。我国的社区服务志愿者活动总体上还处于发展的初级阶段，要共建一支宏大的社区志愿者队伍，政府需要充分发挥主导作用，社区

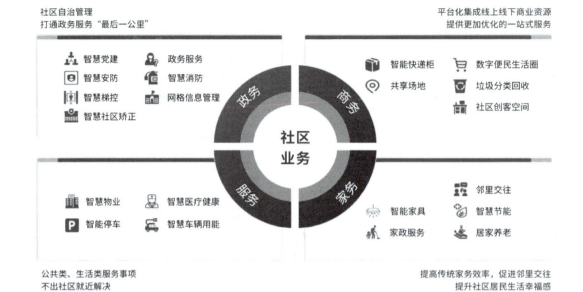

图 7-13　智慧社区建设运营指南

自治组织也要发挥作用,支持和关心志愿者队伍的培育、发展和壮大。

【技能指导】

为了进一步弘扬奉献、友爱、互助、进步的志愿者精神,倡导时代新风正气,以人为本,构建和谐社会,需要进一步建立、完善志愿者服务机制,让更多的居民群众参与到志愿者服务活动中来,使志愿者队伍成为具有广泛影响和社会动员力量的动力和亮点,努力在全社会形成人人关心、人人支持、人人参与的社区志愿者行动的氛围。

下面对志愿者主要活动作简要说明。

1. 关爱空巢老人

从老年人的实际需要出发,以"一助一"长期结队服务为基本形式,广泛开展"青春辉映夕阳红""为老年人送温暖"等主题活动。建立健全以"青年志愿者送温暖小组"为主的社会服务体系,积极与老人结对帮扶,送温暖;以志愿者服务站为主开展"青年志愿者服务月"活动,成立青少年志愿者敬老爱老服务队,与敬老院的老人们结成"一助一"帮扶,利用节假日、休息日为老人提供家务服务。

2. 义务巡逻执勤

志愿者积极实施"盾牌"行动,维护社会治安和社会政治稳定。建立相关机制,进行规范管理,把组织实施"盾牌"行动作为一项重要的日常工作来管理,认真组织,抓紧落实,建立健全机制,对志愿者进行规范管理。志愿者统一佩戴标志,利用业余时间开展巡逻活动,协助公安机关向辖区群众开展法治、安全宣传教育和咨询服务活动;预防和制止各类违法犯罪行为;维护交通秩序。坚持服务与育人相结合的原则,使广大团员青少年在活动中得到锻炼、受到教育,增强遵纪守法意识,提高防范能力。

3. 美化社区环境

美化社区生活环境,构建和谐邻里关系。在当今社会,全球变暖问题已经成为世界各国关注的焦点,作为新世纪的社区志愿者应该以身作则,在植树节时组织开展植树活动,为改善温室效应做一些贡献,倡导人们保护环境。

4. 关爱残疾失能人士

在助残日,开展"关爱残疾人"活动,邀请他们看电影,帮助他们来到社区图书室看书,理解、关心、尊重残疾人,为他们进行心理咨询、职业指导、就业培训和日常生活照料,让他们感到社区的关心,对生活充满信心。

【教育实践】

1. 任务说明

组织开展社区志愿者服务教育实践活动。利用节假日时间,如清明节、劳动节、中秋节、国庆节等特殊的日子集中组织社区志愿者开展大型志愿者服务活动,为社区的文明创建开展服务活动,弘扬中华民族乐于助人、尊老爱幼等的传统美德。

2. 劳动要求

(1) 熟悉社区整体环境及社区管理的基本制度和管理内容。

(2) 职业体验。有组织地开展社区志愿活动,设计好志愿服务的活动方案,分组分项目推进如表 7-3 所示的各项服务内容,不断提升服务效能和服务品质。

3. 注意事项

(1) 加强社区安全教育。

(2) 做好社区特定工作的安全防护措施。

(3) 服从社区工作人员管理、遵守社区工作制度和条例。

4. 实践记录

实践记录详见表 7-3。

表 7-3　社区志愿者服务劳动教育实践活动记录

序号	体 验 环 节	劳 动 要 求	过程记录
1	社区志愿者活动方案设计	分组进行设计	
2	开展社区区情学习、社区业务培训和安全教育	在社区干部的指导下全面学习社区区情,掌握关键服务岗位的基本技能,邀请安全管理方面的专家开展专题讲座	
3	关爱空巢老人专题活动	定期开展"关爱空巢老人"活动,每位志愿者走访两到三户空巢老人、孤寡老人、困难老人,开展精神慰藉、家政服务、陪同就医、保健指导、娱乐活动等	
4	清理社区非法小广告活动	志愿者每周对辖区内的广告、白色垃圾、野草、卫生死角进行整治清理,并在辖区内呼吁居民保护小区环境,不要在墙面上乱涂乱画,乱扔垃圾	
5	节假日送祝福活动	志愿者对辖区内的困难老人、空巢老人、留守儿童、关爱对象进行节日慰问,关心他们的生活状况,让他们感受节日的气氛,让他们知道社区时刻都在挂念他们	

续表

序号	体验环节	劳动要求	过程记录
6	社区开展法治及安全教育	在社区内开展法制教育、安全教育等讲座,组织社区党员对他们进行关心、教育、心理辅导,关心未成年人的学习、生活状况,让他们健康成长	
7	志愿者安全保卫和巡逻	志愿者每周分组对辖区内的小区进行义务巡逻,对居民的人身财产安全加强防范,对居民发放安全提示,提醒居民关好门窗、锁好门	
8	志愿者交通执勤	志愿者在重要的十字路口劝导交通文明,在车站提示大家文明排队上车,在公交车上维护秩序,文明乘车	
9	实践反思与自我评价:		
10	老师综合评价:		

第八章 创新发明与新技术体验

第一节 创新精神与创新理论*

"创新是民族进步的灵魂,是社会发展的不竭动力。"

离开了创新,一切都成了无源之水,无本之木。正如,画画的不创新,只能"依葫画瓢",说书的不创新,只能"鹦鹉学舌",教书的不创新,只能"照本宣科"一样。本节,我们将从"创新精神""创新理论"和"创新技法"等三个方面带您走进创新的"别有洞天"!

1. 创新精神

中华民族是一个热爱创造发明的伟大民族。在古代时期,创新主要集中在农业、医学、建筑、冶金等多个领域。农业方面,古代中国发明了许多农具(如犁、耙等),这些工具大大提高了农耕效率和农作物的产量;医学方面,古代中国的中医名家发明了许多草药和治疗方法(如《神农本草经》《黄帝内经》《伤寒杂病论》等),这些方法对于一些疾病的治疗和健康保健都有着重要的作用;在建筑方面,中国古代工匠发明了众多建筑工具和技术,例如锯、榫卯结构、鲁班锁等,这些技术使中国的木作工艺和建筑风格极具鲜明的民族特色。此外,以造纸术、指南针、火药、印刷术为典型的中国古代四大发明对中国古代的政治、经济、文化的发展产生了巨大的推动作用,并经各种途径传至西方,对世界文明发展史也产生巨大的影响力。造纸术的出现,极大地推动了书籍的出版和文化的传播;印刷术的出现,则使得书籍的印刷和发行变得更加便捷;火药的发明,则在军事和工业领域产生了巨大的影响。

在新中国成立后,党和国家高度重视科技创新发展,并取得了举世瞩目的成就。20 世纪 60 年代,著名科学家邓稼先和钱学森等主导的"两弹一星"成功研制,带动了中国现代科学技术的发展,填补了许多学科的空白,为中国实现技术发展的跨越积累了宝贵经验,如图 8-1 所示。杂交水稻之父——袁隆平院士研发的杂交水稻大大增加了我国的粮食产量,巩固了我国的粮食安全。一百多个国家和地区相继引进了中国杂交水稻品种或是技术,降低了世界饥饿人口数量。2015 年,中国科学家屠呦呦因为发现抗击疟疾的新药青蒿素,成为第一个获得诺贝尔生理学或医学奖的中国本土科学家。诺贝尔奖委员会委员、瑞典卡罗琳斯卡医学院教授汉斯·弗斯伯格曾对此作出高度评价:"20 世纪 60 至 70 年代,屠呦呦在中国参与了抗疟新药的研发工作。青蒿素的成功提取引发抗疟新药品的研发,挽救了成千上万人的生命。"

全面建设社会主义现代化国家,实现第二个百年奋斗目标,创新是一个决定性因素。习近平总书记在党的二十大报告中强调:"坚持创新在我国现代化建设全局中的核心地位。"唯创新者进,唯创新者强,唯创新者胜。坚持科技是第一生产力、人才是第一资源、创新

(a) 1960年我国第一枚近程导弹发射成功　　(b) 1964年我国第一颗原子弹爆炸成功

(c) 1967年我国第一颗氢弹爆炸成功　　(d) 1970年我国第一颗人造地球卫星发射成功

图 8-1　我国"两弹一星"发射成功

是第一动力,深入实施科教兴国战略、人才强国战略、创新驱动发展战略,才能开辟发展新领域新赛道,不断塑造发展新动能新优势。

回顾近十年,我国科技创新投入力度空前,全社会研发投入从 2012 年的 1.03 万亿元增长到 2021 年的 2.79 万亿元,基础研究经费增至十年前的 3.4 倍;自主创新重大创新成果喷涌而出,如"嫦娥"奔月、"祝融"探火、"羲和"逐日、"蛟龙"深潜,大兴机场"凤凰展翅"、港珠澳大桥飞架三地,等等,部分成果图片如图 8-2 所示。当前,智能机器人、增材制造等技术加快突破,有力推动制造业升级发展;超级计算、人工智能、大数据、区块链等新兴技术加快应用,推动数字经济等新产业新业态蓬勃发展;深海油气、煤炭清洁高效利用,新型核电技术

(a) "嫦娥"五号探月　　(b) "祝融"号火星探测

(c) "蛟龙"号深潜器　　(d) 港珠澳大桥

图 8-2　我国自主创新部分科研成果

为国家能源安全提供了有力保障。正如世界知识产权组织发布的《2022 年全球创新指数报告》所显示：中国位列第十一位，较去年再上升 1 位，连续 10 年稳步提升。在七大类 81 项细分指标中，我国在国内市场规模、本国人专利申请、劳动力产值增长等 9 项指标上排名全球第一；在国内产业多元化、产业集群发展情况等指标上名列前茅，世界领先的五大科技集群我国独占两席。

2. 创新理论

"TRIZ 理论"又称"发明问题解决理论"（又称"萃智理论"），是苏联发明家 G. S. Altshuller 创立的一整套发明创新理论。Altshuller 及其团队在总结世界上 200 万份发明专利的基础上，总结出各种技术发展进化遵循的规律模式，以及解决各种技术矛盾和物理矛盾的创新原理和法则，建立一个由解决技术问题，实现创新开发的各种方法、算法组成的综合理论体系，并综合多学科领域的原理和法则，建立起 TRIZ 理论体系。

TRIZ 理论基本内容包括：创新思维方法与问题分析方法、技术系统进化法则、工程矛盾解决原理、发明问题标准解法和发明问题解决算法 ARIZ 等九大经典理论体系。TRIZ 理论体系结构如图 8-3 所示。

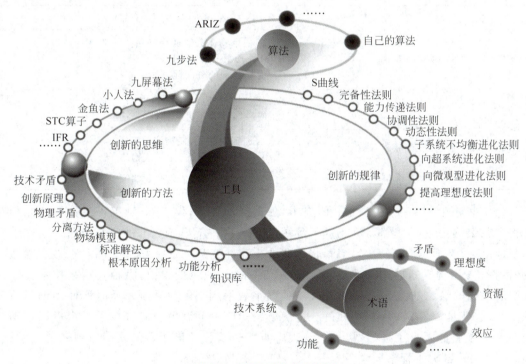

图 8-3　TRIZ 理论体系结构

（1）技术系统八大进化法则。分别是：技术系统的 S 曲线进化法则；提高理想度法则；子系统的不均衡进化法则；动态性和可控性进化法则增加集成度再进行简化法则；子系统协调性进化法则向微观级和场的应用进化法则；少人工进入的进化法则。技术系统的这八大进化法则可以应用于产生市场需求、定性技术预测、产生新技术、专利布局和选择企业战略制订的时机等。它可以用来解决难题，预测技术系统，产生并加强创造性问题的解决工具。

(2) 最终理想解(IFR)。TRIZ 理论在解决问题之初,首先抛开各种客观限制条件,通过理想化来定义问题的最终理想解(ideal final result,IFR),以明确理想解所在的方向和位置,保证在问题解决过程中沿着此目标前进并获得最终理想解,从而避免了传统创新涉及方法中缺乏目标的弊端,提升了创新设计的效率。如果将创造性解决问题的方法比作通向胜利的桥梁,那么最终理想解(IFR)就是这座桥梁的桥墩。最终理想解(IFR)有四个特点:保持了原系统的优点;消除了原系统的不足;没有使系统变得更复杂;没有引入新的缺陷等。

(3) 40个发明原理。阿奇舒勒对大量的专利进行了研究、分析和总结,提炼出了 TRIZ 中最重要的、具有普遍用途的这 40 个发明原理,分别是:分割、抽取、局部质量、非对称、合并、普遍性、嵌套、配重、预先反作用、预先作用、预先应急措施、等势原则、逆向思维、曲面化、动态化、不足或超额行动、一维变多维、机械振动、周期性动作、有效作用的连续性、紧急行动、变害为利、反馈、中介物资服务、复制、一次性用品、机械系统的替代、气体与液压结构、柔性外壳和薄膜、多孔材料、改变颜色、同质性、抛弃与再生、物理/化学状态变化、相变、热膨胀、加速氧化、惰性环境及复合材料等。部分发明原理举例见表 8-1。

表 8-1 部分发明原理举例

序 号	发明原理	发明原理实施办法
No.1	分割	A. 把一个物体分解成相互独立的部分 B. 使一个物体易拆卸 C. 增加物理的分离性
No.7	嵌套	A. 把一个物理放在另一个物体内部 B. 使一部件穿过另一部件的空腔
No.25	自服务	A. 增加辅助功能,使物体服务于自我 B. 利用浪费的资源、能量或物质
No.40	复合材料	将物质单一材料变成复合材料

(4) 冲突矩阵原理。在对专利研究中,阿奇舒勒发现,仅有 39 项工程参数在彼此相对改善和恶化,而这些专利都是在不同的领域上解决这些工程参数的冲突与矛盾。这些矛盾不断地出现,又不断地被解决,之后,将这些冲突与冲突解决原理组成一个 39 个改善参数与 39 个恶化参数构成的矩阵,矩阵的横轴表示希望得到改善的参数,纵轴表示某技术特性改善引起恶化的参数,横纵轴各参数交叉处的数字表示用来解决系统矛盾时所使用创新原理的编号,这就是著名的冲突解决矩阵。冲突解决矩阵为问题解决者提供了一个可以根据系统中产生矛盾的两个工程参数,从矩阵表中直接查找化解该矛盾的发明原理来解决问题。表 8-2 列出了部分工程参数说明。表 8-3 为冲突矩阵原理部分结构。

表 8-2 部分工程参数的举例说明

序 号	特征参数名称	特征参数说明
No.1	移动物体的重量	在重力场中移动物体的重量
No.9	速度	运动物体的速度
No.11	强度	单位面积的力
No.38	自动控制程度	在无人干预下,习体或物体自动实现其功能的程度

表8-3　冲突矩阵原理部分结构

通用工程参数	No.1	No.2	No.3	No.4	No.39
No.1 运动物体重量	—	—	15,8,29,34	—	35,3,24,37
No.2 静止物体重量	—	—	—	10,1,29,35	1,28,15,35
No.9 速度	2,28,13,38	—	—	13,14,8	—
No.14 强度	1,8,40,15	40,26,27,1	1,15,8,35	15,14,28,36	29,35,10,14
No.36 装置复杂性	26,30,34,36	2,26,35,39	1,19,26,24	26	12,17,28
No.39 生产量/生产率	35,26,24,37	28,27,15,3	18,4,28,38	30,7,14,26	—

（5）物理矛盾原理。当一个技术系统的工程参数具有相反的需求，就出现了物理矛盾。比如说，要求系统的某个参数既要出现又不存在，或既要高又要低，或既要大又要小，等等。相对于技术矛盾，物理矛盾是一种更尖锐的矛盾，创新中需要加以解决。物理矛盾所存在的子系统就是系统的关键子系统，系统或关键子系统应该具有为满足某个需求的参数特性，但另一个需求要求系统或关键子系统又不能具有这样的参数特性。分离原理是阿奇舒勒针对物理矛盾的解决而提出的，分离方法共有11种，归纳概括为四大分离原理，分别是空间分离、时间分离、具有条件的分离和系统级别分离等。

（6）物一场模型分析。阿奇舒勒认为，每一个技术系统都可由许多功能不同的子系统所组成，因此，每一个系统都有它的子系统，而每个子系统都可以再进一步地细分，直到分子、原子、质子与电子等微观层次。无论大系统、子系统，还是微观层次，都具有功能，所有的功能都可分解为2种物质和1种场（即二元素组成）。在物质-场模型的定义中，物质是指某种物体或过程，可以是整个系统，也可以是系统内的子系统或单个的物体，甚至可以是环境，取决于实际情况。场是指完成某种功能所需的手法或手段，通常是一些能量形式，如：磁场、重力场、电能、热能、化学能、机械能、声能、光能等。物一场分析是TRIZ理论中的一种分析工具，用于建立与已存在的系统或新技术系统问题相联系的功能模型。

（7）发明问题标准解法。标准解法阿奇舒勒于1985年创立的，共有76个，分成5级，各级中解法的先后顺序也反映了技术系统必然的进化过程和进化方向，标准解法可以将标准问题在一两步中快速进行解决，标准解法是阿奇舒勒后期进行TRIZ理论研究的最重要的课题，同时也是TRIZ高级理论的精华。标准解法也是解决非标准问题的基础，非标准问题主要应用ARIZ来进行解决，而ARIZ的主要思路是将非标准问题通过各种方法进行变化，转化为标准问题，然后应用标准解法来获得解决方案。

（8）发明问题解决算法（ARIZ）。ARIZ是发明问题解决过程中应遵循的理论方法和步骤，ARIZ是基于技术系统进化法则的一套完整问题解决的程序，是针对非标准问题而提出的一套解决算法。ARIZ的理论基础由以下3条原则构成：①ARIZ是通过确定和解决引起问题的技术矛盾；②问题解决者一旦采用了ARIZ来解决问题，其惯性思维因素必须被加以控制；③ARIZ也不断地获得广泛的、最新的知识基础的支持。

（9）科学效应和现象知识库。科学原理，尤其是科学效应和现象的应用，对发明问题的解决具有超乎想象的、强有力的帮助。应用科学效应和现象应遵循5个步骤，解决发明问题时会经常遇到需要实现的30种功能，这些功能的实现经常要用到100个科学有利现象。

典型案例8-1　自行车轮胎结构创新设计

（1）问题描述。人们在骑自行车的过程中，会遇到自行车的轮胎被马路上的钉子或硬物扎破的情况,因此,改进自行车轮胎的结构设计将给人们的生活带来很大的方便。

(2) 技术系统分析。自行车是一个系统,轮胎是其中的子系统。从定义上来说,一个技术系统应该有三种成分:两种物质和一个场。要解决问题,首先应明确引起问题的技术系统。在此例中,引起问题的技术系统是轮胎,马路上的钉子,以及相互作用的压力。确定在技术系统中必须改善的特性,本例中需要改进的是轮胎的特性。描述技术系统的操作:本例中,路面的钉子接触到轮胎,在压力的作用下,将扎破轮胎。

(3) 矛盾矩阵分析。构建技术矛盾矩阵,关键是某一工程参数得到改善,将导致哪些参数恶化。如果增加轮胎的厚度,强度得到了改善,那么轮胎的质量也将增加,同时浪费了材料。构建技术矛盾如下:如果轮胎的强度得到改善,则系统的重量增加。这就产生了技术冲突。抽象出一般工程术语:用标准参数表示为:希望提高系统的强度,但不希望增加系统的重量。则由冲突解决矩阵:得出第1、8、40、15条原理是可用的,见表8-4。

表8-4 技术冲突

技术冲突	矩阵元素	推荐原理名称
改善:强度 恶化:重量	[9,1]	1 分割法 8 质量补偿法 40 复合材料法 15 动态法

(4) 解决冲突。如应用原理40意味着采用一种新型材料来代替现有的轮胎的橡胶材料,在新型的轮胎材料尚未发明之前,此法暂不考虑。15为动态法,划分物体成具有相互关系的元件,元件之间可以改变相对位置,综合比较,选择原理1分割法,将轮胎表面做成具有很多凸起的部分,每个突起间隔一段空隙并具有一定高度,这样即使当轮胎某个局部突起破损时,也不会影响轮胎的整体。

典型案例8-2 风力涡轮机改进设计

(1) 问题描述。风力涡轮机可安装在陆地上也可安装在船只上,进行风力发电。风速一般是不稳定的,当风速变小时,叶片转速减小,发电功率变小。最好是让机器不停止运转,从而发更多的电。因此希望在低风速下叶片也能有较高的转速,如果增大叶片的旋转面积,叶片的转速增加,但叶片的重量要增加。

(2) 技术系统分析。风速不能被改变,属于超系统元素。产生的技术冲突,需要改进的工程参数是移动物体的面积,但并不希望增加叶片的重量,此为恶化参数,这就产生了技术冲突。

(3) 冲突矩阵分析。由技术冲突建构冲突矩阵,在矩阵元素行列交点处可以确定相应的发明原理。由冲突矩阵,可用原理2 提取法,17 维数变化法,29 气动和液压法,4 非对称法。

(4) 解决问题方法。采用发明原理29 气动和液压法,提出对风力涡轮机改进设计方案为:将叶片加工成中空内部充满气体的结构,当加大叶片表面积时,将不引起叶片的重量增加。采用原理17 维数变化法,改变原叶片表面呈Mobius带形状,既简化了设计,容易制造,又有较小的空气阻力,提高旋转效率。当然,还可以继续考虑其他较重要的技术参数,根据对应的发明原理找到解决方案。

3. 创新技法

在日常的生产生活当中创新与发明技法有组合法、批判法、变性法、逆归法、移植法和专利法六种,在学习时大家要注重实战和应用,不必苛求其理论的严密性和独立性。

1) 组合法

所谓组合法,是指按照一定的技术原理或功能、目的,将现有的科学技术原理或方法、现象、物品作适当的组合或重新安排,从而获得具有统一整体功能的新技术、新产品、新形象的创造技法。例如:铅笔可以和橡皮组合,创新出自带橡皮的铅笔。1979年,诺贝尔生理学医学奖,豪斯菲尔德发明的CT扫描仪,将X光照相技术与计算机技术相结合,在医疗领域是个伟大奇迹。能被称之为创造的组合,必须具有三个要素:一是由多个特征组合在一起;二是所有特征都为单一的目的共同起作用,它们相互支持、促进和补充;产生一个新的效果,系统的效果必须大于系统各元素单独效果之和,即1+1>2。常用的组合法有自身组合、边缘组合、另类组合和重新组合四种。

(1) 自身组合。自身组合法是指相同事物的自我叠加获得新功能的方法。同物自组法不是简单的叠加法,它是要通过量的变化产生某种质的变化,即使组合后的产品能产生出新的性能或服务。其结构形式如:"A+A"。例如:装在一个精美礼品盒中的两支钢笔、双管猎枪、情侣衫、双排订书机、双头液化气灶、双层文具盒、双人自行车等。

典型案例 8-3 双层文具盒

图 8-4 所示为小学生常用的双层文具盒,其基本结构是在原有的一层基础上再加一层,每层都有相对独立的储藏空间。

本发明的创新点在于:传统文具盒单层设计,文具混在一起,不利于找寻和使用。采用双层设计,方便分类管理文具,培养小学生整理和归类物品的良好习惯。

图 8-4 双层文具盒

(2) 边缘组合。边缘组合法是指物理属性相近的物体的叠加以获得新功能的方法,其结构形式如"A+A'"。如具有三合一功能的一次性餐具,只要把这个三合一叉勺从中间掰开,中间塑料会变成如小刀一般锋利的边缘,二分开的两半,一边是叉子,一边是勺子,多么方便的组合。

典型案例 8-4 组合式自行婴儿车

图 8-5 所示的自行婴儿车,其基本结构是巧妙地将单车、手推车、婴儿车结合起来。该发明的创新点在于将手推婴儿车变为可以骑行的婴儿车,一辆车可以变换成几种方式,还可以变成双婴儿车座,有双胞胎的家庭不用发愁了。

(3) 另类组合。另类组合法是指将两种或两种以上完全不同物理属性或不同功能物理组合获得新功能的方法。其结构形式如"A+B"。如"太阳能风扇+帽子"可以组合成夏日能既遮阳又扇风的太阳帽,深受小朋友喜爱。

典型案例 8-5 渔网秤

图 8-6 所示为带秤的渔网。其基本结构是将弹簧秤与渔网组合在一起。

本发明的创新点在于将用渔网兜鱼和过秤两个相对独立的过程结合在一起,节省了人力,方便了买卖双方。

图 8-5　自行婴儿车　　　　　　　图 8-6　带秤的渔网

典型案例 8-6　电子显温奶瓶

图 8-7 所示为电子显温奶瓶。其基本结构是将电子温度计和奶瓶组合在一起。

本发明的创新点在于非常直观地显示奶温,改变了传统喂奶时的试温环节,使喂奶更加方便、卫生。

(4) 重新组合。重新组合就是分解原来的事物的组合关系,使用新的技术思想重新组合起来而产生新的功能的创造方法。其结构形式为"A+B+C≠B+C+A"。如组合沙发可以重新整理和铺垫,将靠背拉出变成枕头,于是沙发就变成了一张舒适的床。

典型案例 8-7　玩具积木

图 8-8 所示为小朋友常玩的玩具积木。孩子需要灵巧地使用双手将零散的积木堆出复杂的物体。

图 8-7　电子显温奶瓶　　　　　　图 8-8　玩具积木

本发明的创新点在于根据不同的组合,将积木拼成各种不同的物体,可以锻炼孩子手眼协调能力。融趣味性、娱乐性于一体,深受儿童喜爱。

2) 批判法

俗话说得好"金无足赤,珠无完圆"。世界上的任何事物都不可能十全十美,总存在这样或那样的缺点,如果有意识地针对缺点进行创造性思考,是不愁没有发明创造课题的。批判法就是通过指出物体的不足并列举出来,针对具体问题提出改进设想并付诸实践,从而获得创新成果。

图 8-9 所示为夏日人们生活中各种散热工具,从手摇扇—台扇—落地扇—遥控落地扇—挂壁空调—柜式空调等变化可以看出,每种发明都是在前一基础上的改进和创新,克服

了前一种发明的不足,有效地将作品的实用性与人民群众日益增长的需求紧密结合起来了。

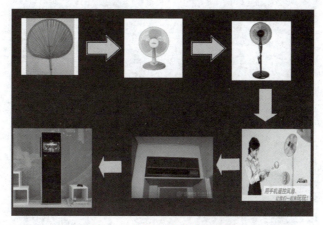

图 8-9　散热工具变化示意图

应用批判法主要是从改变操作不方便、改进设计不合理、改变结构不牢固及改进使用不安全等方面考虑,简称"四改"。这种"四改"批判法广泛应用在创新发明实践活动中。

典型案例 8-8　升降马桶

马桶是人们日常生活中必不可少的洁具。但同一马桶对不同身高的人来讲使用体验不同。如何将同一马桶适合不同身高的人困扰着大多数人,更多的家庭采用"适中"原则选择该洁具。如何将普通马桶改造成适合更多的人,怎么改呢？图 8-10 所示为一款改进后的"升降马桶",尤其适合公共场所使用。

本发明的创新点在于,这款马桶具有独创的智能升降技术以及超静音无水箱的排水系统。利用遥控器或控制面板可轻松调节马桶的升降。升降时速度缓

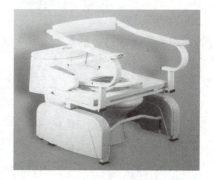

图 8-10　升降马桶

慢,不会有震感,稳定升降,停止时不会突然停下让坐在上面的人感觉重心变化。该产品益于住宅护理,可帮助老年人及小孩子如厕方便。

3）变性法

所谓变性法,是指改变事物已有的属性而产生新颖性的创新发明方法。改变事物的属性主要指实物的颜色、气味、光泽、形状、尺寸等。变性法应用比较简单,也很好理解,但必须以改变后产生新颖性、实用性为前提。例如一些彩色大米、彩色棉花、斜对角铁轨接头（无噪声）、环形节能灯、臭豆腐等都属于变性法的成功应用。

典型案例 8-9　折叠自行车

图 8-11 所示的是一款可以折叠的自行车。整车在折叠后可放入登机箱和折叠包内,以及汽车的后备厢。

传统自行车不好折叠,不方便携带。该发明的创新点在于,通过车架折叠,将前后两轮对折在一起,可减少 45% 左右的长度。折叠自行车携带、使用方便舒适,生产工艺成熟。

4）逆归法

逆归法是指从事物的一个方面联想到事物相反对应的另一方面。它是针对一般的产

图 8-11　折叠自行车

品,就其原理逆向、市场逆向、需求逆向、结构逆向、功能逆向及其缺点逆向等方面进行思考和探索。根据辩证法的基本原理,任何事物都包含对立的两方面,这两方面既相互依存又相互排斥地存在于一个统一的整体中。通俗地讲,逆归法就是反其道而行之。如物体上下、左右、前后、内外结构、位置互换、颠倒;电磁、供电与储能、气态与液态等过程或功能的逆转;或有意识地开发利用事物的缺点,变缺点为优势,变废为宝。

典型案例 8-10　丑陋玩具

美国艾士隆公司董事长布希耐有一次在郊外散步,偶然看到几个儿童在玩一个肮脏并且丑陋的昆虫却爱不释手。布希耐突发奇想:市面上的玩具一般都是形象优美的,假如生产一些丑陋玩具又将如何?于是,他让自己公司研制一套"丑陋玩具",并迅速推向市场。结果一炮打响,给公司带来了巨大收益。

求新欲望是人的一种基本欲望,就是要从自己周围环境中寻求新刺激的欲望,来满足自己的好奇心。这就是人们追随流行的心理原因之一。艾士隆董事长就是利用一些顾客求新的逆反心理进行营销,从而取得了成功。

5) 移植法

移植法就是把已知的概念、原理、结构、材料、技术手段和方法迁移到新研究对象中的发明方法(创造性借用,或称转域发明法)。常采用的移植方法有原理移植、方法移植、结构移植、材料移植等。

原理移植法是指把某一领域的技术方法有意识地移植到另一领域而形成的创新作品。原理移植侧重的是依据现有的规律、定律、定理来获得某种现象、变化或反应的过程。

方法移植即把某一学科、领域中的方法应用于解决其他学科、领域中的问题。方法移植侧重的是主观或人为实施的过程,如加工过程等。

结构移植即将某种事物的结构形式或结构特征,部分地或整体地运用于另外的某种产品的设计与制造。

材料移植法是指将某种产品使用的材料移植到别的产品的制作上,以起到更新产品、改善性能、节约材料、降低成本的目的。用纸造房屋,经济耐用;用塑料和玻璃纤维取代钢来制造坦克的外壳,不但减轻了坦克的重量,而且具有避开雷达的隐形功能。

典型案例 8-11　地铁墙壁动画

这个是利用原理移植的创新应用。在地铁离开某一站之后不久,透过地铁的车窗,可以看见黑洞洞的地铁隧道墙壁上出现了一小段动画,如图 8-12 所示。产生动画的效果是因为人眼存在视觉暂留现象,又称"余晖效应",1824 年由英国伦敦大学教授皮特"马克"罗葛特最先提出。所谓"视觉暂留",即人眼所观察的图像撤除后 1/24 秒内,人眼依然"看见"该图像。

图 8-12　地铁墙壁动画

该设计的创新点在于,利用"视觉暂留"这一生理现象,让列车窗口内的图像按运动顺序每秒变换 24 幅,就能让人眼错觉图像在"运动"。列车正常运行时,车速稳定,计算好每秒行驶的距离,在此距离内与窗等高平均布置 24 幅广告图像,就能让人看到运动起来的广告了。

典型案例 8-12　"手术拉链"

这是一个应用结构移植的典型案例。图 8-13 所示为近年来较为流行的"手术拉链",它由一条拉链和两片多层辅助胶布组成。手术完成后,医生只需在手术切口两边的皮肤上贴上胶布,再把拉链拉合起来,让切口合在一起。这拉链可适用于长度 47 厘米以下的伤口,它也曾使用于心脏手术、神经外科及其他医疗程序之后。

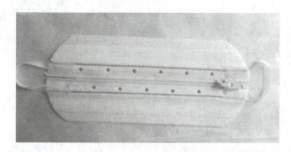

图 8-13　"手术拉链"

该发明的创新点在于,用在衣服鞋帽上的拉链移植到手术中,完全取代用线缝合的传统技术,"手术拉链"比针线缝合快 10 倍,且不需要拆线,大大减轻了病人的痛苦。

6) 专利法

专利是创造发明的一个巨大宝库,也是人类共同的知识宝库,专利文献以其明显的国际化、情报化而全面地、及时地反映了现代科学技术的发展水平。据统计,全世界最新的技术发明成果,几乎有90%~95%均首先见于专利文献。有效地利用前人的发明专利,不仅是创造发明的重要源泉,还可以避免走很多弯路和造成不必要的损失。例如,美国一位在钢铁厂工作的化学家曾耗资5万美元完成了一项技术改进,结果图书馆工作人员告诉他,该馆内收藏了一份德国早年的资料(专利说明书),只需花5美元复印费便可得到解决其问题的全部资料。不少国家因没有充分利用好现有的科技情报而使项目重复研究造成浪费。

专利法又称专利文献法,是指利用公开的专利文献资料进行发明、创新和改造活动的发明方法。专利一般包括外观设计专利、实用新型专利和发明专利三种。图8-14显示了几个常用的检索专利文献网站主页。常用于检索的专利文献网站及网址如下。如国家知识产权局专利检索系统、中国专利信息中心网、SooPat专利数据搜索网、CPRS专利之星检索系统等。

(a) 国家知识产权局专利检索系统

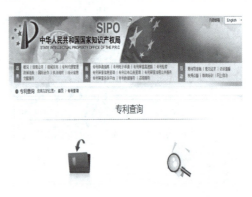

(b) 中国专利信息中心网

(c) SooPat专利数据搜索网

(d) CPRS专利之星检索系统

图8-14 常用的检索专利文献网站

《中华人民共和国专利法实施细则》(以下简称《专利法实施细则》)中指出:"专利法所称的发明,是指对产品、方法或其改进所提出的新的技术方案。"这里的发明又可分为产品发明(如机器、仪器、设备和用具)和方法发明(制造方法、工艺流程等)两大类。"专利法所称的实用新型,是指对产品的形状、构造或者其结合所提出的实用的新的技术方案。""专利法所称的外观设计是指对产品的形状、图案、色彩或者其结合性做出的富有美感并适用于工业应用的新设计。"

应用专利法进行发明时,一般都要先确定大致的发明方向(或者查新行业),然后选择相关的专利文献网站,输入关键词根,阅读大量专利文献,优选3~5个专利,分析其基本功能、设计意图、结构或组成、工作原理或使用说明,然后从先进性、实用性和科学性等方面对专利技术资料(重点是权利要求书中所列权利项目)进行科学革新。革新过程中还要反复查新直至产生新的完整的创新发明思想。最后进入发明设计阶段。

这里需要说明的是,运用专利法发明应结合自己的专业知识和文化理论水平,不可好高骛远,否则提出的问题越艰晦涩,创新的科学性、可行性越差。如果缺少机械基础知识,尽量少涉及复杂运动机构的专利革新,如果理化基础较差,尽量少涉及理化分析方面的专利革新。总之,用专利法进行创新发明必须结合自己的兴趣、特长和专业,要靠船下篙,量力而行。

利用专利文献创造法的步骤如下。

（1）确定初步选题。根据自己的兴趣、特长、专业选定课题方向。

（2）查阅专利文献。登录常用专利文献网站,输入关键词汇,阅读专利文献说明书。

（3）评价并改进已有专利。比较各专利的摘要、说明书和图样、权利要求书等。思考如何根据新颖性、先进性、实用性、科学性等原则增加新知识,补充研究并进行改进。

（4）查新专利。查新方法和报告书。

（5）创新设计。根据专利申请报告要求撰写说明书和设计图样。

【教育实践】

1. 专利创新组合法应用实践——连连看

根据组合法原理,连接下列常见物体使之符合创新发明的基本要求,并填表 8-5。

表 8-5　组合法连连看

物体 A	连连看	物体 B	物体 C	设计创新点	设计图样(另附图纸)
帽子		MP3			
书包		充电器			
手表		钥匙			
雨衣		手电筒			
钥匙		光电池	太阳能帽	可方便地为随身听及 MP3 提供电源	
水笔		随身听			
鞋子		放大镜			
饭卡		毛笔			

2. 分组讨论

下列用品是同学们在专业实验、实训和生产实习过程中用到的生产工具、仪器仪表。试选出 2~3 件跟你本专业有关的用品(也可新增用品)组织讨论其缺陷和创新改进办法。并将讨论结果填入表 8-6。

表 8-6　批评法分组讨论

序号	物　品	提出存在问题(至少 3~5 个)	解决(或改进)办法
1	台虎钳	① 不同身高对台虎钳适应差 ② 薄壁管类零件易夹坏 ③ 夹紧和放松工作效率低	① 螺纹快速升降并锁定 ② 变两线定位为三线定位 ③ 增加快紧和快松功能

续表

序号	物 品	提出存在问题(至少3~5个)	解决(或改进)办法
2	计算器		
3	算盘		
4	管子钳		
5	普通车床		
6	汽车轮胎拆卸器		
7	电焊钳		
8	电烙铁		
9	钳形电流表		
10	验电器(电笔)		
11	花木自动灌溉装置		
12	室内有害气体(或辐射)检测装置		
13	电梯平层检测装置		
14	楼宇自动门锁		
15	计算机键盘、鼠标等		
16	自选物品		

3. 专利评价应用实践

(1) 根据自己的专业特点,选定一个熟悉的物品,登录中国专利信息网查阅相关技术资料,打印出专利摘要、专利说明书、设计图样和权利要求书等,并分组讨论革新方案。

(2) 应用专利法完成表8-7,并说明原因。

表8-7 专利法应用成果评估

序号	原始产品	拟革新项目	成果评估(成功的打√,失败的打×)
1	藤椅	用木头代替藤条	
2	台灯	用发光二极管代替白炽灯	
3	话筒	增加扩音功能	
4	组合式台历	增加闹钟功能	
5	纸质台历	电子台历	
6	交通信号灯	带太阳能自发电的无源交通信号灯	
7	花瓶	恒温调温花瓶	
8	口杯	自动变色口杯(随温度变化)	

第二节 3D打印技术及应用体验

【情境导入】

2014年10月10日,由Local Motors公司打造的世界首款3D打印汽车——"斯特拉迪"顺利推出,该辆3D打印汽车只有两个座位,其制作周期为44小时,并且最高时速可以达到每小时80千米。据悉,"斯特拉迪"全身是碳纤维及塑料,整车只使用了40个零件,且依靠电动能源,充一次电花费 3.5 小时,可以行驶大约 100 千米。

3D 打印技术是快速成型技术的一种。核心思想最早起源于 19 世纪照相雕塑(photosculpture)技术和地貌成形(topography)技术,直到 20 世纪 80 年代才初具雏形。现代 3D 打印技术广泛应用于汽车、家电、电动工具、医疗、机械加工、精密铸造、航空航天、工艺品制造及儿童玩具等行业,是个人、家庭、办公的好助手。

【知识链接】

1. 3D 打印的基本知识

3D 打印的基本原理是依据计算机设计的三维模型(设计软件可以是常用的 CAD 软件,如 SolidWorks、Pro/E、UG、PowerSHAPE 等,也可以是通过逆向工程获得的计算机模型),将复杂的三维实体模型"切"成设定厚度的一系列片层,从而变为简单的二维图形,逐层加工,层叠增长。

3D 打印机是 3D 打印技术的核心配置,根据设备的市场定位将它简单地分成三类:个人级、专业级、工业级。常见的 3D 打印机外形如图 8-15 所示。

图 8-15　常见的 3D 打印机外形

目前 3D 打印市场采用的工艺技术有 FDM(熔融沉积成型)、FFF(熔丝制造成型)、LOM(分层实体制造)、SLS(选择性激光烧结)、SLA(立体光固化成型)和 DLP(数字光处理)等,涉及耗材主要是 ABS、PLA、尼龙、橡胶、聚苯乙烯、聚碳酸、金属、陶瓷等。

SLA(stereo lithography apparatus)技术是基于液态光敏树脂的光聚合原理工作的。这种液态材料在一定波长和强度的紫外光的照射下能迅速发生光聚合反应,分子量急剧增大,材料也从液态转变成固态。优点是成型精度高、成型零件表面质量好、原材料利用率接近 100%,而且不产生环境污染,特别适合于制作含有复杂精细结构的零件;但这种方法也有自身的局限性,如需要支撑、树脂收缩导致精度下降、光固化树脂有一定的毒性等。

SLS(selective laser sintering)工艺是利用粉末状材料成形的。将材料粉末铺撒在已成形零件的上表面,材料粉末在高强度的激光照射下被烧结在一起。其特点是材料适应面广,不仅能制造塑料零件,还能制造陶瓷、蜡等材料的零件,特别是可以制造金属零件。这使 SLS 工艺颇具吸引力。SLS 工艺无须加支撑,因为没有烧结的粉末起到了支撑的作用。其缺点是成形件结构疏松多孔,表面粗糙度较高,成形效率不高。

FDM(fused depostion modeling)的加工原材料是丝状热塑性材料(如 ABS、MABS、蜡丝、尼龙丝等),加工时加热喷头,在计算机的控制下,可根据截面轮廓信息,做 X-Y 平面的运动和高度 Z 方向的运动。丝状热塑性材料由供丝机构送至喷头,并在喷头加热至熔融状态,然后选择性地涂覆在工作台上,快速冷却后形成了截面轮廓。一层成形完成后,喷头上升一个截面层高度,再进行第二层的涂覆,如此循环,最终形成三维产品。基于 FDM 技术的 3D 打印系统如图 8-16 所示。

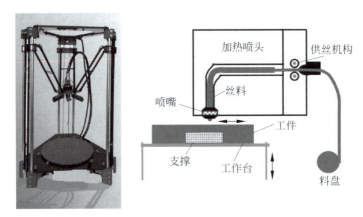

图 8-16　基于 FMD 技术的 3D 打印机基本结构

2. 3D 打印流程

3D 打印流程如图 8-17 所示。在 3D 打印时,首先设计出所需零件的计算机三维模型(数字模型、CAD 模型),然后根据工艺要求,按照一定的规律将该模型离散为一系列有序的单元,通常在 Z 方向将其按一定厚度进行离散(也称分层),把原来的三维 CAD 模型变成一系列的层片;再根据每个层片的轮廓信息,输入加工参数,自动生成数控代码;最后由成形机成形一系列层片并自动将它们连接起来,得到一个三维物理实体。具体过程如下。

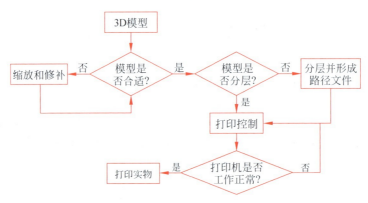

图 8-17　3D 打印流程

(1) 3D 建模。建模软件设计生成数字模型是 3D 打印过程的第一步。生成数字模型的最常见方法是利用计算机辅助设计软件(CAD),本书采用 123D 软件建模训练,可方便地实现与 3D 打印兼容的免费程序。

(2) STL 转换。3D 打印机里使用 3D 模型打印的格式是 STL 或 OBJ 格式的 3D 模型文件;有的 3D 打印机还需要先将模型文件载入到分层编码软件中进行分层、编码后再载入到控制软件中。STL 文件转换和操作与传统制造方法不同,3D 打印过程中的关键阶段是要求将数字模型文件转换为 STL(立体光刻)文件。STL 使用三角形(多边形)来描述对象的立体参数信息。一旦生成了 STL 文件,该文件就会导入到切片软件中进行处理。该程序将 STL 文件转换为 G-code 代码。G-code 代码是一种数控(NC)编程语言。它用于计算机辅助制造(CAM)中,以控制自动化机床(包括 CNC 机床和 3D 打印机)。切片器程序还允许设计人员自定义构建参数,包括支撑、层高和零件方向。

(3) 3D 打印。3D 打印机通常由许多小而复杂的零件组成,因此正确地维护和校准对于产生精确的打印至关重要。在这一阶段,打印材料也被加载到 3D 打印机中。3D 打印中使用的原材料通常具有保质期,并且需要小心处理。虽然某些过程提供了回收多余 3D 打印材料的能力,但如果不定期更换,重复使用会导致材料性能下降(如受潮引发拉丝)。一旦开始打印,3D 打印机将遵循自动化流程,通常仅在机器用完材料或软件出现错误时才会出现报警。

(4) 脱模处理。普通学习型 3D 打印机,去除 3D 打印模型支撑非常简单;而对于其他更工业化的 3D 打印系统,去除支撑是一项特定的工作流程,涉及精确地提取打印模型对象,同时仍将其封装在构建材料中或附着在 3D 打印平台上。

(5) 后期处理。3D 打印后的处理过程因 3D 打印机技术而异。SLA 技术要求在模型处理之前要在紫外线下固化,金属零件通常需要在烤箱中消除应力,而 FDM 技术制作的零件可以直接手动处理。大多数 3D 打印模型都可以打磨,并采用其他后处理技术(包括高压空气清洁,抛光和着色)来准备最终使用的 3D 打印模型。

3. 123D Design 软件介绍

1) 软件介绍

123D Design 是欧特克公司开发的一款优秀的 3D 建模软件,Autodesk 123D Design 中文版可轻松将照片变成 3D 模型并制作成实物。123D Design 是免费的三维 CAD 绘图软件,旨在帮助用户快速将构思变成现实,并进一步进行深入探究。使用 123D Design 软件,用户可以使用一些简单的图形来设计、创建、编辑三维模型,或者在一个已有的模型上进行修改,123D Design 不需要复杂的专业知识,任何人都可以轻松使用,更好地创作出丰富的 3D 建模。

2) 软件安装

网上下载安装包 123_Design(win64 位),日语版,默认路径安装。

3) 软件汉化

找到指定的文件夹路径 ja_JP 文件夹(一般在 Program Files 文件下),删去里面的内容,复制 zh_CN 文件夹里的全部内容到 ja_JP 文件夹中,再到 qtTranslations 文件夹中,删除 qml_js. qm 和 qt_ja. qm 文件,把 qml_zh_CN. qm 和 qt_zh_CN. qm 文件分别改为 qml_js. qm 和 qt_ja. qm。注意步骤不能错。

【技能指导】

1. 123D Design 操作快速入门

(1) 认识界面。打开程序,单击下方的 start a new project,开始新项目。界面上方图标实现变换、基本体、草图、构造、修改、阵列、分组、合并、测量、文本等功能,如图 8-18 所示,右边一条图标实现平移、旋转、缩放、局部视图、材质(轮廓)、实体(网络)等功能,中间一个淡蓝色的坐标即托盘,就是工作台。

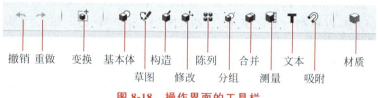

图 8-18　操作界面的工具栏

（2）放置物体。单击第一行工具栏的基本体,这是基本图元(primitives),左边五个立体图形,右边四个平面图形。选中左边任一个,在蓝色的台上(pan)再单击一下,立体图形就进来了,把立体图形一个个放进来;单击物体不放,可以实现物体的移动;单击工具条右侧的小立方体,选择顶视(top)、左视(left)或前视(front),如图 8-19 所示。

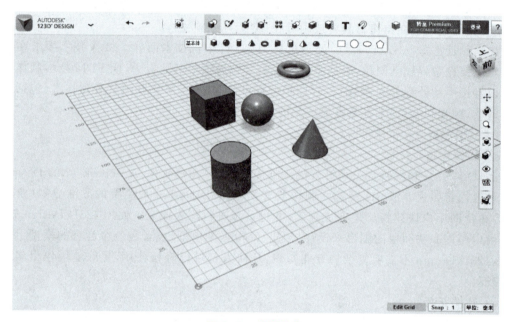

图 8-19　放置物体

（3）全方位移动物体。单击工作台下第一个移动(move)图标,上面有三个大箭头,拖动它分别可以沿 X、Y、Z 轴移动,还有三个小圆点,圆点上有两个小箭头,拖动它,可以分别在三个面上转动物体,如图 8-20 所示。

（4）缩放物体。先单击物体,在工作台下方出现新菜单,选择第三个缩放(scale)图标,物体上会出现一个箭头,左右移动,就能缩放物体了。单击缩放图标出现选项：均匀(uniform)和不均匀(non-uniform)。选中不均匀后,会出现三个箭头,可以分别拉长、拉宽、拉高物体,如图 8-21 所示。

2. 用 123D Design 设计 3D 机器人模型

本次训练分头部设计、躯干设计、手爪设计、四肢设计等四部分,完成软件建模后,条件成熟的地方,再将建成的三维模型"分区"成逐层的截面,即切片,从而指导 3D 打印机逐层打印,直至完成机器人整体打印和脱模等程序。

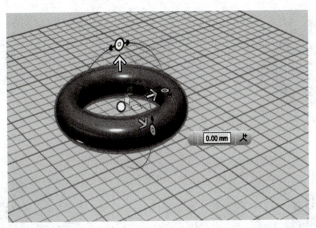

图 8-20 全方位移动物体

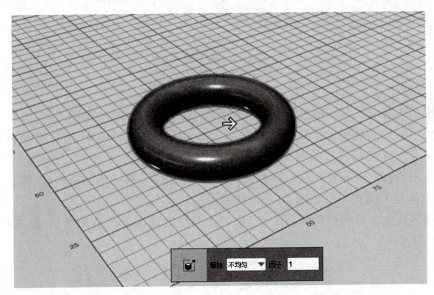

图 8-21 缩放物体

1) 头部设计

(1) 选用工具栏基本体中的长方体工具,输入长、宽、高的数据均为 20,绘制机器人的头部;选中工具栏基本体中的长方体工具,输入长、宽、高的数据均为 5,绘制小六面体;选中工具栏基本体中的长方体工具,输入长、宽、高的数据均为 10,绘制中六面体,如图 8-22(a) 所示。

(2) 调整小六面体和中六面体的位置,如图 8-22(b) 所示。

(3) 选用工具栏合并工具中的差集工具,先选中小六面体,再选中中六面体,完成楔形五面体,如图 8-22(c) 所示。

(4) 选用工具栏阵列工具中的镜像工具完成机器人"鼻子"的雏形;通过修改工具栏中的扭曲工具拉长"鼻子"使之更加逼真,如图 8-22(d) 所示。

(5) 运用工具栏中的吸附工具,将机器人的"鼻子"放到其"脸上"的合适位置,如图 8-22(e) 所示。

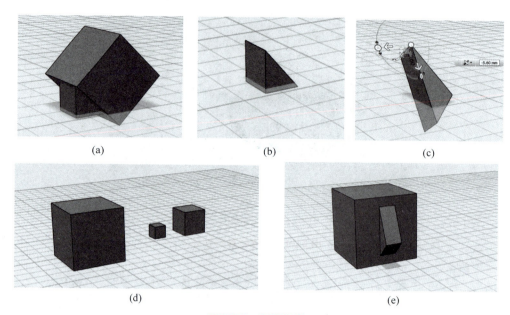

图 8-22 头部设计

2)躯干设计

(1)使用多线段工具和矩形工具分别绘制机器人的身体断面,如图 8-23(a)所示。

(2)使用移动工具和复制粘贴等方法,将身体断面往上移动不同距离(距离根据自行设计的机器人体型不同自定),如图 8-23(b)所示。

(3)使用移动工具和复制粘贴等方法,将身体断面往下移动不同距离(距离根据自行设计的机器人体型不同自定),如图 8-23(c)所示。

(4)使用构造工具栏里的放样工具,从下往上顺次选取两个造型做混成,制作造型,如图 8-23(d)所示。

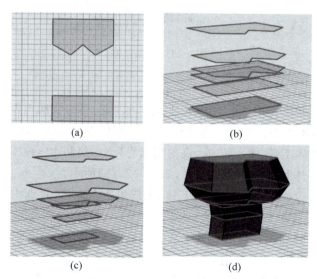

图 8-23 机器人的躯干设计

3)手爪设计

实际工业生产中的机器人手爪种类很多,如图 8-24(a)~(c)所示的三种常见的机器人手爪形状。操作时可以根据不同工作平台的需要设计出形状多样的手爪。

(1)选用基本工具条中的圆柱体工具,建立半径为 5、高为 10 的圆柱体,设计成机械手爪的活动关节。

(2)利用草图工具条中的多线段工具绘制手爪的手指部分。

(3)运用构造工具条中的拉伸工具绘制三维立体手爪,如图 8-24(d)所示。

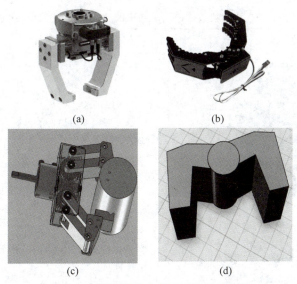

图 8-24　常见机器人的手爪形状及建模

4)四肢设计

(1)建立 3 个六面体,尺寸自定义,完成上肢设计。

(2)将 3 个六面体,复制粘贴到机器人本体下部,完成下肢设计。

(3)运用阵列工具的镜像工具,将机器人的上肢和下肢镜射到机器人身体的另一边,完成全部本体的 3D 设计,如图 8-25(a)、(b)所示。

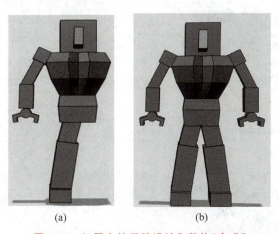

图 8-25　机器人的四肢设计和整体"合成"

（4）保存并输出 STL 文件，条件具备时可以继续完成机器人 3D 模型设计的打印制造。

【教育实践】

师生互动联系各自专业，开展师生互动的教学劳动实践活动，在课堂里运用 3D 打印技术打印教具开展辅助教学。例如生物系学生可以打印出用于研究心脏或其他器官的模型；自动化系学生可以打印出汽车零部件的替换品；地理课学生可以打印出地形图，用于观察某地区的地形或人数统计等，具体见表 8-8。

表 8-8 3D 打印机技术应用于教学的劳动教育实践活动记录

序号	3D 模型	辅助教学应用场景	过程记录
1		生物专业学生可以研究心脏或其他器官剖面	
2		化学专业学生可以打印分子微粒开展研究	
3		汽车工程专业学生可以打印汽车零部件实现部件替换或功能演示	
4		烹饪专业学生可以设计中华美食展示模型	
5		电力专业学生可以打印各种动力模型（如垂直翼风力发电机），开展教学和仿真测试研究	

续表

序号	3D 模型	辅助教学应用场景	过程记录
6		建筑专业学生可以打印不同风格的建筑模型	
7	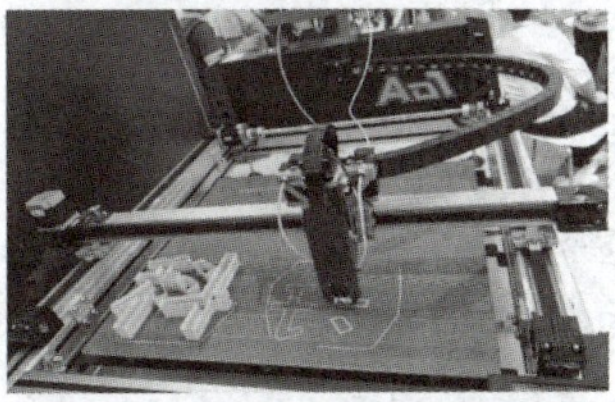	平面设计专业学生可以打印各种广告设计模型用于博览会或路演	
8		历史课可以打印古代农耕或军事器具（如古代战车）用以教学和历史研究	
9		地理课学生可以打印地理地形图（如珠穆朗玛峰）开展研究和教学	
10	实践反思与自我评价：		
11	老师综合评价：		

第三节　飞行器组装及应用体验

【情境导入】

在深蓝的夜空，漫步在空旷的原野或公园，经常不经意地抬头看到天上悬浮着五彩灯光的飞行器，抑或在校园各类文化艺术节上可以听到嗡嗡鸣响的飞行器飞过头顶在拍摄活动场景，这些都是航模爱好者们在探索科技的神奇以此领略在高空俯瞰大地的魅力。

【知识链接】

1. 飞行器的种类和应用

飞行器是在大气层内或大气层外空间（太空）飞行的器械。飞行器通常分为航空器、航天器、火箭和导弹等三大类。在大气层内飞行的被称为航空器,如气球、飞艇、飞机等,它们靠空气的静浮力或空气相对运动产生的空气动力升空飞行。在太空飞行的被称为航天器,如人造地球卫星、载人飞船、空间探测器、航天飞机等。火箭是以火箭发动机为动力的飞行器,可以在大气层内,也可以在大气层外飞行,导弹则是装有战斗部的可控制的火箭,有主要在大气层外飞行的弹道导弹和装有翼面在大气层内飞行的地空导弹、巡航导弹等。

考虑到教学条件的限制和教学实践的需要,本次学习和训练仅限教育和娱乐性质的飞行器,常见的多轴飞行器有两轴、四轴、六轴或者其他仿真飞行器等,如图 8-26 所示。下面重点学习四轴飞行器的结构、原理、安装和测试等技术技能。

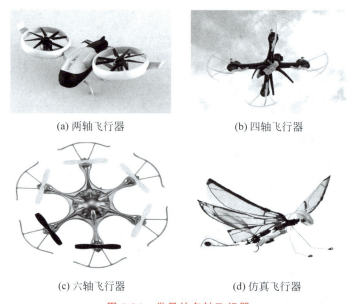

(a) 两轴飞行器　　　　　　(b) 四轴飞行器

(c) 六轴飞行器　　　　　　(d) 仿真飞行器

图 8-26　常见的多轴飞行器

2. 四轴行器的基本结构

四轴飞行器由一个十字支架和四个螺旋桨组成,支架中间安放飞行控制处理器及外部设备,四个螺旋桨半径和角度相同,呈左、右、前、后四个方向两两对称排列。四个电机对称安装在支架端,其中,电机 1 和电机 3 逆时针旋转,电机 2 和电机 4 顺时针旋转,通过改变四个电机的转速来控制电机的运行状态。其结构形式如图 8-27 所示。

3. 四轴飞行器的工作原理

四轴飞行器在工作时,通过电机调速系统对四个电机的转速进行调节,以实现升力的不同变化,从而控制飞行器的运行状态,如图 8-28 所示。飞行器的电机 1 和电机 3 呈逆时针旋转,电机 2 和电机 4 呈顺时针旋转,此时飞行器的陀螺效应和空气扭矩效应均被抵消,从而保证飞行器能够平衡稳定地飞行。通过适当地改变电机的转速,来控制飞行器的飞行状态。四个电机的转速做相应的变化即可实现四轴横向、纵向、竖直方向和偏航方向上的运动,具体如下。

(1) 垂直飞行控制。垂直飞行控制控制飞机的爬升、下降和悬停。当四旋翼处于水平位置时,在垂直方向上,惯性坐标系同机体坐标系重合。同时增加或减小四个旋翼的螺旋桨转速,四个旋翼产生的升力使得机体上升或下降,从而实现爬升和下降。悬停时,保持四个旋翼的螺旋桨转速相等,并且保证产生的合推力与重力相平衡,使四旋翼在某一高度处于相对静止状态,各姿态角为零。垂直飞行控制的关键是要稳定四个旋翼的螺旋桨转速,使其变化一致。

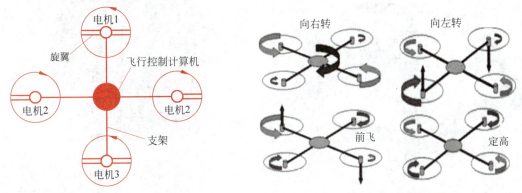

图 8-27　四轴飞行器结构　　　　图 8-28　四轴飞行器的原理

(2) 横滚控制。通过增加左边旋翼螺旋桨转速,使拉力增大,相应减小右边旋翼螺旋桨转速,使拉力减小,同时保持其他两个旋翼螺旋桨转速不变。由于存在拉力差,机身会产生侧向倾斜,从而使旋翼拉力产生水平分量,使机体向右运动,当对称电机在转速相等时,可控制四轴飞行器做侧向平飞运动。

(3) 俯仰控制。在保持左右两个旋翼螺旋桨转速不变的情况下,减少前面旋翼螺旋桨的转速,并相应增加前面旋翼螺旋桨的转速,使得前后两个旋翼存在拉力差,从而引起机身的前后倾斜,使旋翼拉力产生与横滚控制中水平方向正交的水平分量,使机体向前运动。类似地,当1、3转速相同时可控制四轴飞行器做纵向平飞运动。

(4) 偏航控制。四轴飞行器为了克服反扭矩影响,四个旋翼螺旋桨中的两个逆时针旋转,两个顺时针旋转,对角线上两个螺旋桨上的转动方向相同。反扭矩大小与旋翼螺旋桨转速有关,四个旋翼螺旋桨转速不完全相同时,不平衡的反扭矩会引起机体的转动。因此可以设计四轴飞行器的偏航控制,即同时提升一对同方向旋转的旋翼螺旋桨转速并且降低另一对相反方向旋转的旋翼螺旋桨转速,并保证转速增加的旋翼螺旋桨转动方向与四轴飞行器机身的转动方向相反。

【技能指导】

1. 认识四轴飞行器

四轴飞行器外形和结构如图 8-29 所示,主要由飞控板、电机、螺旋桨、摄像头及天线等组成。飞控板各主要芯片名称如图 8-30 所示。飞控板安装和调试接口如图 8-31 所示。

飞行控制系统分为地面和机载两部分,它们在物理上是彼此独立的,在逻辑上是彼此相连的。地面部分又分为地面站部分和遥控器部分,这两部分相互独立。整个飞行控制系统由微控制器模块、无线模块、电机驱动模块、姿态测量模块、高度测量模块、报警电路模块、地面站和遥控器等部分组成。系统总体框图如图 8-32 所示。

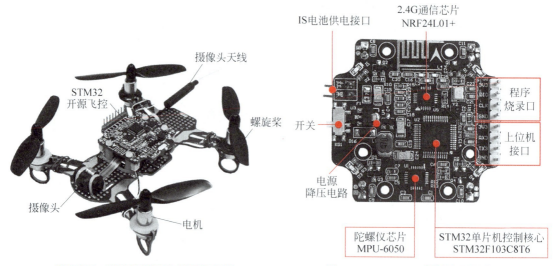

图 8-29　四轴飞行器的外形和结构

图 8-30　STM32 飞控板主要芯片说明

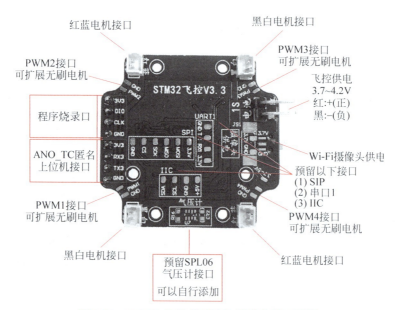

图 8-31　STM32 飞控板安装和调试各接口说明

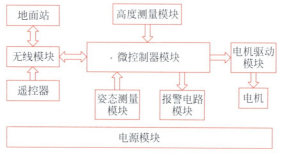

图 8-32　系统总体框图

（1）微控制器模块。STM32 主控板微控制器模块选用 ARM Cortex-M3 内核的 STM32F103C8T6，它的时钟频率可以达到 72MHz，并且拥有 IIC 总线接口、JTAG 接口、SPI 接口、AD 采集接口、多路 PWM 输出和多个串口，便于多样化传感器的挂接和程序的下载与调试，如图 8-33 所示。

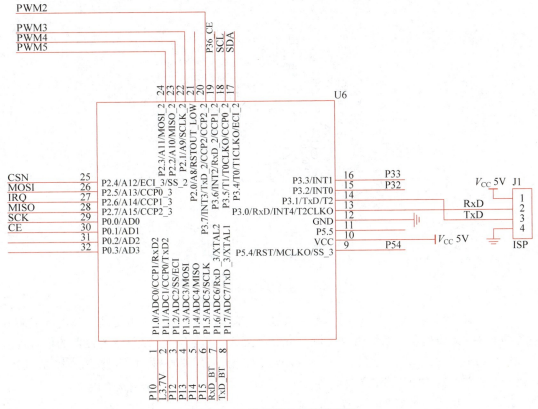

图 8-33　主控板芯片接口及功能

（2）姿态测量模块。MPU-6050 是 InvenSense 公司推出的全球首款整合型六轴运动处理组件，相较于多组件方案，免除了组合陀螺仪与加速器之间轴间差的问题，减少了安装空间。MPU-6050 内部整合了三轴陀螺仪和三轴加速度传感器，并且含有一个第二 IIC 接口，可用于连接外部磁力传感器，并利用自带的数字运动处理器（digital motion processor, DMP）硬件加速引擎，通过主 IIC 接口，向应用端输出完整的九轴融合演算数据。

四轴飞行器受电机振动和外界干扰影响较大，较难建立精确的数学模型，且其载重有限，一般以惯性器件作为姿态测量装置，姿态测量部件是整个硬件系统的重要部分。该设计综合考虑硬件设计原则，采用 MPU-6050 作为飞行器的姿态传感器。MPU-6050 通过 IIC 协议接口进行通信，只需要将 MPU-6050 的 SDA 数据线和 SCL 时钟线与 STM32 通用 I/O 口相连接，其电路如图 8-34 所示。为了稳定输出，避免空闲总线开漏，利用 R_2 与 R_3 作为 SDA 和 SCL 的上拉电阻，提高总线的负载能力。电路中 C_9 为数字供电电压滤波电容，C_8 为校准滤波电容，C_{10} 为电荷泵电容，C_{11} 为供电电压滤波电容。

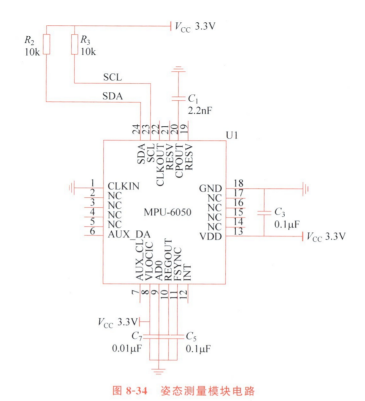

图 8-34　姿态测量模块电路

(3) 2.4G 无线模块。2.4G 是一种无线技术,基于 2.4G 无线技术封装的高度集成芯片组称为 2.4G 无线模块。系统需要完成三方面的无线通信:首先,需要将遥控器的信号通过无线模块发送出去;其次,地面站需要接收飞控端的姿态数据,并需要发送控制参数;最后,在飞控端需要接收遥控器和地面站的数据,如图 8-35 所示。NRF24L01 是一款新型单片射频收发器件,工作于 2.4~2.5GHz 的 ISM 频段。内置频率合成器、功率放大器、晶体振荡器、调制器等功能模块,其中输出功率和通信频道可通过程序进行配置。NRF24L01 功耗低,发射时工作电流只有 9mA,接收时工作电流只有 12.3mA。

图 8-35　2.4G 无线收发模块

(4) 电机驱动模块。选用直流无刷电机作为飞行器的动力驱动设备。根据无刷直流电机的换向原则,无刷直流电机的控制形式分为:开环控制、转速负反馈控制和电压反馈加电流正反馈控制。其中,开环控制无反馈进行校对,应用于转速精度要求不高的场所;转速负反馈控制的机械性能好;电压反馈加电流正反馈控制一般应用在动态性能要求高的场合。功率驱动是为了给电机提供大的电流,使其达到能够稳定运行的目的,本机采用四组结构对称的电路驱动前左 MG2、前右 MG1、后左 MG4、后右 MG3 四台电机,驱动脉冲分别为 PWM5、PWM4、PWM3 和 PWM2,如图 8-36 所示。

2. 组装四轴飞行器

安装过程及技术要求见表 8-9。

第八章　创新发明与新技术体验

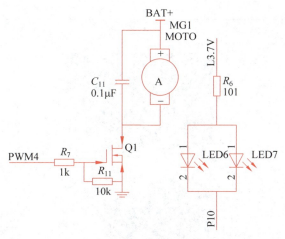

图 8-36　电机驱动模块

表 8-9　四轴飞行器本机安装过程及工艺要求

顺序	安装项目	安装图例	安装指导
1	安装电机减震套		将4个橡胶减震套装入箭头位置
2	安装电机		
3	安装支架		
4	焊接电机引线		焊接电机引线，注意红色接"＋"，蓝色"－"

续表

顺序	安装项目	安装图例	安装指导
5	焊接跨接线		焊接飞行控制器与电机之间的跨接线,注意正负极性和颜色
6	安装飞控螺钉		装接飞控板固定塑料螺钉,共四个
7	安装飞控板		装上飞行控制板,锁上螺帽
8	焊接连接线		焊接飞控板和底板(电机线)之间的四组连接线,注意导线颜色及正负极性
9	安装螺旋桨		安装四个螺旋桨,沿着飞行器前进的箭头方向,注意左前和右后两个螺旋桨叶片方向是左高右低(顺时针方向旋转),右前左后两个螺旋桨叶片是左低右高(逆时针方向旋转),不能装反
10	安装电池		安装电池,红色线框提示,需要特别注意电池正负和控制板正负极性的对应关系,如果插反则会烧坏系统

续表

顺序	安装项目	安装图例	安装指导
11	安装遥控手柄	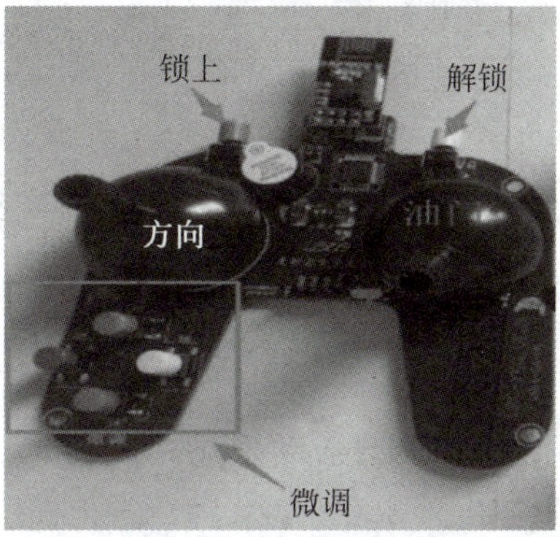	安装飞行遥控手柄的零部件，并做简单测试
12	整机测试		详见调试

3．调试四轴飞行器

1）调试前准备

（1）打开遥控器的电源开关，遥控器的指示灯此时为闪亮，必须将油门先推至最大控制行程，再归至最低位，指示灯变为常亮。遥控器进入正常遥控状态。

（2）将电池安装到飞行器的电池架上。接通飞行器上的电源。

（3）将飞行器平稳放在平整的地面上，让接收板上的红色指示灯从快闪状态变为慢闪状态，飞行器进入遥控状态。

2）转向测试

飞行器通电后，检查螺旋桨旋转方向。左前方/右后方的螺旋桨顺时针方向旋转，右前方/左后方的螺旋桨逆时针方向旋转。

3）飞行控制

（1）当左右操纵杆向左、右动作时，飞行器同步向左、右飞行。

（2）当油门操纵杆向上、下动作时，飞行器同步向上、下飞行。

（3）当转向操纵杆向左、右动作时，飞行器头部同步向左、右飞行。

（4）当前后操纵杆向上、下动作时，飞行器同步向前、后飞行。

4）现场综合测试

（1）将四轴飞行器的开关调至on，将遥控器的开关调至on。

（2）把遥控器的摇杆上下左右推拉一下，进行配对，如果遥控器发出鸣声，则视为配对成功。

（3）推动摇杆，进行四轴飞行器的控制。

（4）拉杆推动练习，将左摇杆向上推即为飞机向上飞，如果将左摇杆向下推则下降，右摇杆则为控制左右前进方向。

(5) 缓缓地将摇杆向下拉,右摇杆不要动,左摇杆慢慢地向下拉直至降落成功。

【教育实践】

1. 任务说明

多轴(三轴、四轴、六轴、八轴等四种旋翼飞行器,根据学生年龄特点和现场教学条件,自行选定)飞行器组装、调试与应用。

2. 劳动要求

(1) 多轴飞行器组装与调试。

(2) 操作多轴飞行器,拍摄室外大型活动现场,并尝试完成短纪录片的后期制作,经审核后,分享到网络平台上(中职学生要求)。

(3) 操作多轴飞行器,完成校园3D全景地图的拍摄与制作(高职学生要求)。

3. 注意事项

(1) 开展与飞行器相关的活动或业务时需向有关部门依法办理相关资质和许可。

(2) "低慢小"飞行器不得在民用机场沿线、铁路沿线、军官区、临时管制区及其他人员密集的区域上空飞行。

4. 实践记录

实践记录详见表8-10。

表8-10 多轴飞行器项目劳动教育实践活动记录

序号	实践内容	训练要求	过程记录
1	多轴飞行器组装与调试(普通中小学项目)	(1) 三轴、四轴、六轴、八轴等四种旋翼飞行器,根据学生年龄特点和现场教学条件,自行选定 (2) 选定好飞行器种类后可按照相关规定程序完成套件采购 (3) 套件组装可以分组进行,组装前要在老师指导下系统学习该飞行器的结构、飞行原理、组装与调试技术、演习操控过程等 (4) 组装完成后应对飞行及控制区域进行测试,并报批有关部门进行安全审核,合格后方可用于教学和娱乐	
2	室外大型活动场景控摄制(中职学生项目)	(1) 按要求制作多轴飞行器 (2) 操作多轴飞行器拍摄室外大型活动现场,并尝试完成短纪录片的后期制作,经审核后,分享到网络平台上	
3	基于多轴飞行器进行校园3D全景地图的制作(高职学生项目)	(1) 按要求制作多轴飞行器 (2) 操作多轴飞行器完成校园3D全景地图的拍摄与制作 (3) 拍摄平台通常由四轴或八轴飞行器平台、飞行控制系统、云台及相机等几部分组成。相机可采用集成式运动相机,像素在1 200万以上,起落架可收起,能360°自由拍照 (4) 全景影像拼接软件可采用PTGui,操作简单,效果好	
4	实践反思与自我评价:		
5	老师综合评价:		

参 考 文 献

[1] 佚名.中共中央国务院关于全面加强新时代大中小学劳动教育的意见[J].中华人民共和国国务院公报,2020(10).
[2] 佚名.教育部关于印发义务教育课程方案和课程标准(2022年版)的通知[J].教育部,2022(2).
[3] 蒂埃里·盖洛修,戴维·费迪罗.木工完全手册[M].北京：北京科学技术出版社,2020.
[4] 朱照红.职业院校创新发明与实践[M].北京：清华大学出版社,2011.
[5] 朱照红.维修电工基本技能[M].北京：中国劳动社会保障出版社,2023.
[6] 全国城镇环境卫生标准化技术委员会.GB/T 19095—2019 城市生活垃圾分类标志[S].2019.
[7] 中国营养学会.中国居民膳食指南(2022)[J].北京：营养学报,2022(6).
[8] 读图时代.明清家具式样识别图鉴[M].北京：中国轻工出版社,2007.